BURT FRANKLIN: BIBLIOGRAPHY & REFERENCE SERIES 397
Essays in Literature and Criticism 110

BIBLIOGRAFIA DE NOVELISTAS MEXICANOS

JUAN. B. IGUINIZ

BIBLIOGRAFIA DE NOVELISTAS MEXICANOS

ENSAYO BIOGRAFICO, BIBLIOGRAFICO Y CRITICO

BURT FRANKLIN
NEW YORK

Published by LENOX HILL Pub. & Dist. Co. (Burt Franklin)
235 East 44th St., New York, N.Y. 10017
Originally Published: 1926
Reprinted: 1970
Printed in the U.S.A.

S.B.N.: 8337-17995
Library of Congress Card Catalog No.: 72-140980
Burt Franklin: Bibliography and Reference Series 397
Essays in Literature and Criticism 110

Reprinted from the original edition in the University of Illinois
Library.

AL DR. D.

MANUEL MESTRE GHIGLIAZZA

DIRECTOR DE LA BIBLIOTECA NACIONAL

Y DE LA ACADEMIA MEXICANA

CORRESPONDIENTE DE LA

REAL ESPAÑOLA

DE LA

HISTORIA

EL

POR EL

TOMO I.

MEXICO:

En la Oficina de D. Alexandro Valdés, calle de Zuleta, año de 1816.

Portada de la primera edición de "El Periquillo Sarniento"

INTRODUCCION

STA obra representa una labor continuada, paciente, de seis o siete años. Quien se haya propuesto formar una bibliografía, con los elementos que actualmente existen en México y el estado en que se encuentran, sabrá lo que eso significa.

Las dificultades materiales se agravan con la indolencia de los mismos autores que no saben corresponder al esfuerzo del bibliógrafo: en vez de facilitar su tarea, la estorban y retrasan, proporcionando con demora o incompletos los datos que de ellos se solicitan, y son los primeros en lamentar, más tarde, que no aparezcan con la debida extensión.

Hay que decir esa verdad, para poner de relieve la constancia de quien ha logrado reali-

zar este estudio biográfico, bibliográfico y crítico
sobre los novelistas mexicanos.

Cuando don Juan B. Iguíniz principió a formar la presente bibliografía, hubiera podido decirse que la novela en México sólo tenía pasado;
eran muy pocos los que la cultivaban. A medida
que transcurrió el tiempo, mientras él recopilaba
datos, la producción de novelas, novelas cortas y
cuentos aumentó de un modo considerable, com-
plicando su tarea la aparición de nuevos escritores.

Esta obra que su autor, modestamente, califi-
ca de ensayo, debió ir precedida de un estudio
histórico de la novela en México que tenía el
propósito de escribir, hace tiempo, don Luis
González Obregón. Bien puede calcularse el interés que le hubiera dado ese estudio, viniendo de
tan autorizada pluma. Por desgracia, la enfermedad que progresivamente va oscureciendo la vista del erudito historiador, le impidió llevar a
cabo ese estudio porque, como no está acostum-
brado a dictar trabajos de esa naturaleza, hace
tiempo que se priva de trasladar al papel mucho
de lo que atesoró en su vida laboriosa.

Fué el mismo señor González Obregón quien
manifestó al señor Iguíniz su deseo de que yo
lo sustituyera en este caso, cuando se enteró de
que había recogido varias notas en torno del
mismo asunto, para sustentar una conferencia
sobre algunos novelistas mexicanos, a la cual
pertenecen las páginas que siguen, con las que—
naturalmente—no pretendo llenar el hueco que

XIV

ha dejado en esta obra el insustituible estudio de don Luis González Obregón.

Hago constar esa deferencia suya y mi agradecimiento para él y para don Juan Iguíniz, por haber insistido en que mi humilde trabajo ocupe este lugar de honor.

EL ORIGEN.—Como género superior, la novela aparece después que otras manifestaciones literarias: la poesía, la historia.

· Concretándonos a su aparición en México, es singular—como me hacía ver un erudito historiador—, que habiendo existido, durante la dominación española, claros ingenios, frutos de la Universidad de México y de la cultura que floreció en la Nueva España y trascendió al exterior: una poetisa como sor Juana Inés de la Cruz, un comediógrafo como don Juan Ruiz de Alarcón, no haya surgido un novelista completo, en los siglos XVII y XVIII, a pesar de ser ya conocidas las novelas españolas—Don Quijote había cruzado el mar—y de existir libros de ficción en poder de particulares.

Las novelas de caballerías no sólo habían trastornado el cerebro del Ingenioso Hidalgo. En la Conquista de América, los guerreros españoles tratan de imitar y aun de superar los hechos fabulosos del Amadís de Gaula, de Palmerín de Oliva...

¡Curioso destino el de los libros de caballerías que, relatando hazañas fingidas, empujaron a los espíritus aventureros de España a realizar, en estas tierras, hazañas reales!

XV

A pesar de eso, a pesar de que durante toda la época colonial no faltaban asuntos y personajes que pudieran inspirar novelas, no llega a escribirse una sola, en dos y medio siglos. De nada sirve que los cronistas relaten las hazañas de los conquistadores y las heroicidades de los vencidos, y que, más cercanos que nosotros a los nativos del Anáhuac, conozcan sus dioses y sus hábitos.

¿No había suficiente asunto, para novelar, en las expediciones de piratas, en las intrigas de la corte, en las disputas entre virreyes y arzobispos, en los misteriosos personajes que emigraban de la España vieja a la nueva?...

¿Por qué no se escribió una novela entonces?

Existen, es verdad, precursores de la novela. Don Luis González Obregón, primero, y don Luis Castillo Ledón, después, han investigado los orígenes de la novela en México. De esas investigaciones, juzgando los libros exhumados, se puede inferir que el misticismo de la época desviaba las tendencias de los novelistas en embrión—clérigos casi siempre—limitando el terreno de sus observaciones y orientando en otro sentido su vena fantástica.

Ahí están Los Sirgueros de la Virgen, *por el Br. Francisco Bramón,* La Portentosa Vida de la Muerte, *por Fr. Joaquín Bolaños,* El Peregrino con Guía, *por el Dr. D. Marcos Reynel Hernández,* Los Infortunios de Alonso Ramírez, *por don Carlos de Sigüenza y Góngora, y otros libros en los que podemos descubrir el germen de la nove-*

la mexicana que no llegó a ser escrita en la época colonial. ¿Por qué?

"EL PENSADOR."—Un hombre y un suceso histórico nos dan la respuesta: José Joaquín Fernández de Lizardi y la guerra de emancipación.

Desde nuestro punto de vista especial, El Pensador Mexicano, como escritor, como novelista, es un síntoma de la Independencia: era preciso que el pueblo mexicano estuviera formado, que la mezcla de dos razas lo hubiera constituido, para que ese pueblo fuera libre y para que la novela—flor de literatura—surgiera.

Invadida España por los franceses, el patriotismo de los criollos se despierta y el sentimiento nacional surge, todavía confuso, entre nosotros.

Más tarde, la novela volverá a renacer— consumada la Independencia—a cada tregua, en medio de la lucha, cuando el nacionalismo se exalte, como ahora.

Hablemos pues, brevemente, de El Pensador Mexicano, como iniciador de la novela nacional.

Hoy que la fecundidad de un escritor alarma, porque se escribe poco y se trabaja con lentitud, la abundante producción de José Joaquín Fernández de Lizardi, que podemos calcular consultando la bibliografía formada por González Obregón—a quien tratándose de la novela mexicana y de El Pensador, tenemos que citar a cada paso, porque fué el que fundó su culto—; la lista de sus escritos, nada más, nos asombra.

Fabulista en la juventud, periodista constantemente, Fernández de Lizardi encuentra tiempo para escribir, además de dos centenares de folletos con pintorescos nombres—en los que ponía el anzuelo para pescar al lector distraído—, *sus novelas*: El Periquillo Sarniento, La Quijotita y su Prima, Noches Tristes y Don Catrín de la Fachenda.

Altamirano y Guillermo Prieto juzgaron certeramente la primera de sus obras, El Periquillo, la más comentada y reimpresa. Quisiéramos reproducir aquí algunos de sus juicios; pero así nos alargaríamos demasiado. Baste decir, en síntesis, que esa obra se lee hoy todavía con interés, a pesar de sus defectos—defectos, juzgando con el criterio actual, sin tener en cuenta que entonces había menos prejuicios literarios y que El Pensador escribía sin preocupaciones de estilo, confiando al papel, por la noche, lo que había visto durante el día—; defectos como sus digresiones largas, su crudeza descriptiva y ese afán constante de improvisar sermones.

En El Periquillo se funden las características de la novela picaresca y de la didáctica, de Mateo Alemán y de Juan Jacobo Rousseau.

Acerca del feminismo de El Pensador Mexicano, que se puede apreciar en La Quijotita y su Prima, Núñez y Domínguez ha escrito un estudio que debe ser conocido por las actuales mexicanas.

Para nosotros, El Pensador *tiene un mérito*

XVIII

más: a mediados de 1820, estableció en la calle de Cadena una Sociedad Pública de Lectura. El, que no había tenido a su alcance obras para cultivar su espíritu, se preocupaba porque otros las tuvieran: "Muchos no leen, decía, no porque no saben o no quieren, sino porque no tienen proporción de comprar cuanto papel sale en el día, con cuya falta carecen de mil noticias útiles, y de la instrucción que facilita la comunicación de ideas."

Admiremos, pues, al Pensador Mexicano, tanto por ser el iniciador de la novela nacional, como por su espíritu de sacrificio que soportó—enfermo, débil—, la cárcel, por defender el pensamiento y encenderlo, como un faro, en la oscuridad de su época.

LA INDISPENSABLE CLASIFICACION.—Mejor que seguir un orden cronológico en la enumeración de los escritores, como lo hicieron casi todos los que hasta hoy se ocuparon de la novela mexicana, intentaremos clasificar a los novelistas definidos, a los novelistas de ayer, reservando para el final de este trabajo a los del momento presente.

Aprovechemos, hasta donde sea posible, para este intento de clasificación, las etiquetas generalmente usadas y conocidas. Algunos—claro está—se saldrán de la reja de la clasificación o cabalgarán entre dos casilleros.

Luis G. Inclán.—Volvemos a encontrar la tendencia nacionalista, en el autor de Astucia, el

Jefe de los Hermanos de la Hoja o los Charros Contrabandistas de la Rama. *¿Habrá todavía, entre nosotros, alguien que no haya leído esa novela, palpitante de vida nacional, de mexicanismo puro?....*

Las noticias que tenemos de Luis G. Inclán se deben, también, a Núñez y Domínguez. Este hace notar que don Joaquín García Icazbalceta, en su Diccionario de Provincialismos Mexicanos, *cita a cada paso la obra de Inclán: prueba de que la reconocía como "fuente digna de tal nombre."*

Astucia, según el testimonio de don Francisco Pimentel, fué tan popular hace unos cincuenta años que logró eclipsar al Periquillo.

Inclán, de vida aventurera, vivió su obra antes de escribirla—así es como se han escrito las mejores obras novelescas, las más humanas. —Escribió otras novelas de costumbres: Pepita la Planchadora, Los tres Pepes, *que aun permanecen inéditas.*

Manuel Payno.—*Cinco años antes de la aparición de* Astucia, *en 1860, ya don Manuel Payno había hecho imprimir su novela fantástica y de costumbres* El Fistol del Diablo; *pero fué después, hallándose enfermo y lejos de la patria, cuando escribió su novela más famosa:* Los Bandidos de Río Frío.

La circunstancia de andar enredados en su trama personajes conocidos, aumentaba entonces el interés de esta larga novela que intriga tanto a sus lectores que, según refiere una anécdota, el Maestro Justo Sierra, poco amigo de obras de pura imaginación, la leyó sin tomar reposo, olvidando sus ocupaciones durante las tres cuartas partes de un día.

Payno escribió, también, Tardes Nubladas. *(1871)*

LA NOVELA DE COSTUMBRES.— Florencio M. del Castillo.—El Balzac Mexicano, llamaron a don *Florencio M. del Castillo, durante la segunda mitad del siglo XIX, no obstante que no llegó a crear tantos tipos como el autor de* La Comedia Humana. "*Dió a sus heroínas, dice Coester, la más acabada belleza en su persona y en su carácter: ángeles de bondad cuyo ardiente amor no acaba en matrimonio sino en el dolor o en la aflicción; pero sus cuentos tienen el gran mérito de describir, de una manera perfecta, escenas de la vida entre las clases media y baja de la sociedad mexicana.*"

A las descripciones de Florencio M. del Castillo hay que acudir en busca de los aspectos típicos, del alma nacional. "Florencio del Castillo, apunta Altamirano, es sin duda el novelista de más sentimiento que ha tenido México, y como era, además, un pensador profundo, estaba llamado a crear aquí la novela social."

José T. de Cuéllar (Facundo).—*Fué seguramente Cuéllar un escritor que daba a luz sus obras con facilidad, he dicho en otra parte. Escribía en una prosa descuidada y llena de repeticiones, como si la trazara a la hora de siesta, después de una comida abundante....*

Hablemos del hombre. Cuéllar fué toda su vida un inquieto.... De las aulas de San Gregorio y San Ildefonso, llenas de resonancias de clásicos latinos, pasa al Colegio Militar, sonoro de clarines y tambores. Allí le sorprende la ola norteamericana, el 13 de septiembre, al lado de Escutia y Montes de Oca, en el ángulo oriental. Eran seis héroes niños; de los seis, quedaron vivos tres: entre éllos, Cuéllar.

Después de caer prisionero, cambia el fusil por los pinceles. Ingresa a la Academia de San Carlos y pinta algún tiempo, al óleo, cuadros sin importancia. Luego aprende fotografía y publica un álbum de retratos de personajes ilustres. En el reverso de cada retrato, escribe una biografía: así comienza a trabajar con la pluma. Recordando sus aficiones pictóricas, trabaja como escenógrafo en San Luis Potosí.... En el primer aniversario de la batalla de Chapultepec, toma la pluma para escribir un artículo patriótico. Dos años más tarde, es redactor de Semana de las Señoritas. *Delante de Altamirano, Ignacio Ramírez y otros literatos, recita versos, en el Liceo Hidalgo.... La Compañía Lancasteriana le nombra prosecretario y después secretario; es ya persona de representación social. Entonces vuelve al teatro, pero ya no como escenógrafo, sino como autor. Escribe un ensayo de drama:* Deberes y Sacrificios. *Triunfa. Construye un teatrito en su casa y funda una sociedad de declamación. Para cierta Navidad, escribe una Pastorela en verso. Don José Zorrilla la escucha, y le felicita luego en una carta cordial. Son los días del Im-*

perio. Lo francés está de moda.... Cuéllar escribe Natural y Figura *y tiene el honor de que suspendan las representaciones de esa crítica anti-francesa.*

Entonces escribe novelas, comenzando por una histórica, de la época colonial: El Pecado del Siglo. *Después, tras esa, vendrán todos los tomos de su* Linterna Mágica: Ensalada de Pollos, Historia de Chucho el Ninfo, Isolina la ex-figurante, Las Jamonas, Las gentes que *son* así, Gabriel el cerrajero o las hijas de mi papá, Baile y Cochino, Los Mariditos, *que habrán de encontrar su complemento en las ilustraciones de Villasana, el fiel dibujante de sus tipos.*

"A todos estos personajes, le dice Guillermo Prieto, los conocemos, los tratamos, los oímos hablar, y sospechamos que usted mismo disfraza originales que ha tenido al frente de su caballete al trasladar al lienzo sus retratos irreprochables."

LA NOVELA HISTORICA.—Hubo varios intentos de novela histórica: don Mariano Meléndez Muñoz publicó en Guadalajara, en 1836, El Misterioso, *novela pseudo histórica de la época de Felipe II, que se desarrolla en España, Yucatán y Tabasco, abundante en crímenes y en hechos falsos— por lo que más bien puede considerarse como novela romántica, de un exagerado romanticismo—; después algunas breves narraciones publicadas en* El Año Nuevo, *como* La Hija del Oidor *(1837), de Ignacio Rodríguez Galván,* El Inquisidor de México *(1835), de José*

Joaquín Pesado, y una anécdota sobre La Calle de Don Juan Manuel *(1835), por el Conde de la Cortina.*

Don Justo Sierra, padre del Maestro Sierra, jurisconsulto de Yucatán, inicia la verdadera novela histórica mexicana, con La Hija del Judío *(1848), novela con ambiente yucateco del siglo XVII. Este mismo autor escribió* Un Año en el Hospital de San Lázaro, *novela en forma de correspondencia, firmada con el pseudónimo de "José Turriza,"* Diego el Mulato, El Secreto del Ahorcado *y* Los Alcaldes de Valladolid. *Don Francisco Sosa refiere que don Justo Sierra, padre, sacrificó su vida, agotándose por formar un Código Civil.*

Juan Díaz Covarrubias, estudiante ejecutado con los mártires de Tacubaya, escribió Gil Gómez el Insurgente o la hija del Médico, *y aparte de esa novela con fondo histórico,* El Diablo en México, La Clase Media *y* La Sensitiva, *novelas de costumbres.*

Tendríamos que seguir haciendo una enumeración escueta, para incluir a todos los autores que han cultivado la novela histórica. Nos limitaremos a señalar a los más populares:

Juan Antonio Mateos, con El Cerro de las Campanas *(1868),* El Sol de Mayo *(1868),* Sacerdote y Caudillo *(1869),* Los Insurgentes *(1869),* Sor Angélica, Memorias de una Hermana de la Caridad *(1875).*

Mateos tuvo el acierto de enfocar bien; de elegir con tino época, asunto y personajes. Tienen sus obras, además, el valor de ser, en gran parte, relatos de un testigo de los acontecimientos, por lo que se refiere a las del Imperio y la Reforma. ¿Defectos? Los de entonces: prolijidad, falta de proporciones, de agilidad en el estilo. El público se los perdona y lo lee aún.

Vicente Riva Palacio, *testigo ocular, también, de mucho de lo que refiere en una de sus obras,* Calvario y Tabor *(1868), en la que describe la lucha contra los invasores franceses, pasó después, con menos fortuna, a las cosas del virreinato. ¿Es preciso enumerar sus obras que están—sus títulos al menos—en la memoria de todos? El editor que las reimprime actualmente confiesa que ya no tienen tantos lectores como en otro tiempo. Esto debe atribuirse a que la sensibilidad del lector ha evolucionado. Las obras de Riva Palacio, que nos parecían bellas por las alabanzas de nuestros padres, ahora nos fatigan. Leyendo* Martín Garatuza, *llegamos a pensar: ¡Lástima de asunto y de personaje, tratados en esa forma!*

Más novelas históricas: Los Mártires del Anáhuac, Cruz y Espada *y* El Conde de Peñalva, *por Eligio Ancona;* Un Hereje y un Musulmán *(1870)—novela bien documentada—, por Pascual Almazán* (Natal Pomar)*;* La Envenenadora *y* El Paladín Extranjero, *del michoacano Jesús Echaiz;* Tomochic, *episodios de la campaña de*

*Chihuahua, la mejor obra de don Heriberto
Frías, que también ha publicado* El Ultimo Due-
lo, El Amor de las Sirenas, El Triunfo de Sancho
Panza, La Vida de Juan Soldado, Miserias de
México, *y que hace poco produjo* ¿Aguila o Sol?;
El Teniente de los Gavilanes, *de Rafael de
Zayas Enríquez.*

*Dentro del mismo género, como novelas his-
tóricas, pueden ser consideradas las obras de
don Victoriano Salado Alvarez:* De Santa Anna a
la Reforma, La Intervención y el Imperio, *series
de episodios, a la manera de Galdós—empleando todos los recursos: memorias, diálogos, relatos, epístolas—en las que apenas existe, sobre
todo en la primera, el hilo novelesco.*

LA NOVELA REGIONAL.—Ignacio M. Altamirano.—*El orador, poeta y novelista Ignacio
Manuel Altamirano debe ser considerado entre
los autores de novelas regionales, por* El Zarco
y La Navidad en las Montañas, *y, entre éstos,
como uno de los mejores, de los que tienen
más carácter nacional, por el ambiente y por
los tipos de sus obras.*

Por sus novelas Clemencia y Las tres flores
(Cuentos de Invierno), Julia, Antonia y Beatriz
—*esta última, incompleta— se le ha llamado
autor de idilios.*

Dejó varias obras inéditas: Marcos Pérez,
Los Galeanas, La Condesa de Calderón y Atenea
*cuyo manuscrito original posee don Luis Gonzá-
lez Obregón.*

XXVI

Junto a Altamirano, debe ser mencionado don José López Portillo y Rojas, autor de La Parcela, obra de excelente factura. "Su argumento, los sitios y personajes que describe, las costumbres y pasiones que dan movimiento a la narración—dice un biógrafo suyo—, constituyen otros tantos elementos de vida para la novela mexicana."

Rafael Delgado, con La Calandria, Angelina y Los Parientes Ricos, cimentó su fama de novelista regional, afiliado por Sosa a la escuela realista y próximo, también, al romanticismo, por la segunda de sus obras, hermana de la María de Isaacs. Otras influencias señaladas por aquél, son las de los Goncourt y la de Pereda. "El estilo de Delgado, pulcro y galano, escribió don Francisco Sosa, no es, como pudiera suponerse, la resultante del laborioso escogitamiento de vocablos peregrinos y de frases redondeadas por la lima con pacientísimo esmero. Es suyo, es personal, espontáneo."

De Rafael Delgado está aún por publicar La Apostasía del P. Arteaga, obra que menciona, en su estudio sobre este novelista, don Luis Castillo Ledón.

LA NOVELA ROMANTICA.—Hemos hablado del romanticismo. José Rivera y Rio, autor de trece novelas—¡oh fecundidad!—, entre ellas Los Misterios de San Cosme, *es quizá uno de nuestros más remotos novelistas románticos. (1861-70).*

XXVII

Vendrán, después, Pedro Castera, *con su* Carmen—*otra hermana de la* María *de Jorge Isaacs*—, *éxito de librería, y don* José Rafael Guadalajara, *con su* Amalia, *que primero publicó con el nombre de* Sara, *en cuyas páginas refiere un amor de juventud.*

Es curioso—*y esto podría orientar a los libreros y editores*— *que las novelas que tienen por título un nombre de mujer son preferidas por el público, como sucedió no hace mucho, en Francia, con* Marie Chapdelaine, *de Luis Hémon.*

Nuestros novelistas románticos, en su mayoría, tienen, además de los defectos propios del romanticismo, el de transportar sentimientos extraños a nuestras costumbres, a nuestra vida.

LA NOVELA REALISTA.—*Con don* Emilio Rabasa (Sancho Polo), *estamos ya en la novela realista. Cuatro obras publicó en dos años (1887, 1888):* La Bola, La Gran Ciencia, El Cuarto Poder, Moneda Falsa.

Las novelas de Rabasa hacen pensar sobre todo en Pereda, hasta por similitud de asuntos.

Don Federico Gamboa *alarga hasta nosotros, con fortuna, la manera que dió fama a Zola.* Santa *cuenta siete ediciones.* Apariencias, Reconquista, Suprema Ley, Metamorfosis *y* La Llaga, *también se han abierto paso entre el público.*

Don Hilarión Frías y Soto *publicó otra novela realista:* Vulcano.

XXVIII

Los escritores realistas tienen también, el defecto colectivo de ver las cosas nuestras a través de Zola, Daudet, etc.

OTROS NOVELISTAS.—Han quedado fuera de esta enumeración de novelistas que son, en su mayor parte, de ayer, algunos que no caben dentro de los casilleros señalados. Para clasificarlos, tendríamos que emplear otras etiquetas y no conseguiríamos formar con ellos grupos numerosos.

Queda, por ejemplo, sin clasificar, don Fernando Orozco y Berra, hermano del historiador, que escribió y publicó, en dos volúmenes, La Guerra de Treinta Años (1850) novela que, según Altamirano, es análoga a Bajo los Tilos, de Alfonso Karr. Alfredo Coester la supone autobiográfica. Es obra certera, interesante. Su defecto capital, anotado por Gamboa, consiste en que retrata cosas nuestras y sitúa la acción en Madrid y Burgos; aunque esto seguramente lo hizo para desfigurar y encubrir mejor a sus personajes, tomados de la realidad, en la sociedad poblana. A pesar de sus precauciones, al aparecer el libro, la edición se agotó por haber adquirido la mayor parte aquellas mismas personas que se reconocieron en las páginas de la novela.

¿A Pantaleón Tovar, por sus Ironías de la Vida, podríamos clasificarlo como novelista social? Se nota en él la influencia de Sue, entonces en boga.

Otro escritor de obra abundante fué José María Ramírez, que se inspiró en novelistas franceses—Hugo, sobre todo—. Descuidado en la forma, como el anterior, dejó entre otras novelas Una Rosa y un Harapo *(1868) que le dió fama.*

Y aun faltaría citar a don Manuel Sánchez Mármol, a don José María Roa Bárcena, a Ireneo Paz, a don Rafael Ceniceros y Villarreal y a otros cincuenta.

LOS NOVELISTAS CONTEMPORANEOS. —Para terminar este trabajo—cuyas dimensiones exceden a las que habíamos pensado darle— agregaremos una breve noticia de algunos de los novelistas actuales, por orden alfabético de apellidos:

Ermilo Abreu Gómez.—Cultiva, de preferencia, la novela histórica. De su penúltima obra, El Corcovado, *cuyo protagonista es don Juan Ruiz de Alarcón, a la que acaba de publicar, con el título de* Vida del Venerable Gregorio López, *hay un adelanto perceptible. Se adueña del estilo depurándolo.*

Mariano Azuela. —Regional y realista. Ha publicado: María Luisa, Los Fracasados, Mala Yerba *(dos ediciones),* Sin Amor, Andrés Pérez, Maderista, Del Llano Hermanos, S. en C. *(Los Caciques),* Los de Abajo *(dos ediciones),* Las Moscas *y dos novelas cortas:* La Malhora *y* El Desquite, *en las que su antigua manera de novelista de la Revolución se transforma, orientándose en el sentido de las tendencias actuales.*

XXX

Va, por tanto, al día, imponiéndose, con pasos firmes. Comienza a preocuparle el estilo y su valer trasciende más allá de nuestras fronteras.

Juan de Dios Bojórquez, (Djed Bórquez).— Regional. En su novela Yorem Tamegua, publicada en Guatemala y dividida en tres épocas, la primera—1895—supera a las otras dos.

María Enriqueta Camarillo de Pereyra.—Su obra de novelista, fuera de las clasificaciones, sólo admite un calificativo: humana. Jirón de Mundo y El Secreto, tienen páginas de una perfecta sencillez que palpitan de humanidad y expresan sentimientos no locales, sino de todo el mundo; cumbre a la que han podido llegar muy pocos espíritus. Desde lo alto, su visión es serena.

Salvador Cordero.—Cuadros sociales. Memorias de un Juez de Paz y Memorias de un Alcalde contienen observaciones fieles, anotadas al margen de la vida de nuestras pequeñas poblaciones.

Martín Gómez Palacio.—En su manera actual, novela psicológica. Después de La Loca Imaginación y A la una, a las dos, a las...., acaba de darnos El Santo Horror, novela fuerte, personal, que basta para considerarlo como un novelista formado; pero aun debemos esperar más de él.

Carlos González Peña.—Hemos dudado un momento si deberíamos situarlo entre los novelistas de ayer, entre los novelistas que ya no producen, porque después de sus obras De Noche, La Chiquilla, La Musa Bohemia, El Hidalgo del Amor *y* La Fuga de la Quimera *—esta última impresa en 1919—, ha limitado sus actividades a la crónica, a la cátedra, al periodismo. ¿Nos dará todavía la novela que tenemos derecho a exigirle?*

Manuel Horta.—Se encuentra, casi, en el mismo caso. Ha enmudecido, como novelista, después de Estampas de Antaño, El Tango de Gaby *y* El Caso Vulgar de Pablo Duque. *La labor cotidiana, el engranaje del periodismo, le han hecho olvidar sus aptitudes indudables de estilista.*

Xavier Icaza, jr.—Ha publicado Dilema *y* Gente Mexicana. *Es un laborioso, un inquieto, y se busca infatigablemente. Lo breve de su labor no deja descubrir sus luchas y su tesón.*

Guillermo Jiménez.—¿Es Constanza *una novela? Más bien, una serie de estampas de sencillez maravillosa. Tiene varios volúmenes de novelas cortas y cuentos.*

Julio Jiménez Rueda.— Ha preferido, para sus narraciones novelescas, el ambiente de la Colonia. Nos dió, hace un año, Moisén; *antes,*

Sor Adoración del Divino Verbo, *la más acabada, tal vez, de sus obras.*

Eduardo Luquín.—*Modelo de perseverancia. Después de* El Indio, *ha publicado* La Mecanógrafa *y una novela corta:* Agosto. *De la primera a las últimas, hay varios pasos ganados.*

Esteban Maqueo Castellanos.— *Observador de costumbres. Autor de* La Ruina de la Casona, *cuyo excesivo volumen le resta lectores hoy que el tiempo apremia. Tiene en esa novela aciertos dignos de anotarse; escenas de la Revolución bien descritas.*

Carlos Noriega Hope.—*Tiene dos volúmenes de novelas:* La Inútil Curiosidad *y* El Honor del Ridículo. *Ha publicado otras novelas cortas y cuentos en el suplemento de la revista que dirige y en la que ha impulsado, a intervalos, la producción de novelas cortas. Prepara una novela de mayor aliento:* El Crisol.

Salvador Quevedo y Zubieta.—*Por su última novela de psicología social,* En Tierra de Sangre y Broma, *tiene derecho a figurar entre los novelistas actuales. Antes publicó* La Camada *y* La Estudiante; *esta última apareció, primero, en francés.*

Cayetano Rodríguez Beltrán.—*Como el anterior, tiene en su haber varias obras publicadas hace algunos años y continúa produciendo. Su último libro se titula* Un Ingenio. *Antes publicó*

Pajarito, Cuentos Costeños, Perfiles del Terruño y Una docena de Cuentos.

Efrén Rebolledo.—*Su obra de novelista se ha desarrollado paralela a su labor diplomática, aprovechando su permanencia en países remotos, para observar sus costumbres y aprisionarlas en la trama de una novela. En el Japón escribió narraciones japonesas; en Cristiania publicó* La Saga de Sigrida la Blonda —*obra fina, de orfebre*—; *aquí ha impreso* Salamandra *y varios cuentos. Debe abonársele, además, su desinteresada labor de traductor cuidadoso: fué el primero que vertió al castellano a Wilde y otros escritores, en México.*

Mariano Silva.—*Bastan las cualidades literarias de* Cara de Virgen, Anímula *y su tomo de cuentos* Arquilla de Marfil, *para que no olvidemos a este escritor, ahora*—*desde hace tiempo*—*silencioso.*

José Juan Tablada.—La Resurrección de los Idolos, *publicada en el suplemento de "El Universal Ilustrado," es, hasta hoy, su única novela. Quiso hacerla no sólo mexicana sino americana, de todo el continente; pero los personajes y los sitios que describe en su novela corresponden a personajes y sitios de México. Su estilo, a ratos brillante, como del poeta que es Tablada, decae, se arrastra, cuando piensa en el público grueso para el que la escribió. Ya sabemos que en sus obras, como en las religiones antiguas, hay la parte esotérica y la exotérica.*

Alfonso Teja Zabre.— Produjo dos novelas, Alas Abiertas y La Esperanza y Hati-Ke. *Sus dotes de novelista, su aliento vigoroso, hacían esperar el triunfo decisivo, en la tercera; pero no llegó a dárnosla. Ahora su inquietud le orienta hacia el teatro.*

Artemio de Valle-Arizpe.—Después de Ejemplo, *novela de la época colonial, ha publicado* Vidas Milagrosas, *cuentos, y* Doña Leonor de Cáceres *junto con* Cosas Tenedes. *Conoce bien los hechos y las cosas del virreinato y es, por ello, el mejor preparado para escribir la novela colonial. En la actualidad, su estilo evoluciona de lo rebuscadamente arcaico a lo castizo.*

En el trabajo anterior, tal vez haya incurrido en omisiones involuntarias. Mi propósito, al escribirlo, fué trazar a grandes rasgos el esquema para un estudio sobre la novela mexicana hasta el momento actual. Lo que en él falte, podrán hallarlo en esta obra los que deseen profundizar en el asunto o emprender el estudio que todavía no se ha escrito. Aquí está la base, el cimiento sobre el que se levantará la construcción: el que quiera realizarla, encontrará un guía seguro en este ensayo.
Basta decir eso para hacer su mejor elogio.

Francisco Monterde García Icazbalceta.

México, 13 de agosto de 1925.

XXXV

BIBLIOGRAFIA DE LAS OBRAS QUE TRATAN
DE LA NOVELA MEXICANA

No son pocos los autores que se han ocupado del estudio de nuestra novela, mas desgraciadamente sus trabajos, principalmente críticos, se hallan diseminados, en lo general, en los periódicos y revistas de arte y literatura. El resto, en mínima parte es lo que aparece en esta bibliografía, en la que también incluímos algunas obras de carácter general, en las que con alguna extensión se trata de este género literario y las cuales, no lo dudamos, serán de grande utilidad para el mejor conocimiento de nuestros novelistas y de sus obras.

ALTAMIRANO, Ignacio M.—*Revista literaria*. 1868. En Biblioteca de Autores Mexicanos. —México, V. Agüeros, Edit. 1895-1911, t. XXI, p. 346-510.

BIBLIOTECA NACIONAL (México).—*Catálogo especial de las obras mexicanas o sobre México*.—México, 1911. Imp. de Arturo García Cubas Sucs., Hnos. Fo. 486 p.

BIBLOS. Boletín semanal de información bibliográfica, publicado por la Biblioteca Nacional. —México, 1919-1922. 4 v. fo. En Publicación.

CARREÑO, Franco.—*Novela corta y Noveladores en México.* (En *Biblos*, México, 1925. 2ª ép., t. I, n. 1 y 2.)

CASTILLO LEDON, Luis.—*Orígenes de la novela en México.*—México, 1922. Imp. del Museo Nacional. 4º, 15 p.

CLARETIE, Jules.—*Art et littérature. (En Le Mexique au début du XXe. siécle.*—París, s. a. Libr. Ch. Delagrave, t. II, p. 223-266).

COESTER, Alfred. — *A Bibliography of Spanish-American literature.* — Reprinted from The Romanic Review, v. III, n. 1. 4º, (35) p.
The Literary history of Spanish America.—New York, 1919. The Macmillan Co. 4º, XII-(3)-495 p.

GALINDO, Miguel.—*Apuntes para la historia de la literatura mejicana.*—Colima, 1925. Imp. de "El Dragón."—8º (4), 313 (3) p.

GAMBOA, Federico.—*La novela mexicana.* Conferencia leída en la "Librería General," el día 3 de enero de 1914.—México, s. a., Eusebio Gómez de la Puente, Edit. 4º, 27 p.

GONZALEZ OBREGON, Luis.—*Breve noticia de los novelistas mexicanos en el siglo XIX.*—México. 1889. Tip. de O. R. Spíndola y Comp. 16º, 63 p.

Don JOSE JOAQUIN FERNANDEZ DE LI-

ZARDI.—*(El Pensador Mexicano)* Apuntes biográficos y bibliográficos. México, 1888. Of. Tip. de la Secretaría de Fomento. 4º, XII-91 p.

GONZALEZ PEÑA, Carlos.—*El Pensador Mexicano y su tiempo.* (En *Conferencias del Ateneo de la Juventud.*— México, 1910. Imp. Lacaud. 4º, p. 85-108).

JIMENEZ RUEDA, Julio.—*Resúmenes de literatura mexicana.* 2ª ed.—México, 1922. Linotip. H. Barrales Sucr. 8º, 32 p.

LOPEZ PORTILLO Y ROJAS, José. — *La Novela.* Breve ensayo presentado a la Academia Mexicana.—México, 1906. Tip. Vizcaíno & Viamonte. 8º, 62 p.

LUTREL, Estelle.—*Mexican writers. A Catalogue of books in the University of Arizona Library with synopsis and biographical notes.*— Tucson, Arizona, 1920. 4º

NUÑEZ Y DOMINGUEZ, José de Jesús.— *Los Poetas jóvenes de México y otros estudios literarios nacionalistas.*— México. Libr. de la Vda. de Ch. Bouret. 8º, 153 p.

OLAVARRIA Y FERRARI, Enrique de.— *Al Arte literario en México. Noticias biográficas y críticas de sus más notables escritores.* 2ª ed.—Madrid, S. a. Espinosa y Bautista, Edits. 8º 224 (6) p.

5

PEZA, Juan de Dios.—Poetas y escritores modernos mexicanos. (En *El Anuario Mexicano.* 1879. Filomeno Mata Edit.—México. 1878. 8º, p. 147-239).

PIMENTEL, Francisco.—Novelistas y oradores mexicanos. (En sus *Obras Completas.*—México, 1903-04. Tip. Económica, t. V, p. 257-508).

RAMIREZ, Santiago. — Estudio biográfico del Sr. Ing. D. José Joaquín Arriaga, académico numerario.—México, 1900. Of. Tip. de la Secretaría de Fomento. 4º, 33 p.

RIVA PALACIO, Vicente.—*Los Ceros.* Galería de contemporáneos. Por Cero. — México, 1882. Imp. de F. Díaz de León.— 4º, 371 p. ilustr.

SANCHEZ MARMOL, Manuel.—*Las Letras patrias.* (En *México. Su evolución social.*—México, 1900-02. J. Ballescá y Comp. Sucr. Edit., t. II, v. II, p. 603-663).

SANTACILIA, Pedro.—Del movimiento literario en México.—México, 1868. Imp. del Gobierno. 4º, IV, 128 p.

SOSA, Francisco.—Apuntamientos biográficos del Sr. Lic. D. Manuel Sánchez Mármol.—México, 1912. Imp. Internacional. 4º, 30 p.

STAR, Frederick.—Readings from modern

mexican authors. — Chicago, 1904. The Open
Court Publishing Co. 8º, VIII-240 p. ilustr.

URBINA, Luis G.—La literatura mexicana.
Conferencia leída en la "Librería General," el
día 22 de noviembre de 1923.—México, s. a.
imp. "La Pluma-Fuente." 4º, 12 p.
......La vida literaria de México.—Madrid,
1917. Imp. Sánchez Hnos. 8º, 301 p.

VIRAMONTE, Leonardo S.—La Novela en
México y el realismo en el arte. A través de
"Reconquista," último libro del Sr. D. Federico
Gamboa.—México, 1909. A. Carranza e hijos,
imps.—8º, 64 p.

LAS NOVELAS MEXICANAS

ABREU GOMEZ, ERMILO

Nació en Mérida, capital del Estado de Yucatán, el 18 de septiembre de 1894 e hizo sus estudios en el Colegio del Estado de Puebla y en el de San Ildefonso, de su ciudad natal. Amante de las letras, se consagró a ellas desde muy joven, y cuando vino a México hacia 1918 ya era conocido en los círculos literarios. En su primera época de escritor fué modernista según aparece en sus producciones teatrales *En la Montaña, Colombia* y *El Bushido*; en su segunda época, que puede llamarse de transacción, dió a luz también para el teatro *El Cacique* y *La Xtabay*, ambas de ambiente local y regional, y al fin ha evolucionado, advirtiéndose en sus producciones un acercamiento completo al clasicismo, como puede verse en su farsa *¡Viva el Rey!* en su patraña *Humanidades* y en las dos novelas cortas que ha dado a la estampa.

BIBLIOGRAFÍA:

1.—*El Corcobado*. Editado en México por Gómez de la Puente, en 1924, en un volumen en 8⁹ Con prólogo de D. Alfonso Reyes.

11

2.—*La Vida Milagrosa del Venerable Siervo de Dios, Gregorio López.* La escribió Ermilo Abreu Gómez y se publica con un prólogo del Señor Licenciado Don Artemio de Valle-Arizpe. —En México, en el Año del Señor MCMXXV. *(Al frente:)* Talleres Linotipográficos "Carlos Rivadeneyra." Belisario Domínguez, No. 43. México, D. F.

En 8°, de 101 p.

AGÜEROS, VICTORIANO

Nació en el pueblo de Tlalchapa (Gro.), el 4 de septiembre de 1854. A la edad de doce años vino a la Capital, donde hizo sus estudios hasta obtener el título de profesor de instrucción y más tarde el de abogado. Desde 1871 había dado a conocer sus ensayos literarios en la prensa, y conocedor de sus méritos D. Anselmo de la Portilla lo llevó a la redacción de *La Iberia.* Colaboró, además, en otros periódicos y en 1883 fundó *El Tiempo,* importante diario católico, al frente del cual, y arrostrando incontables obstáculos, permaneció hasta su muerte. La ciencia y las letras nacionales le son deudoras de la publicación de no pocas obras de escritores antiguos y modernos, contándose entre éstas los setenta y ocho volúmenes de la *Biblioteca de Autores Mexicanos,* en los que logró reunir los escritos de nuestros más prestigiados intelectuales del siglo XIX. Fué miembro de la Academia Mexicana, correspondiente de la Real Española, y de otras sociedades científicas y literarias. Hallándose en París, después de haber representado a la nación en las ceremonias de la coronación del rey Jorge V de Inglaterra, le sobrecogió la muerte el 8 de octubre de 1911.

Hablando de sus obras, dice un autor: «En todas ellas se percibe el espíritu de ese género poético especial que se pudiera llamar doméstico; pues Agüeros siempre se dirige a dulcificar los sentimientos del hombre, principalmente con relación a la familia. Su numen tierno y delicado no olvida jamás los montañosos y pintorescos lugares en que rodó su cuna y de ellos toma continuamente objetos y motivos para ejercitar su actividad, encadenándola con dulce esclavitud a la poesía del recuerdo y la vibración del pasado. Agüeros es el cantor de la infancia, el bardo del hogar, el poeta cuya fantasía va a empaparse siempre en los ténues matices de la aurora de la vida. Nunca hace versos, pues encuentra en la prosa estética la forma más adecuada para vaciar libremente el exhuberante raudal de sus concepciones.»

BIBLIOGRAFÍA:

1.—*Ensayos de José.*—México. Imprenta de Ignacio Escalante, Bajos de San Agustín, núm. 1. 1874.

En 4º, de 286 p.

2.—*Dos Leyendas.* Por José. Edición del

"Siglo XIX."—México. Imprenta de I. Cumplido, Rebeldes, N. 2.

En 8º, de 68 p. Publicadas en 1877.

3.—*Leyenda de Navidad. 1879.*— México. Imprenta de Ignacio Cumplido, Calle de los Rebeldes, núm. 2. 1879.

En 8º, de 96 p.

AGUILAR, GILBERTO F.

Es originario de Puebla, ciudad en donde nació el 29 de enero de 1888. Hizo sus estudios elementales en Tacubaya, D. F., los superiores en la Escuela Nacional Preparatoria y los profesionales en la de Medicina de la Capital, hasta terminar su carrera de médico en 1918. Dedicado al cultivo de las letras desde su juventud, no ha cesado de producir páginas amenas en periódicos, revistas y libros, que le auguran triunfos halagüeños en el campo de las letras. Sus conocimientos filosóficos le llevaron a ocupar las cátedras de lengua nacional en la Escuela Nacional Preparatoria y en la de Agricultura.

Hablando de su novela, dice don Eduardo Gómez Haro: «Aguilar se destaca, en el género a que su libro pertenece, por un amplio conocimiento de las literaturas española y francesa, por un fino espíritu de observación y por la facilidad con que encuentra el concepto propio para la idea a que se da forma. Además, sabe ahondar en el espíritu de sus personajes, y describe pintorescamente caracteres y escenarios.

«La nota realista va al lado de la romántica, y si bien no palpita en este libro una orientación fuertemente definida, saltan a la vista las dotes nada comunes del autor. La experiencia, que sólo se obtiene a fuerza de vivir y de aprovechar lo vivido, pondrá el toque definitivo a la obra de este potente literato, que se esboza con tanta virilidad y cuyos primeros pasos son indiscutibles aciertos.

«Otra de las cualidades que tiene *Carne y Alma*, es que cuanto en él hay es nuestro: paisajes y gentes viven con un sello de nacionalismo que quisiéramos ver en todas las obras nacidas bajo la fecundidad de nuestro ardiente sol, al que muchos de los artistas de casa se obstinan en desdeñar, por ir a entumecer su alma en las brumas de otras regiones y dar a sus obras el tinte de un absurdo exotismo.»

BIBLIOGRAFÍA:

1.—Gilberto F. Aguilar. *Carne y Alma*. Dibujos de Rivera, Nieto y Rueda.—1921. Imprenta Artística. Motolinía, 20. México, D. F.
En 8º, de 147 p.

ALEGRIA, ADOLFO ISAAC

Unicamente sabemos que fué originario del Estado de Jalisco, de donde a mediados del último tercio del siglo próximo pasado, pasó a radicarse a la Capital de la República. Allí vivió el resto de sus días consagrado a las letras y al periodismo. Muchos de sus artículos se hallan calzados con el seudónimo de "Satanás."

BIBLIOGRAFÍA:

1.—*El libro de Satanás. Algo que parece novela y no es. Verdades claras y obscuras, tintes, alegres y lúgubres.* México, 1869, en 4º mayor.
Cat. Porrúa. México, enero de 1911, p. 98.
2.—*La Luz en las tinieblas* (1870), novela filosófica y de costumbres.
González Obregón. *Novelistas mex.,* México, 1889, p. 28. 2ª parte de la anterior.
3.—Edición de "La Patria." *Satanás.* (Ad. I. Alegría). En el "Teatro Principal" de la ciudad de México, en MDCCCLXXXI.—México. Tipografía de I. Paz, Escalerillas, 7. 1882.
En 8º, de 44 p.
4.—Ad. I. Alegría. *Algo.*—México. *(Al fin:)* Imp. de F. Díaz de León y S. White, 2ª de la Monterilla, núm. 12.
En 8º, de 168 p. Ed. particular del autor.

ALFARO ANSELMO

Nació el 21 de abril de 1852 en la ciudad de México. En 1874 comenzó a colaborar en la prensa y continuó haciéndolo en los principales periódicos, como la *Revista Universal, El Federalista, El Monitor Republicano, El Siglo XIX* y otros. De 1886 a 1888 fué profesor de lengua inglesa en el Colegio Militar de Chapultepec, y durante catorce años en diversos planteles oficiales de la Capital. Más tarde lo fué de esgrima en la Escuela Nacional Preparatoria y el Instituto Científico y Literario de Toluca (Méx.) y dió además clases particulares de dicha materia durante largo tiempo. Sus escritos literarios le abrieron las puertas del Liceo Hidalgo, la Sociedad Lancasteriana y de otras agrupaciones científicas y literarias.

BIBLIOGRAFÍA:

1.—*Leona*. Leyenda por Anselmo Alfaro.— México. Imprenta de "La Colonia Española," de A. Llanos, Calle de Santa Isabel. 1876.

En 8º, de 90 p. Prologada por D. Juan de Dios Peza.

ALMAZAN, PASCUAL

Nació en Mexico el año de 1813 y pasó su infancia en dicha Capital, Toluca y Puebla, habiendo hecho sus estudios en esta ciudad, en cuyo Colegio Carolino obtuvo una beca por su aplicación. Después de obtener el título de abogado se consagró al estudio de las ciencias naturales, en las que llegó a alcanzar grandes conocimientos. En 1847 fué electo diputado al Congreso, en 1856 Gobernador interino de Pue-

17

bla, dos años después Oficial Mayor de la Secretaría de Fomento, y en la época del Imperio, Consejero de Gobierno y miembro de la Junta de Notables, que decidió la suerte de Maximiliano. Desempeñó, además, varias comisiones científicas y escribió y dió a luz una obra en tres volúmenes intitulada *Caminos, ferrocarriles y canales* (1865), la cual sirvió de texto durante algunos años en la Escuela Nacional de Ingenieros. Dió también a luz diversas poesías y artículos literarios, que subscribió con el seudónimo de "Natal del Pomar." No pocas de las más prestigiadas agrupaciones científicas del país lo llamaron a su seno, y falleció en Puebla el 12 de octubre de 1886. González Obregón lo considera como uno de los escritores mexicanos que con mejor éxito han cultivado la novela.

BIBLIOGRAFÍA:

1.—*Un Hereje y un Musulmán: México hace trescientos años*. Novela histórica por Natal del Pomar.—México. Imp. de Luis Inclán, calle de San José el Real, núm. 7. 1870.
En 4º, de 327 p.

ALTAMIRANO, IGNACIO MANUEL

Hijo de padres indígenas, nació en Tixtla (Gro.), el 12 de diciembre de 1834. En 1845 ingresó al Instituto de Toluca, donde fué discípulo del célebre librepensador D. Ignacio Ramírez, y más tarde pasó a México a hacer sus estudios de jurisprudencia en el Colegio de San Juan de Letrán. Al estallar la guerra reformista empuñó las armas en favor de la revolución y después contra la Intervención francesa. Una vez recibido de abogado fué electo Diputado al Congreso de la Unión y a la caída del Imperio desempeñó altos cargos públicos, como Procurador General de la Nación, Oficial Mayor de la Secretaría de Fomento y Magistrado de la Suprema Corte de Justicia. Retirado más tarde de la política, se consagró por completo a las letras, al periodismo y a la enseñanza en diversos planteles de la Capital, habiendo ejercido una influencia poderosa en el fomento de las bellas letras y en la educación de la nueva generación literaria. Perteneció a diversas agrupaciones científicas y literarias, y llegó a ser presidente de la Sociedad de Escritores Públicos, del Liceo Hidalgo, que después llevó su nombre y de la Sociedad Nezahualcóyotl, y vicepresidente de la Sociedad Mexicana de Geografía y Estadística. En 1899 pasó a Europa con el cargo de Cónsul General de Barcelona, de donde fué trasladado con el mismo carácter a Francia, y hallándose en San Remo (Italia) le sobrecogió la muerte el 13 de febrero de 1893.

«Creemos —dice González Obregón—, que como novelista es muy notable, porque como novelista es nacional en el asunto y en la forma; ésta se recomienda por su corrección, y las descripciones, además de su pronunciado *color local*, son poéticas e inspiradas. Altamirano ha hecho de algunas de sus novelas, verdaderos idilios, pero idilios mexicanos. Los paisajes que presenta son los de nuestro país; en ellos encontramos nuestros campos, nuestros ríos y nuestra exhuberante vegetación. Los personajes son los de nuestras ciudades y pueblos; en ellos están retratadas nuestras bellas mujeres, nuestros sencillos labradores, nuestros valientes soldados, y al mismo tiempo formándoles contraste, nuestras remilgadas jamonas, nuestros astutos bandidos y nuestros militares fanfarrones. Sus novelas *Antonia* y *El Zarco*, son pruebas elocuentísimas de lo que afirmamos. Altamirano, como novelista, ha sido juzgado con gran elogio por críticos nacionales y extranjeros.»

BIBLIOGRAFÍA:

1.—Ignacio Manuel Altamirano. *Cuentos de Invierno. Las Tres Flores.* Tercera edición corregida y aumentada.—México. Tipografía Literaria de Filomeno Mata. Calle de la Canoa número 5. 1880.

En 4º, de 441 (4) p. Contiene, además, *Julia, La Navidad en las montañas* y *Clemencia*, y forman el tomo primero de las obras completas del autor.

2.—Ignacio Manuel Altamirano. *Cuentos de Invierno. Clemencia.* I. M. A.—México. F. Díaz de León y Santiago White, Editores, 2ª de la Monterilla. núm. 12. M.DCCC.LXIX.

En 8º, de 319 p.

Ignacio Manuel Altamirano. *Cuentos de In-*

vierno. Clemencia. (Quinta edición corregida).—
México. Tipografía Literaria de Filomeno Mata.
Calle de la Canoa, núm. 5. 1880.

En 4º, de (260) p. Ocupa los folios 185-445
del tomo primero de las obras completas del
autor, registradas bajo el número 1.

Cuentos de Invierno. Clemencia. Por Ignacio
Manuel Altamirano.—Librería de la Vda. de C.
Bouret. París. 23, rue Visconti, 23. México. 14,
Cinco de Mayo, 14. *(Al fin)* 1147-03. París. Im-
prenta de C. Bouret. 3.04.

En 8º, de (4), 316 p. ilustrada.

Ignacio Manuel Altamirano. *Clemencia o el
Mal por el Bien.* Con ilustraciones de I. Medina
Vera. Sexta edición.—Casa Editorial de Maucci
Hermanos e Hijos. Buenos Aires. Habana. José
López Rodríguez. Obispo, 135, Librería *(A la v.:)*
Tip. Casa Editorial Sopena, Valencia, 363, Bar-
celona.

En 8º, de 268 p., con láminas. Termina con
las *Rimas* del mismo autor.

3.— Ignacio Manuel Altamirano. *Antonia.
Cuentos de Invierno.* Tomo. II. México. Tipogra-
fía Literaria de Filomeno Mata. 5, Calle de la
Canoa, 5. 1880.

En 4º, de 128 p. Forma el tomo II de las
obras completas del autor.

4.—Ignacio Manuel Altamirano. *La Navidad
en las Montañas.* (Quinta edición).—París. Biblioteca de la Europa y América. 71, rue de Rennes, 71. 1891. *(Al fin:)* París. Imp. V. Goupy y
Jourdan, rue de Rennes, 71.

En 8º, de (4), 156 p.

5.—Ignacio Manuel Altamirano. (*Episodios de la vida mexicana en 1861-63*). Novela póstuma. Prólogo de D. Francisco Sosa. Dibujos de D. Antonio Utrillo. Grabados de D. J. Thomas. México. Establecimiento Editorial de J. Ballescá y Ca., Sucesor. 572, San Felipe de Jesús, 572. 1901. (*A la v.:*) Tipolitografía de Salvat e Hijo, calle de Mallorca, 294. Barcelona.

En 4º, de 286 p. más el retrato del autor. Ilustrada.

Ignacio Manuel Altamirano. *El Zarco, Episodios de la vida mexicana en 1861-63*. Novela póstuma. Prólogo de Don Francisco Sosa. San Antonio de Béxar. Talleres de "Revista Mexicana." 1917.

En 8º, de 189 p.

Ignacio M. Altamirano. *El Zarco. Episodios de la vida mexicana en 1861-63*. Novela póstuma. Prólogo de Don Francisco Sosa. Editado por Librería de Quiroga. 714 Dolorosa St. San Antonio, Tex.

En 8º, de 211 p.

ALVA, MANUEL M.

Fué su patria la ciudad de Jalapa (Ver.) donde nació en 1833. Sus padres, no obstante su escasa posición económica, procuraron darle una educación bastante esmerada. Hizo sus primeros estudios en el colegio del profesor D. Florencio Aburto y los continuó en el Nacional de Jalapa, hasta alcanzar **en 1855** el título de abogado. Desde entonces comenzó a servir diversos cargos públicos en su Estado natal, entre otros los de Juez de Primera Instancia, Magistrado del Tribunal Superior de Justicia, Diputado al Congreso de Veracruz, Jefe Político y Comandante militar del cantón de Jalapa. Durante la Intervención Francesa empuñó las armas al frente de la guardia nacional en defensa de la República, y herido y prisionero en la batalla de Cerro Gordo, fué más tarde rescatado en un canje de prisioneros. Desde su juventud dió a conocer sus escritos en la prensa veracruzana y sus conocimientos lo elevaron al desempeño de varias cátedras y a la rectoría del Colegio Preparatorio de su ciudad natal. Falleció en el puerto de Veracruz el 9 de julio de 1878.

BIBLIOGRAFÍA:

1.—*La Trinitaria.* Novela escrita para La Flor del Bosque por M. M. A.—Coatepec: Imprenta de Antonio Matías Rebolledo. 1851.
En 4º, de 41 p.

AMADOR, ARMANDO C.

BIBLIOGRAFÍA:

1.—La Novela Semanal de "El Universal Ilustrado." *Siphros.* Por A. C. Amador.
En 16º, de 33 p.

AMADOR, SEVERO

Artista, poeta y literato originario de Zacatecas.

BIBLIOGRAFÍA:

1.—Severo Amador. *Confesión. La Sorpresa. Palabras póstumas. 1905.* Imp. de J. T. Pedrosa e Hijos. Hospitalidad 5 bis. Aguascalientes, Méx.
En 4º, de 126 p.
2.—Severo Amador. *Bocetos Provincianos.*—México. Castillo y Comp. Puente Quebrado 19. 1907.
En 4º, de (8) 211 p.

ANCONA, ELIGIO

Nació en Mérida (Yuc.) el 1º de diciembre de 1836. Después de haber hecho sus estudios preparatorios en el Seminario Clerical de San Ildefonso, pasó a cursar jurisprudencia a la Universidad Literaria del Estado, y en 1862 obtuvo el título de abogado. Sirvió en el curso de su vida diversos e importantes puestos públicos, entre los que se cuentan los de regidor del Ayuntamiento de su ciudad natal, gobernador interino de Yucatán, magistrado del Tribunal de Circuito y de la Suprema Corte de Justicia de la Nación, y diputado al Congreso de la Unión. En la época del Imperio inició sus labores periodísticas en defensa de la causa liberal y republicana, con la publicación de *La Píldora* primero y después *Yucatán;* más tarde fundó otros periódicos de distinto carácter y colaboró en otros muchos, particularmente de la península. Fué miembro de la Sociedad Mexicana de Geografía y Estadística y de algunas más agrupaciones científicas y literarias, y prestó grandes servicios a las letras y a la historia yucateca, principalmente con sus novelas y su *Historia de Yucatán,* obra voluminosa y erudita, y en lo general de no poca importancia. Falleció en México el 3 de abril de 1893.

BIBLIOGRAFÍA:

1.—*La Cruz y la Espada.* Novela histórica por Eligio Ancona. Tomo primero.—París. Librería de Rosa y Bouret. 23, calle Visconti, 23. 1866. *(Al frente:)* Poissy. Imprenta de A. Bouret.

2 v. en 8º, de (4), XI, 296 y (4), 312 p.

2.—*El Filibustero.* Novela histórica por Eligio Ancona. Tomo primero.—París. Librería de Rosa y Bouret. 23, calle Visconti, 23. 1866. *(Al frente:)* Poissy. Imprenta de A. Bouret.

2. v. en 8º, de (4), XV, 334 y (4), 356 p.

3.—*Los Mártires del Anáhuac.* Novela histórica por Eligo Ancona. Tomo primero.—México. Imprenta por José Batiza, Calle de Alfaro núm. 13. 1870.

2 v. en 8º, de 326 y 322 p. ilustrados.

4.—*El Conde de Peñalva.* Novela histórica por Eligio Ancona. Mérida. Imprenta de Manuel Heredia Argüelles. 1879.

En 4º, de 439 p.

5.—Editor, José V. Castillo. *La Mestiza*. Novela original por Eligio Ancona.—México. "Imprenta Editorial," Mirador de la Alameda, Núm. 5. 1891.

En 4º,, de (2), 268 p.

6.—*Memorias de un Alférez*. Novela histórica. Obra póstuma del Sr. Lic. Don Eligio Ancona. Tomo I.—Mérida de Yucatán. Imp. de "El Peninsular." 1904.

2 v. en 8º, de VIII, 263 y 294 p. Con una introducción de D. José María Pino Suárez.

ANCONA ALBERTOS, ANTONIO

Hijo del anterior, nació en Mérida, capital del Estado de Yucatán, el 10 de junio de 1883. Allí mismo hizo sus estudios, y consagrado al periodismo, colaboró en varias publicaciones y dirigió entre otras, *La Raza* y *La Voz de la Revolución*, en cuyas columnas hizo propaganda de sus ideas materialistas y revolucionarias. Más tarde desempeñó el cargo de Gobernador de su Estado natal y actualmente ocupa una curul en la Cámara de Senadores. Su pluma ha producido la novela que en seguida catalogamos, y tiene otra en preparación intitulada *Histeriópolis*.

BIBLIOGRAFÍA:

1.—Antonio Ancona Albertos. *En el Sendero de las Mandrágoras....* (Novela.) *(Epígrafe de Anatole France). S. p. i.*

2 v. en 4º, de (2), 215 y 230 p. Impresa en la Oficina del Gobierno del Estado, en Mérida, en 1920.

ANGELA (Seud.)

BIBLIOGRAFÍA:

1.—Angela. *Amores Intimos*. (Novela corta.) Libro primero. — 1916. Imprenta Victoria. 4ª Victoria, 92. México.
En 4º, de 71 p. más 7 láminas. Prologada por el Gral. Silvino M. García.

ANONIMOS

BIBLIOGRAFÍA:

1.—*El Incógnito de la Cabaña*. Obra original mexicana. — México: 1838. Imprenta de Luis Abadiano y Valdés, calle de las Escalerillas, núm. 13.
En 8º, de (4), 44 p.
2.—*La Venganza de los Difuntos*. Novela fantástica. (Esta edición es propiedad del Monitor Republicano).—México. Imprenta de Vicente García Torres, a cargo de Luis Vidaurri. 1850.
En 8º, de 96 p.
3.—*El Chacho y el Incógnito, o los dos Ladrones*. Por un mexicano.—México. 1861. Imp. de Manuel Castro, Escalerillas, núm. 10.

En 4º, de 39 p. con la siguiente nota final: "Tal vez algún día continuaremos la presente novela dando la vida del Chacho hasta el momento en que murió en un patíbulo; por hoy nos concretamos con implorar la indulgencia de los lectores en atención de ser el primer ensayo literario del Autor."

4.—*Las Botitas de María.* Novela original escrita expresamente para "La Nación."— México. Imprenta en la calle de Tiburcio núm. 18. 1873.

En 4º, de 74 p.

5.—*"Dn. Braulio."* Percances de un viaje de recreo. Novela regional.—1904. México.

En 8º, de 175 p.

6.—*Cuentos en mexicano de Milpa Alta, D. F.* Recogidos por Franz Boas traducidos al español por el Profesor José María Arreola (filólogo de la Dirección de Estudios Arqueológicos y Etnográficos, México). *(Arriba.:)* Reprinted from the Journal of American Folk-Lore, Vol. 33, Nº 127. January-March, 1920.

En 4º, de 24 p. Con textos mexicano y castellano.

7.—*Historia Realista. Adelisa.* Páginas Sentimentales. Precio $1.00.

2 v. 1ª parte en 8º, de (2), 12 p.; 2ª parte en 4º, de 26 p. Con la siguiente portada: Adelisa. Historia Realista. Páginas Candentes. Segunda parte. Precio: 50 centavos.—Tip. de El Popular, de Francisco Montes de Oca, Santa Catarina 5, lado Norte del Mercado.

8.—*El Rey.... Y se inclinaban a su paso, diciendo ¡Viva el Rey!*

En 8º, de (2), 28 p. Sin pie de imprenta, aunque se lee que se halla de venta en la Imprenta del Sagrado Corazón de Jesús.

ARENAS GUZMAN, DIEGO

BIBLIOGRAFÍA:

1.—Diego Arenas Guzmán. *El Maestro de Capilla*. Novela corta.—México. 1918.

En 4º, de 31 p. Publicada en la *Novela Semanal*, dirigida por D. Eugenio Suárez y editada por D. Fidel Solís.

2.—Diego Arenas Guzmán. *Facetas*. Cuentos y Novelas cortas.—México, D. F. MCMXXII.

En 8º, de (8), 159 p.

ARRIAGA, ALBERTO F.

BIBLIOGRAFÍA:

1.—*La Herencia del Tío Anacleto*. Ensayo literario por Alberto F. Arriaga.—México. Imprenta Particular Económica (*sic*), a cargo de Agustín M. Roland. 1882.

En 8º, de 178 p.

2.—Edición de "La Patria." *Una Cana al Aire*. Novela por Alberto F. Arriaga. Escrita expresamente para el folletín de La Patria.—México. Imprenta, Litografía y Encuadernación de Ireneo Paz. 2ª del Relox, núm. 4, calle Norte, núm. 127. 1906.

En 8º, de 121 p.

3.—Edición de "La Patria." *Lances de Amor.* Novela por Alberto F. Arriaga. (Autor de Una Cana al Aire.) Escrita expresamente para el folletín de La Patria.—México. Imprenta, Litografía y Encuadernación de Ireneo Paz. 2ª del Relox, núm. 4, calle Norte núm. 127.

En 8º, de 320 p.

ARRIAGA, JOSE JOAQUIN

Nació en la ciudad de Puebla el 11 de junio de 1831. Sus estudios primarios los hizo en Zacatlán, población de su Estado natal, y los superiores en el Colegio Carolino de la ciudad de su nacimiento. Allí mismo cursó bajo la dirección de Ing. D. Miguel M. Ponce de León las materias que comprendía la carrera de ingeniero, cuyo título obtuvo en 1859, previo el examen que sustentó en el Colegio Nacional de Minería. Consagróse desde luego al ejercicio de su profesión, y en 1863 fué nombrado director de los trabajos del camino de Puebla a Perote, y posteriormente desempeñó diversas comisiones científicas, la dirección interina de la Escuela de Agricultura y Veterinaria y la cátedra de topografía en dicho plantel. A la caída del Imperio se dedicó de lleno al periodismo, defendiendo siempre los principios conservadores; fundó la *Revista Universal* y *El Defensor Católico*; colaboró en *La Voz de México, El Nacional, El Apostolado de la Cruz* y en otras publicaciones, y tuvo a su cargo la dirección de *El Minero Mexicano.* La Sociedad Mexicana de Geografía y Estadística, la Compañía Lancasteriana, La Sociedad Mexicana de Historia Natural y otras agrupaciones científicas inscribieron su nombre entre los de sus miembros, y Maximiliano le condecoró con la cruz de caballero de la Orden de Guadalupe. Falleció en México el 10 de septiembre de 1896.

«Lugar muy distinguido—dice D. Luis González Obregón—debe ocupar este escritor, como novelista y propagador de las ciencias entre las clases trabajadoras y los niños, para quienes escribió, con el título general de *La Ciencia Recreativa* (1871-1879) una preciosa y útil colección de leyendas científicas, cuyos títulos, si copiáramos aquí, ocuparían mucho lugar, pues forman doce volúmenes en 8º menor, conteniendo cada uno de siete a ocho novelitas. *La Ciencia Recreativa* revela los diversos conocimientos que posee el Sr. Arriaga en Física, Meteorología, Cosmografía, Botánica, Zoología, Geografía, Agricultura e Industria, pues cada una de estas ciencias le han servido para escribir, en una forma amena y agradable, sus interesantes leyendas, que se recomiendan por la sencillez y claridad con que están explicadas estas materias, lo que no impide que se muestre también, casi siempre, poético y elegante. En

México el Sr. Arriaga, si no es el único que ha cultivado la novela científica, porque ha habido algunos otros, aunque pocos, y entre los que debemos citar a nuestro compañero Alberto Michel, que cada día escribe más bellos artículos científicos bajo una forma novelesca, sin embargo, el Sr. Arriaga fué de los primeros y uno de los que más se han distinguido. El Sr. D. José Joaquín Arriaga ha sido entre nosotros, lo que Julio Verne y Camilo Flamarión entre los franceses.»

BIBLIOGRAFÍA:

1.—*La Ciencia Recreativa*. Publicación dedicada a los niños y a las clases trabajadoras dirigida por el Ingeniero D. José Joaquín Arriaga, Socio fundador y de número de la Sociedad Mexicana de Historia Natural, residente de la Sociedad Humboldt, honorario de la Sociedad de Geografía y Estadística y miembro corresponsal de la Academia de ciencias naturales de Filadelfia.— Física. I.—México. Tip. de J. M. Aguilar Ortiz. 1ª calle de Santo Domingo número 5. 1874.

12 v. en 16º con láminas. Llevan los siguientes títulos: I y II, Física experimental; III, Mineralogía; IV y V, Zoología; VI, Botánica; VII, Meteorología; VIII, Cosmografía; IX, Física del globo; X, Geografía descriptiva; y XI y XII, Agricultura e industria.

AVENDAÑO DE PEREZ DE LEON, JACOBA

BIBLIOGRAFÍA:

1.—Biblioteca de "La Patria." *Los Plagiarios.* Novela original escrita por la señora Jacoba Avendaño.—México. Tip. y Encuadernación de Ireneo Paz. Segunda del Relox núm. 4, 1906. En 8º, de 351 p.

2.—Biblioteca de "La Patria." *Los Hijos de la Cuna*, por Jacoba Avendaño.—México. Tip. y Encuadernación de Ireneo Paz. Segunda del Reloj núm. 4. En 8º, de 546 p.

3.—Jacoba Avendaño. *La Hija del Misterio.* Novela.—México. Gabriel Botas y Cía. Publicistas Impresores. 1ª Cuauhtemotzin, núm. 33. 1920. En 8º, de 311 p.

AZUELA, MARIANO

Es originario de Lagos, cabecera del segundo cantón del Estado de Jalisco, donde nació el año de 1873. Allí mismo hizo sus estudios elementales en el Liceo de Varones del Padre Guerra, terminados los cuales pasó a Guadalajara a cursar los preparatorios en el Liceo de Varones y los profesionales en la Escuela de Medicina. En 1908 recibió el título de doctor en esta facultad, y desde luego se consagró al ejercicio de su profesión en su ciudad natal, en donde desempeñó en 1912 el cargo de jefe político. El año siguiente los sucesos políticos de que era teatro la nación, le obligaron a emigrar al norte de la República, y allí en pleno campo de la lucha revolucionaria, con cuyos principios simpatizaba, le hicieron adscribirse al cuerpo médico militar. Los sucesos posteriores y lo poco propicio que le era el medio en que se encontraba, le obligaron a dirigirse a la Capital, en donde reside actualmente dedicado a las letras y a la práctica de su profesión. Azuela ocupa sin disputa alguna, uno de los primeros lugares entre los cultivadores de la novela de costumbres mexicanas.

BIBLIOGRAFÍA:

1.—Mariano Azuela. *María Luisa.*—Lagos de Moreno. Imprenta López Arce. Avenida Juárez, 3. 1907.

En 8º, de 157 p.

2.—*Los Fracasados.* Por Mariano Azuela.— México. Tipografía y Litografía Müller Hnos. Avenida Poniente 28 y Calle Sur, 12 A. (Indianilla.) 1908.

En 4º, de 252 p. Subscrita en Lagos, en julio de 1908.

3.—*Mala Yerba.* Por Mariano Azuela.—Guadalajara. Talleres de "La Gaceta de Guadalajara." Independencia 977 n. 983. 1909.

En 4º, de 164 p.

Mariano Azuela. *Mala Yerba.* Novela de costumbres nacionales.— México. Imprenta y Encuadernación de Rosendo Terrazas. Comonfort 90. 1924.

En 8º, de 170 p.

4.—*Andrés Pérez, Maderista.* Por Mariano Azuela.—México. Imprenta de Blanco y Botas. 3ª de Manrique núm. 29. 1911.

En 8º, de 122 p.

5.—*Sin Amor.* Por Mariano Azuela.—México. Tipografía y Litografía de Müller Hnos. Esquina Dres. Carmona y Valle y Liceaga, Colonia Indianilla. 1912.

En 8º, de 228 p.

6.—Mariano Azuela. *Los Caciques.* Novela de costumbres nacionales. Escrita especialmente para los lectores de "El Universal."—Talleres Editoriales de la Compañía Periodística Nacional. México. 1917.

En 4º, de 80 p.

7.—*Cuadros y Escenas de la Revolución Mexicana. Las Moscas. Domitilo quiere ser diputado.* Por Mariano Azuela.— México. Tip. de A. Carranza e Hijos. 1ª de Cincuenta y Siete, 15. 1918.

En 8º, de 196 p.

8.—Mariano Azuelá. *Los de Abajo.* Novela. (Cuadros de la Revolución Mexicana).—1916. Imp. de "El Paso del Norte." El Paso, Texas.

En 8º, de 143 p.

Cuadros y Escenas de la Revolución Mexicana. Los de Abajo. Por Mariano Azuela.—Tipografía "Razaster." Comonfort 90. México. 1920.

En 4º, de 126 p.

Cuadros y Escenas de la Revolución Mexi-

cana. Los de Abajo. Por Mariano Azuela. Publicaciones Literarias Exclusivas de "El Universal Ilustrado." 1925.

En 16º, de 151 p.

9—Biblioteca de "El Mundo." *Las Tribulaciones de una Familia Decente.* Por Mariano Azuela. Cuadros y Escenas de la Revolución Mexicana.

En 8º, de 239 p.

10.—*La Malhora.* Novela por Mariano Azuela.—México. Imprenta y Encuadernación de Rosendo Terrazas. Comonfort 90. 1923.

En 8º, de 72 p.

BALBONTIN, MANUEL

Nació en la ciudad de México el 30 de agosto de 1824. A la edad de veintiún años ingresó en calidad de alumno al Colegio Militar de Chapultepec, de donde pasó a incorporarse al primer batallón de artillería al romperse las relaciones diplomáticas con los Estados Unidos en 1846. Durante la invasión norteamericana se halló en la defensa de la plaza de Monterrey y en las batallas de la Angostura y de Padierna, por cuyo comportamiento obtuvo el grado de Teniente efectivo. Siguió prestando sus servicios en el ejército, y tomó parte en la guerra de Reforma y luchó contra la Intervención francesa y el Imperio, hasta alcanzar el grado de coronel de artillería en 1870 y diversas condecoraciones por sus

servicios en campaña, mas su carácter independiente le obligó a solicitar su retiro, el cual
le fué concedido en 1876. Desempeñó además
diversos cargos y comisiones de carácter militar,
y falleció el 17 de diciembre de 1894. Soldado
instruído y estudioso, produjo y dió a luz diversas obras de carácter técnico, histórico y literario.

BIBLIOGRAFÍA:

1.—Manuel Balbotín. *Memorias de un Muerto*. Cuento Fantástico.—México. 1874. Imp. en
la calle de Tiburcio.

En 4º, de 256 p. Subscrito en México, en
1874.

Memorias de un Muerto. Cuento fantástico
por Manuel Balbotín.—México. Imp. de I. Cumplido, calle del Hospital Real núm. 3. 1888.

En 8º, de 256 p.

2.—*El Invierno. Un día del mes de enero a
los 40 grados de latitud N*. Edición de "El Nacional."—México. Imprenta de Gonzálo A. Esteva,
2ª de la Pila Seca núm. 4. 1884.

En 8º, de 55 p. Subscrita en Nueva York,
en abril de 1865.

*Un Día del Mes de Enero a los 40º de Lati-
tud Norte*. Historia. — México. Antigua Imprenta de E. Murguía, Portal del Aguila de
Oro núm. 2. 1893.

En 8º, de 59 p.

3.—*Inés. Novela militar escrita por distracción, sin ninguna presunción*, por el Alférez Bon-

tilbaen de Luna.—México. Antigua Imprenta de Murguía. Portal del Aguila de Oro, número 2. 1892.

En 8º, de 152 p.

4.—*Cuentos de Colores. Entretenimientos de un Solitario.*— México. Antigua Imprenta de Murguía, Portal del Aguila de Oro, núm. 2. 1893.

En 8º, de 143 p. Subscritos en Nueva York en octubre de 1865.

5.—*Tulitas la Pelona.* Novela Militar.—México. Antigua Imprenta de Murguía, Portal del Aguila de Oro, núm. 2. 1893.

En 8º, de 88 p. Subscrita en México, en 1875.

BARRAGAN DE TOSCANO, REFUGIO

Fué oriunda de Tonila (Jal.), donde nació el 27 de febrero de 1846. Reveses de fortuna impidieron a sus padres proporcionarle una educación correspondiente al talento natural que desde su infancia demostró, habiéndose limitado a enseñarle las primeras letras. A la edad de catorce años fué enviada a Colima, en donde logró completar su educación, y allí dió a conocer sus primeras composiciones poéticas en las columnas de *La Aurora.* Su decidida vocación por las letras, la impulsó a instruirse por cuantos medios estuvieron a su alcance, no sólo en su juventud, sino aun después de haber contraído matrimonio, consagrándose a la lectura y a la redacción de sus artículos y obras literarias en las horas que le dejaban libres sus atenciones domésticas.

Por 1887, hallándose radicada en Guadalajara, publicó un periódico literario intitulado *La Palmera del Valle*. Más conocida como poetisa dió a luz no pocas composiciones que fueron bien recibidas, así como varias piezas dramáticas que fueron puestas en escena. Encontrándose viuda y madre de varios hijos, falleció en México, el 24 de octubre de 1916.

BIBLIOGRAFÍA:

1.—*Premio del Bien y Castigo del Mal.*—Novela original de Refugio Barragán de Toscano. —C. Guzmán. Imprenta de José Contreras. Calle de Moctezuma, núm. 17. 1884.

En 4º, de 148 p. Con prólogo de D. Joaquín Silva.

Biblioteca de "La Familia." *Premio del Bien y Castigo del Mal*. Novela original de Refugio Barragán de Toscano. México. Imprenta de J. Jens, calle de San José el Real, Núm. 22. Calle 3 Sur, números 41 y 43. 1891.

En 4º, de 120 p.

2.—Refugio Barragán de Toscano. *La Hija del Bandido o los Subterráneos del Nevado*. Tercera edición.—Ciudad Guzmán, Jal., Méx. Imp. Román Ramírez. Colón, 56. 1918.

En 4º, de (4), IV, 311 p. Precedida de dos palabras de D. Eulalio Quiroz.

BARRERA, CARLOS

BIBLIOGRAFÍA:

1.—La Novela Semanal de "El Universal

Ilustrado." *Las Sierpes Negras* por Carlos Barrera.

En 16º, de (2), 20 p.

2.—Carlos Barrera. *La Isla de los Muertos.*
—México. Herrero Hermanos Sucs. Despacho:
Avenida 5 de Mayo, 39. Almacenes: Plaza de la
Concepción, 5 y 7.

En 8º, de 190 p. Subscrita en México, a 26 de
enero de 1921.

BARRERA, PANTALEON

BIBLIOGRAFÍA:

1.—*Los Misterios de Chan Santa Cruz.* Historia verdadera con episodios de novela por Napoleón Trebarra. — Mérida. Imprenta de M.
Aldana Rivas. 1864.

En 4º, de 144 p.

BARRERA PENICHE, ALFONSO

BIBLIOGRAFÍA:

1.—Biblioteca de "La Patria." *Episodios Novelescos. La noche de Bodas, La Gruta de los
Enamorados y La Reconciliación.* Por Alfonso
Barrera Peniche. — México. Imp., Litografía y
Encuadernación de I. Paz. Segunda del Reloj
Núm. 4. 1902.

En 8º, de 75 p.

BARRIOS DE LOS RIOS, JOSE MARIA

Vió la primera luz en Zacatecas el 11 de febrero de 1864 e hizo su carrera literaria en el Seminario de dicha ciudad. Después de recibir el título de abogado en 1886 fué catedrático de tercer año de estudios preparatorios en el Seminario de San Luis Potosí, a la vez que cursaba en dicho plantel teología y lengua griega. En 1889 pasó a radicarse a México, en donde colaboró en varios periódicos, hasta que tres años después partió para La Paz, con el cargo de Juez de primera instancia en el Distrito Sur de la Baja California. En esa región siguió cultivando con éxito sus aficiones literarias y fundó *El Peninsular*, *El Correo de La Paz* y la *Revista Jurídica*. En 1896 varios asuntos le obligaron a dejar la Península, y después de recorrer diversos lugares, se estableció en Guadalajara, en donde fundó *La Legalidad* y colaboró en la prensa local, hasta que en 1903 se dirigió a Cananea (Son.), y allí le sobrecogió la muerte el 5 de noviembre de dicho año. Su pluma produjo numerosos estudios jurídicos y literarios, muchos de los cuales calzó con el seudónimo de "Duralis Estars."

BIBLIOGRAFÍA:

1.—José María Barrios de los Ríos (Duralis Estars). *El País de las Perlas y Cuentos Californios*. Es propiedad de Enrique Barrios de los Ríos.—Sombrerete. Biblioteca Estarsiana. Empresa editorial de las obras de Almavis y Duralis Estars (Lics. Enrique y José María Barrios de los Ríos). 1908. *(Colofón:)* Se acabó de imprimir este libro el día 5 de abril de 1908. A. M. C. J. G.

En 8º, de 165, (4) p. más el retrato del autor.

BATURONI, JERONIMO

BIBLIOGRAFÍA:

1.—*Album del Hogar. Cuentos de una Hora.* por Gerónimo Baturoni.—México. Imprenta del Comercio, de Nabor Chávez. Calle de Cordobanes número 8. 1871.

En 8º, de 72 p.

Album del Hogar. Cuentos de una Hora. Gerónimo Baturoni. — Veracruz. Imprenta del "Progreso." 1872.

En 4º, de 336 p.

BETANZO, FRANCISCA

Es originaria de Tehuacán, importante población del Estado de Puebla, donde se educó. Ha vivido algunos años en España y Francia consagrada al periodismo, y ha escrito y publicado varias novelas, algunas de ellas de un naturalismo crudo y de atrevidas ideas. Partidaria acérrima de las ideas ultramodernistas, ha propugnado y difundido en sus escritos la emancipación de la mujer.

BIBLIOGRAFÍA:

1.—*La Modelo. La Insaciable.*

2.—Francisca Betanzo. (Chanteclair.) *La Peña del Infortunio.* Sociedad de Ediciones Literarias y Artísticas. Librería Paul Ollendorff. 50,
Chaussée d'Antin, 50. París.

En 8º, de (4), 347 p. Subscrita en París, a
16 de julio de 1909.

3.—*Con casaca roja.*

4.—*La Exaltada.*

5.—*Simona Martínez. Amada Quiñones.*

6.—*El Ojo de Huitzolopoxcle.*

7.—*Fray Raymundo.*

8.—*Flor de retama.*

9.—*Oh funesto fin de* . . . . .

10.—Francisca Betanzo. Chanteclair. *Brumas
alcohólicas.* F. Granada y Ca. Editores. 344, Di-
putación, 344. Barcelona.

En 8º, de 182 p. Subscrita en Barcelona, a 26
de agosto de 1909. Seguidas de *Sangre y fuego.*

11.—Francisca Betanzo. (Chanteclair.) *Asce-
ta y Suicida.*—Sociedad de Ediciones Literarias
y Artísticas. Librería Paul Ollendorff. 50, Chaussée d' Antin, 50. París. *(Al fin:)* Impreso por E.
Aubin. Ligugé (Vienne).

En 8º, de (2), 203 p. Subscrita en París, en
febrero de 1911.

BLANCO, MANUEL

BIBLIOGRAFÍA:

1.—*El Capitán Armando. (Memorias de un*

soldado de la Reforma.) Novela histórico-política por Manuel Blanco. Tomo primero.—México.

2 v. en 4º, de (6), 2, IV, 387 y 316 p. Precedida de una introducción de D. Rafael Miranda Villela, y subscrita en México, a 24 de junio de 1872.

2.—*El Secreto de una Crónica.* Novela realista por Tácito.—México. 1891. Imprenta y Litografía de Juan Flores. Calle de Corchero n. 2.

En 4º, de 560 p. más XXVI láminas.

3.—Manuel Blanco. *Páginas Intimas (Horas de Ausencia).* A mi hija Blanca en su primer cumpleaños.—México. Tip. del "Siglo Diez y Nueve" Calle de Victoria núm. 15. 1895.

En 4º, de (2), 181 p. II p.

BOCANEGRA, SERAFIN

BIBLIOGRAFÍA:

1.—*La Qureida del Ministro. De Cuatrociénegas a Tlaxcalaltongo.* Novela por Serafín Bocanegra.—Biblioteca de "Las Noticias." 1911.

En 8º, de (2), 340 p.

BOJORQUEZ, JUAN DE DIOS

BIBLIOGRAFÍA:

1.—Djed Bórquez. *Yorem Tamegua* (Novela)

—Sánchez & De Guise, Sucesor Editor. Guatemala, C. A. *(Colofón:)* Se terminó de imprimir este libro, en los Talleres de Sánchez & De Guise, los mejores de Centro América, el veinte de noviembre de mil novecientos veintitrés: décimo aniversario de la revolución mexicana que inició Madero.

En 4º, de 281 p.

BOLIO DE PEON, DOLORES

Es originaria de Mérida, ciudad en donde nació el 22 de agosto de 1880. Dotada de imaginación poética y grandes aficiones literarias, ha escrito poesías, estudios críticos, cuentos y novelas, que ha dado a estampa.

BIBLIOGRAFÍA:

1.—*Aroma tropical. Cuentos y leyendas.*
2.—*Una Hoja del Pasado.* Novela por Dolores Bolio.—México. Andrés Botas e Hijo. Libreros-Editores. 1ª de Bolívar nº 9. 1920.

En 4º, de 315 p.

BRAVO, BERNABE

Nació en Coapam, población del Estado de Oaxaca, el 11 de junio de 1846. Hizo sus estudios en México, por sí mismo, como dice uno de sus biógrafos, por haber perdido prematuramente a los autores de sus días, circunstancia que le impidió concurrir a colegio alguno. Fué empleado de la Comisaría del Ejército de Oriente al mando del Gral. D. Porfirio Díaz, en 1867, y posteriormente sirvió diversos cargos públicos en el Estado de Hidalgo y la Capital de la República. Como escritor colaboró en varios periódicos bajo el seudónimo de "Figarete" y fué miembro de algunas agrupaciones científicas y literarias, entre ellas de la llamada Prensa Asociada. Falleció hacia principios de la presente centuria.

BIBLIOGRAFÍA:

1.—*Variaciones sobre temas de Costumbres Mexicanas*. Por Figarete. (Segunda edición).— México. Imprenta de Epifanio D. Orozco. 13. Escalerillas, 13. 1888.

5 v. en 8º, comprendiendo cinco series. T. I, de IV, 40 p.; t. II, de IV, 35 p.; t. III, de IV, 36 p.; t. IV, de V, 34 p. y t. V, de 38 p.

2.—*A muerte*. Ensayo social por Bernabé Bravo. *(Epígrafe de Mirabeau)*.—Tipografía de E. De Losada & Co. 124 Chambers St. Nueva York. 1892.

En 4º, de XII, 35 p. ilustrado. Con prólogo de D. Francisco Moncada.

BRIOSO Y CANDIANI, MANUEL

Nació en Oaxaca, capital del Estado de su nombre, el 20 de septiembre de 1859. Hizo sus primeros estudios en el Colegio Católico y después pasó al Instituto de Ciencias, donde hizo su carrera de abogado, cuyo título obtuvo en 1883. Desde antes había desempeñado algunas cátedras en el expresado Instituto y posteriormente obtuvo por oposición las de psicología, lógica y moral. Tuvo además a su cargo las de otras asignaturas en diversos planteles y sirvió varios e importantes puestos públicos. En 1902 se trasladó a México, donde fué nombrado profesor de geografía en la Escuela Normal de Profesores, mas poco tiempo después regresó a su Estado natal con el carácter de jefe de la sección 4ª de la Secretaría del Gobierno. Volvió a la Capital en 1903, como secretario del juzgado 4º correccional, después desempeñó diversos cargos en distintas oficinas públicas y actualmente representa a Oaxaca en el Senado. Como periodista ha redactado varios periódicos en su ciudad natal y ha prestado su colaboración en no pocas publicaciones de la República. Ha escrito y dado a luz varios estudios filosóficos, políticos, pedagógicos y literarios y es miembro de la Sociedad Mexicana de Geografía y Estadística y de otras agrupaciones científicas.

BIBLIOGRAFÍA:

1.—*Siempreviva*. Novela histórica y simbólica oajaqueña, por el Lic. Manuel Brioso y Candiani.—Talleres Gráficos "Soria." 1ª Cocheras 1. México, D. F. 1921.

En 4º, de 213, LXXXIV, (2) p. más 2 láminas.

CALDERON, LUIS

Fué originario de la ciudad de Puebla, capital del Estado de su nombre, donde nació el 21 de enero de 1848. Después de haber obtenido el título de abogado, desempeñó diversos cargos públicos, entre los que se cuenta la comisión que le confió el gobierno de Veracruz de reformar los códigos vigentes de ese Estado. Dió a luz varias obras de carácter científico y literario, así como no pocas poesías que en su tiempo fueron muy elogiadas. Falleció en México el 21 de mayo de 1894.

BIBLIOGRAFÍA:

1.—Juan E. Barbero y compañía, editores. *Los novios*. Novela original de Luis Calderón.— México. Neve Hermanos Impresores. Calle del Seminario. 1872.

En 8º, de 270 p.

CALDERON DE BECERRA, PABLO

BIBLIOGRAFÍA:

1.—*Margarita*. Leyenda de Costumbres por Pablo Calderón de Becerra.—México. Tip. "El Gran Libro." Calle 1ª de la Independencia Nº 9. 1887.

En 4º, de 59 p.

CALOCA, LAURO G.

Es originario de San Juan Bautista del Jeul

(Zacatecas), donde nació el 18 de agosto de 1884. En la misma población hizo sus estudios elementales; mas huérfano de padre y falto de recursos tuvo que trabajar en el campo para ayudar a su madre y sus hermanos, y accidentalmente aprendió el oficio de carpintero, con lo que logró mejorar la situación económica de su familia. Posteriormente obtuvo el nombramiento de maestro rural y después una beca en Escuela Normal de Zacatecas, donde hizo la carrera de profesor. Su espíritu inquieto lo llevó por los senderos del socialismo y al brotar en 1913 la chispa de la revolución constitucionalista pronto se adhirió a sus filas y defendió sus principios con la pluma y la palabra. Sus primicias literarias las dió a conocer en 1910 en *El Mundo Ilustrado* y posteriormente ha colaborado en diversos órganos de la prensa. Sus escritos se caracterizan por lo radical y atrevido de sus ideas. Actualmente es diputado por su Estado natal al Congreso de la Unión.

BIBLIOGRAFÍA:

1.—Lauro G. Caloca. *El Lirio de la Fuente*. (Cuentos).—México. 1924.

En 8º, de 277 p. más 34 láms. Prologados por Oscar Leblanc.

CAMARILLO DE PEREYRA, MARIA ENRIQUETA

Nació en Coatepec, pintoresca población del Estado de Véracruz, el 19 de enero de 1875.

Desde muy joven comenzó a cultivar sus aficiones literarias y a escribir inspirados versos, de suerte que cuando vino a radicarse a la Capital su nombre ya era bien conocido de los amantes de las bellas letras y respetado en los círculos literarios. Sus composiciones, que siempre ha calzado con el seudónimo de "María Enriqueta," las ha dado a conocer en *Revista Azul, Revista Moderna, El Mundo Ilustrado, Revista de Revistas* y en otras muchas de las mejores publicaciones nacionales y extranjeras. Por 1913 partió para Europa en compañía de su esposo el distinguido historiador D. Carlos Pereyra, que llevaba la representación de nuestro gobierno ante los de Bélgica y Holanda, y después de residir algún tiempo en Bruselas, visitó Alemania, Francia, Italia y otras naciones del viejo mundo. Las circunstancias políticas le obligaron a pasar a Washington, y posteriormente a la Habana, y actualmente se halla radicada en Madrid, donde ha sido acogida con marcada benevolencia.

«La escritora—dice D. José López Portillo y Rojas—vino al mundo destinada ya a ocupar el alto puesto que tiene conquistado en las letras, porque, según la teoría de Lamartine en *El Civilizador*, las personas que han de brillar en la vida, cuentan con antecedentes de perfeccionamiento gradual en los cerebros de sus antepasados; pues rara vez se encuentra una persona notable aparecida de improviso en familia donde ninguno de los predecesores se haya distinguido por la claridad de talento y de lucidez de las facultades psíquicas. María Enriqueta se conforma con esta regla, y viene a ser como la flor y el coronamiento de una dinastía de seres exquisitamente intelectuales...... María Enriqueta, esta novelista de primera fuerza, lleva en su pecho un gran tesoro de emociones *que no deja ver sino en sus obras.* Por lo demás, tiene particular empeño en mostrarse tan sencilla y natural, como si no fuese una mujer superior. Pero me equivocaba: hay también otra puerta por donde se traiciona María Enriqueta, y es la de sus grandes y hermosos ojos, llenos de horizontes y de luz interior. Por ellos se asoma su alma, pero con recelo y cautela, procurando que no la vean. ¡Como si fuese posible disimular la luz, cuando se filtra por alguna rendija! En sus ojos de mirar intenso y hondo, chispea, con fulguraciones de éxtasis, toda su poesía, tanto la pensada como la escrita; esplenden todos sus versos, tanto los que ha dado a la estampa como los que publicará más tarde; y centellea, sobre todo, el gran poema de su alma, que nunca acabará de componer, y que se llevará al sepulcro por falta de tiempo para rimarlo, y porque es tan grande y bello, que no cabe dentro de ningún metro ni estrofa alguna.»

BIBLIOGRAFÍA:

1.—Serie Juvenil María Enriqueta. María Enriqueta. *Mirlitón el Compañero de Juan.*— Madrid. Imprenta de Juan Puello. Luna, 29. Teléf. 14-30. 1918.

En 8º, de 232 p.

2.—Biblioteca Andrés Bello. María Enriqueta. *Jirón de Mundo*. (Novela). Editorial-América. Madrid. Concesionaria exclusiva para la venta: Sociedad Española de Librería. Ferraz, 21.

En 8º, de 242 p.

3.—María Enriqueta. *Sorpresas de la Vida*. Novelas cortas.—Biblioteca Nueva. Madrid. *(A la v.:)* Imprenta de Juan Pueyo. Luna, 29. Teléfono 14-30. Madrid.

En 8º, de 223 p.

4.—Biblioteca Andrés Bello. María Enriqueta. *El Secreto* (Novela). — Editorial-América. Martín de los Heros 83. Madrid.

En 8º, de 252 p.

5.—María Enriqueta. *Entre el polvo de un castillo*. (Cuentos infantiles).—"Virtus." Buenos Aires.

En 8º, de 163 p. ilustr. Subscritos en Madrid, en septiembre de 1924.

6.—*El Consejo del Buho*. (Novela). Por María Enriqueta.—Publicación Literaria de "El Universal Ilustrado." México, D. F.

En 16º, de 29 p.

CAMBEROS, MANUELA G. DE

BIBLIOGRAFÍA:

1.—*La Venganza de una Madre*. Autora, Manuela G. de Camberos.— Talleres de "El Correo," Chihuahua. 1908.

En 4º, de 71 p.

CAMPO, ANGEL DE

Vió la primera luz en la ciudad de México el 9 de julio de 1868. Allí mismo hizo sus estudios en la Escuela Nacional Preparatoria, de donde pasó a la de Medicina, mas al fin del primer año académico pudo convencerse de que no estaba destinado a ser discípulo de Hipócrates. Al abandonar las aulas se consagró por completo a las letras y al periodismo, que era el campo a donde le llamaba su vocación, y fué uno de los fundadores del Liceo Mexicano, centro bajo el cual se agruparon y laboraron nuestros más prestigiados escritores en la penúltima década del siglo XIX. Dió a conocer sus primicias literarias en *El Nacional*, y más tarde colaboró en *Revista Azul*, *Revista Moderna*, *El Imparcial*, donde aparecieron sus *Semanas alegres*, calzadas con el seudónimo de "Micrós" y que tanta fama le acarrearon, así como en otros de los más afamados periódicos de la Capital. Desempeñó por mucho tiempo el cargo de jefe de sección en la Secretaría de Hacienda, y recorrió los Estados Unidos en desempeño de una comisión oficial que le fué confiada. Su muerte acaecida en su ciudad natal el 8 de febrero de 1908, fué un duelo para las letras patrias.

El abolengo literario de *Micrós*—dice D. Federico Gamboa— es indudable, desciende derechamente de Carlos Dickens y Alfonso Daudet: posee los defectos y excelencias que singularizan al novelista de Landport y al novelista de Nimes, su minuciosidad y conmiseración hacia los des-

graciados, y hasta hacia los animales; como el
autor de la "Bleack House" puede reprochár-
sele que su estilo no llegue a clásico, que a las
veces sea vulgar aunque ampliamente com-
pensado por lo exacto y pintoresco de la expresión; y como el autor de "Sapho," una sensibilidad indiscreta de cuando en cuando, estilo
inquieto y febril, falto de equilibrio y plenitud,
hasta de regularidad gramatical. En cambio, puede decirse de él todo lo bueno que de aquellos
maestros hase dicho y repetido. Siendo *Micrós*
el continuador de Fernández de Lizardi, y más
inmediatamente de Cuéllar ¡cuán atrás deja a
entrambos, y cuál se palpa que nos hallamos
frente a un artista completo, más afinado, más
culto, con una maestría harto superior, espon-
tánea y adquirida, para manejar los útiles del
oficio! *Micrós* no sabe ver colectividades ni mul-
titudes, su campo de observación es reducido,
individual, pero dentro de sus términos, yo no
sé hasta la fecha, de rivales que osen enfrentár-
sele. En rigor, *Micrós* fué un *cuentista*, mas
como quiera que su "Rumba" llegó a los altos
dominios del género, de novelista, y muy talentoso por añadidura, nadie podrá bajarle un punto.
Más que de costumbrista, de impresionista hay
que calificarlo; dado que en lo que sobresalía
era en la pintura de lo que de algún modo impre-
sionaba su ánimo. A este respecto, Luis Urbina
declara que: "*Micrós* poseía una facultad reten-
tiva verdaderamente estupenda; lo que él veía
quedaba para siempre grabado en su cerebro
como en una placa fotográfica... Sus negativas,

las retocaba con mano de artista; con elementos reales componía cuadros imaginativos, pero su reproducción no era simple y sin objeto, sino intencionada y simbólica; dentro de su ligereza epigramática y zumbona había un fustigador de vicios e injusticias sociales, y aquí, en el moralista, aparece un aspecto peculiar de *Micrós*, quizá el más distintivo y característico: el de la ternura, el de la piedad, el de la misericordia... almas de niños y almas de mujeres eran su predilección."

BIBLIOGRAFÍA:

1.—*Ocios y Apuntes* por Micrós (del "Liceo Mexicano").—México. Imprenta de Ignacio Escalante. Bajos de San Agustín, n. 1. 1890.

En 8º, de XII, 224 p.

2.—*Cosas Vistas*... por "Micrós" (Angel de Campo, del Liceo Altamirano).—México. Tip. de "El Nacional," Avenida Juárez 11. 1894.

En 8º, de 262 p.

3.—Micrós. *Cartones*. Ilustraciones de Julio Ruelas.—México. Imp. de la Librería Madrileña. 1897.

En 8º, de 115 p.

4.—Cvltura. Selección de Bvenos Avtores Antigvos y Modernos. Directores: Agvstín Loera y Chávez y Jvlio Torri. Tomo I. Núm. 1.—*Angel de Campo "Micros" o "Tick-Tack."*— México. Agosto 15 de 1916. "Imprenta Victoria," 4ª Victoria, 92.

En 8º, de 59 p. Prologado por D. Luis G. Urbina.

CAMPOS, RUBEN M.

Fué su cuna la ciudad de Guanajuato, donde nació el 25 de abril de 1876. En su infancia comenzó a aprender un oficio; mas, protegido por el distinguido escritor Pbro. D. Ramón Valle pudo consagrarse a los estudios literarios. Muy joven se trasladó a México, y allí principió sus labores periodísticas en *El Demócrata;* más tarde colaboró en la *Revista Moderna,* en cuyas columnas dió a conocer gran parte de sus escritos, en la *Gaceta Musical, El Mundo Ilustrado, Vida Moderna, El Universal* y en la mayor parte de nuestras revistas literarias. En la Secretaría de Instrucción Pública y Bellas Artes ha desempeñado diversos puestos y ha sido también profesor de literatura mexicana y lengua castellana en la Escuela Nacional Preparatoria. A fines de 1919 fué nombrado cónsul de México en Milán, cargo que desempeñó durante dos años. Es autor del libreto de la ópera *Zulema* del Maestro Ernesto Elorduy, de varios estudios sobre crítica musical, de no pocas poesías y de numerosos artículos descriptivos y artísticos que ha dado a luz en la prensa.

BIBLIOGRAFÍA:

1.—Rubén M. Campos. *Claudio Oronoz* (Novela).—México. J. Ballescá y Ca., Sucesores, Editores. San Felipe de Jesús, 572. 1906. *(A la v.:)* Imp. Moderna de Guinart y Pujolar. Bruch, 63. Barcelona.
En 8º, de 351 p.

CANTU CORRO, JOSE

Es natural de Huajuápan de León, perteneciente al Estado de Oaxaca, donde nació el 24 de febrero de 1884. Allí mismo hizo sus estudios en el Seminario Auxiliar del Palafoxiano de Puebla. Siendo aun colegial, se le encomendaron en el propio plantel las cátedras de latín, historia, filosofía y matemáticas, y en 19 recibió las sagradas órdenes. Durante dos años más continuó desempeñando las clases de lógica, ontología y álgebra en dicho Seminario, y en 1908 y 1909 el cargo de oficial del Provisorato de ese Obispado. Posteriormente recibió el nombramiento de cura párroco de Tezoatlán, al frente de cuya parroquia permaneció hasta 1920. Actualmente reside en la Capital, consagrado al estudio y a la publicación de sus obras, de las que ha dado a la estampa no pocas de carácter religioso, literario y social. Ha colaborado en diversos periódicos y revistas y es miembro de la Sociedad Mexicana de Geografía y Estadística, de la Científica "Antonio Alzate," de la Astronómica de México y de la Academia Bibliográfica Mariana de Lérida.

El escritor oaxaqueño D. Mariano López Ruiz, al hablar de su primera novela dice: «El fondo de la sugestiva novelita es eminentemente cristiano y profundamente moralizador. Es el poema de la fe que salva a las almas grandes que aspiran a la conquista de un venturoso destino. Es el grito de atención lanzado a la juventud superficial de nuestros días para que se aparte de los escándalos que a cada paso le presentan las mentiras de nuestra sociedad contemporánea. Es la voz de alerta que dice a la virtud: "Acrisólate en el sufrimiento y vencerás." Es una gota de rocío en la arena candente de las pasiones que han establecido su solio sobre la tierra. Es un llamamiento que se hace a todos los que aman y penan, para que levanten su corazón al cielo y alcancen las verdaderas e interminables delicias.

«El joven autor nació bajo el hermoso cielo de la mixteca que también arruyó mis sueños infantiles, cuando mi extinta madre me enseñó a balbutir el santo nombre de Dios entre el dulce murmullo de una plegaria. Dedicó los años bonancibles de su juventud al estudio de las verdades cristianas que lo han conducido a las gradas del altar y le han abierto las puertas de las instituciones científicas y literarias de más alta reputación en nuestra patria. Ha consagrado sus energías a muchos estudios de indisputable utilidad en la ciencia católica. El periodismo nacional cuenta con sus valiosos servicios siempre dispuestos a la defensa de la verdad y de la justicia. Su laboriosidad revela al hombre llamado a muy altos destinos. La gloria de Dios y la felicidad de los hombres es el símbolo de su credo. El bien le proporciona las más inefables satisfacciones y por conquistarlo e impartirlo, no omite ningún sacrificio.»

BIBLIOGRAFÍA:

1.—*Soledad*. Novela mejicana por el Presbí-

58

tero José Cantú Corro—Méjico. Antigua Imprenta de Murguía. Avenida 16 de Septiembre, 54. 1922.

En 8º, de 138 p. Precedida de opiniones del Pbro. D. Adolfo L. Cacho y Ordosgoiti, del Lic. D. José López Portillo y Rojas y del Lic. D. Eduardo Gómez Haro.

Soledad. Novela mejicana por el Presbítero José Cantú Corro. Segunda edición.—México. Antigua Imprenta de Murguía. Avenida 16 de Septiembre, 54. 1923.

En 8º, de XXI, 138 p.

Soledad. Novela mejicana por el Pbro. José Cantú Corro, miembro de la B. Sociedad Mexicana de Geografía y Estadística; de la Científica "Antonio Alzate;" de la Astronómica de México y de la Academia Bibliográfica Mariana de Lérida (España). Tercera edición.—Tlalpam, D. F. Imprenta del "Asilo Patricio Sanz." 1925.

En 8º, de 182 p.

3.—La Novela Corta. *"Milagro."* Escrito por el Pbro. José Cantú Corro, Miembro de la Academia Bibliográfica Mariana de Lérida (España), de la B. Sociedad Mexicana de Geografía y Estadística, de la Científica "Antonio Alzate" y de la Astronómica de México.—Méjico. Escuela Tipográfica Salesiana. 1925.

En 8º, de 28 p.

CARREÑO, FRANCO

BIBLIOGRAFÍA:

1.—*La Ruta de las Almas.* (Novela Corta).

59

Por Franco Carreño.—Publicaciones Literarias Exclusivas de "El Universal Ilustrado." 1924.
En 16º, de 30 p.

CARRIEDO, ADALBERTO

BIBLIOGRAFÍA:

1.—Selecicones de "Orthos." *El Indio de Noyóó*. Episodio histórico de la Independencia por: Adalberto Carriedo.—México. MCMXXIV.
En 16º, de 16 p.

CARRILLO Y ANCONA, CRESCENCIO

Nació este distinguido escritor en Izamal (Yuc.), el 19 de abril de 1836. Huérfano de padre desde su infancia, fué educado por la autora de sus días, e hizo sus estudios en el Seminario de San Ildefonso de Mérida. En 1860 recibió el orden del presbiterado, y desde ese momento, la cátedra, el púlpito, la enseñanza y la prensa fueron sus ocupaciones habituales; enseñó varias materias en el referido plantel y más tarde logró implantar en él reformas radicales; fundó además en unión del Canónigo Dr. D. Norberto Domínguez el Colegio Católico, y Mérida le debe la creación del Museo Yucateco. Su decidida afición a las letras le hizo fundar periódicos tan importantes como el *Registro Pintoresco* y *El Escudo de la Fe*, y prestar además su colaboración en otros muchos de la República.

Desempeñó diversos e importantes cargos eclesiásticos y en 1884 fué preconizado Obispo titular de Lero y auxiliar del de Yucatán, a quien sucedió en su cargo tres años después. El 6 de junio del propio año de 1884 el Ilmo. Sr. Labastida le consagró en la entonces Colegiata de Nuestra Señora de Guadalupe, y después de haber gobernado su diócesis durante trece años falleció en su ciudad episcopal el 19 de marzo de 1897. La sola enumeración de sus estudios teológicos, literarios, arqueológicos e históricos, llenaría no pocas páginas, y ellos le elevaron con justicia al nivel de los más caracterizados escritores mexicanos.

Hablando de sus labores, dice D. Santiago Burgos Brito: «Don Crescencio Carrillo y Ancona fué uno de los espíritus más cultos de la tierra yucateca; dotado de facultades excepcionales y de una cultura enciclopédica, cultivó todos los géneros literarios, sobresaliendo en sus notabilísimos estudios sobre la Arqueología y la Historia de Yucatán. La "Historia de Welina" es una pequeña novela que como producto de la mente de un historiador, no es más que presentar al lector sus vastos conocimientos históricos y las costumbres del pueblo maya. Sus personajes son creaciones de una imaginación poco exhuberante, no tienen vida propia, son simples ficciones que, dado el papel que debían representar en la obra, de propaganda religiosa, con puntas y ribetes de amores terrenales, no podrán salir acabados de las manos de un escritor que como el señor Carrillo, unía a su carácter sacerdotal su natural tendencia a los estudios puramente científicos; pero como no se propuso escribir sino una leyenda histórica, como tal, tiene verdadera importancia y debe leerse como un amenísimo compendio de la historia antigua de la península de Yucatán.»

BIBLIOGRAFÍA:

1.—«Carrillo (C.) *Historia de Welinna*, leyenda yucateca en dos partes y un apéndice de notas históricas y críticas.—Mérida. Imp. de J. D. Espinosa, 1862. 4 p. 1, 7, 18 p. 8º»
List of works in the New York Public Library, New York, 1909, p. 166.
Historia de Welinna. Leyenda Yucateca por Don Crescencio Carrillo y Ancona Presbítero (Segunda edición).—Mérida de Yucatán. Imp. de la Revista de Mérida. Calle 2ª de los Rosados, número 10. 1883.
En 4º, de 52 p.
Ariel. Biblioteca de Autores Peninsulares. Fundada por J. D. Ramírez Garrido y Mig. Manzano Moreno. Núm. 3. *Historia de Welinna* por Crescencio Carrillo y Ancona.—Mérida, Yucatán. México. 1919.—(*Colofón:*) Se acabó de imprimir este libro en la Imprenta Constitucionalista de la Ciudad de Mérida de Yucatán, República Mexicana, el día treinta y uno de enero del año mil novecientos diez y nueve.
En 8º, de XI, 59, 15 p. Con un estudio preliminar de D. J. M. Covián Zavala.
2.—«*El Santuario de la Aldea.* (Tradición po-

pular). Van añadidas: *"La lámpara de tres si-glos"* y *"Las doce estrellas,"* del propio autor. Mérida. Imprenta a cargo de José Gamboa Guzmán. 1886. En 4º, 45 páginas».

Homenajes fúnebres tributados a la memoria del Ilmo. Sr. Dr. D. Crescencio Carrillo y Ancona.—Mérida, 1897, p. 83.

CARRION, ANTONIO

Militar que alcanzó el grado de coronel y desempeñó varios cargos dependientes de la Secretaría de Guerra y Marina. Falleció en Tacubaya, D. F., por 1911, habiendo escrito y publicado varias obras literarias y una *Historia de la ciudad de Puebla de los Angeles.*

BIBLIOGRAFÍA:

1.—*Doña Violante de Avila.* Leyenda histórica de Antonio Carrión.
En 8º, de 70 p. Sin pie de imprenta.

CASTELLOT, JOSE FELIPE

Poeta y escritor campechano, muerto a principios de la actual centuria.

BIBLIOGRAFÍA:

1.—*La Cuna de Piedra.* Por José Felipe Castellot.—Tip. El Fénix. Campeche.
En 4º, de (6), 102. p. Subscrita en 1903.

CASTERA, PEDRO

Nació el año de 1838, y a los veintiocho de su edad sentó plaza de soldado en el ejército republicano y luchó contra la Intervención francesa y el Imperio. Asistió al sitio de Querétaro a las órdenes del Gral. Loera, acción en la que obtuvo el grado de comandante, y después concurrió al sitio y toma de la Capital, en 1867. A raíz de estos sucesos, a consecuencia de una enagenación mental fué internado en el hospital de dementes de San Hipólito, donde permaneció algunos años hasta que logró recobrar la salud. El resto de su vida lo consagró a las letras y al periodismo, y dió a luz varias obras literarias, tanto en prosa como en verso. Falleció en Tacubaya (D. F.), el 5 de diciembre de 1906.

«Es autor—dice D. Luis González Obregón —de una bella novela intitulada *Carmen* (1882) que tuvo una buena acogida cuando se publicó, y de la que se hizo una segunda edición en 1887. *Carmen* es una novela sentimental; "muchas de sus páginas, como dijo un escritor, traen a la imaginación el recuerdo de la *María* de Jorge Isaacs," pero a pesar de esto, según nuestro juicio, no se crea que es una imitación de ésta, no; *Carmen* es una novela original, y así como la del autor colombiano tiene todo el colorido local y toda la poesía del Cauca, así la del autor mexicano refleja nuestro cielo, nuestra vegetación y nuestras costumbres. *Carmen*, es, pues, una novela de mérito, y su mejor elogio se encuentra en la aceptación que ha tenido y en el afán con

64

que es buscada y leída. En el género novelesco Castera ha escrito también sus *Impresiones y recuerdos* (1882), de la que está publicando una segunda edición *El Universal*, y la preciosa colección de cuentos intitulada: *Las Minas y Los Mineros*, que ya habían sido publicados con mucho éxito en diferentes periódicos, y de la que se ha impreso el tomo I de la segunda edición, en 1887. El Sr. Altamirano escribió para ella un buen prólogo del que vamos a copiar las siguientes líneas, para que se vea el mérito de esta obra, que es una de las que más honran al autor de *Carmen*, pues lo acreditan de escritor esencialmente nacional.

«Castera, dice el Sr. Altamirano, ha sido felicísimo en el retrato de sus personajes, copiados del natural; los ha trasladado a su libro con su fisonomía propia, con sus sentimientos, con su estilo, sin el miedo pueril que tienen algunos escritores de incidir en la vulgaridad, miedo que les hace caer en un defecto peor, que es el de la inexactitud y de la bastardía. No; Castera, como el Pensador, como Prieto y como José María Esteva, ha pintado a los hombres humildes de nuestro pueblo, tales como son, creyendo con justicia que lo bello está en lo verdadero, y que sin esta condición literaria no habría originalidad en sus cuadros morales." Y más adelante, hablando del interés que presentan los cuentos del Sr. Castera, añade: "Puede servir de prueba la lectura del *Tildío*, bellísima narración en que el interés dramático empieza desde que aparece el pequeño personaje anunciando el fuego en la

Mina, que va creciendo instante por instante de un modo violento, y que se sostiene admirablemente hasta las últimas líneas, hasta el paseo triunfal del heroico niño *morrongo de la Preciosa,* tipo generosísimo que no desdeñaría Víctor Hugo."»

BIBLIOGRAFÍA:

1.—*Cuentos Mineros. Un Combate.* Por Pedro Castera.—México. Imprenta de E. D. Orozco y Compañía. Escalerillas, 13. 1881.

En 4º No llegó a terminarse.

2.—Pedro Castera, *Carmen.* (Memorias de un Corazón.) Edición de "La República."—México. Tip. de "La República." S. Andrés, núm. 9½. 1882.

En 8º, de (4), 411, 41 p. Le precede un prólogo del Gral. Vicente Riva Palacio, y lleva un apéndice con juicios críticos de D. Juan de Dios Peza, D. Joaquín Trejo, D. Juan Cordero R. y D. M. Lizarriturri.

Pedro Castera. *Carmen.* (Memorias de un Corazón).—México. Eufemio Abadiano, Editor. 1887.

En 4º, de (2), VII, 301 p.

Pedro Castera. *Carmen.* (Memorias de un Corazón)—Imp. del Comercio. Guatemala. 1896.

En 8º, de VI, 262 p. Edición clandestina, impresa en Guadalajara (Jal.), en la Imprenta de D. Tomás Ramírez.

Pedro Castera. *Carmen.* (Memorias de un Corazón. Tercera edición.—Librería de la Vda. de Ch. Bouret. París. 23, rue Visconti, 23. México. 14, Cinco de Mayo, 14. 1910. Propiedad del Editor.

En 8º, de IX, 277 p.

Pedro Castera, *Carmen*. (Memorias de un Corazón). Tercera edición.—Librería de la Vda. de Ch. Bouret. París. 23, rue Visconti, 23. México. 45, Avenida Cinco de Mayo, 45. 1920. Propiedad del Editor.

En 8º, de IX, 277 p.

3.—Edición del "Correo de las Doce." *Impresiones y Recuerdos*. Por Pedro Castera.—México. Imp. del "Socialista" de S. López. Escalerillas núm. 11. Juan de Mata Rivera, Impresor. 1882.

En 8º, de 206, VIII p. Con prólogo de D. Adolfo Duclos Salinas.

4.—Pedro Castera. *Los Maduros*. Edición de "La República."—México. Tip. de "La República." 1882.

En 8º, de 120 p.

5.—Pedro Castera. *Dramas en un Corazón*. —México. Tipografía de E. Dublán y Comp. Calle del Refugio núm. 5 (entresuelo). 1890.

En 8º, de 207 p.

6.—Biblioteca de "El Universal." *Querens*. Novela original de Pedro Castera.—México. Imprenta Escalerillas núm. 11. Avenida Oriente núm. 540. 1890.

En 8º, de 145 p.

Querens. Novela original de Pedro Castera. Talleres Linotipográficos de "La Patria." Calle S. No. 317, El Paso, Texas. 1923.

En 4º, de 93 p.

CASTILLO, FLORENCIO M. DEL

Nació el Balzac mexicano, como alguien le ha llamado, en la Capital, el 27 de noviembre de 1828. Terminado que hubo sus estudios elementales ingresó al Colegio de San Ildefonso con la intención de seguir la carrera de la medicina, mas causas imprevistas le obligaron a abandonar los estudios y consagrarse resueltamente a las letras. Colaboró en *El Monitor Republicano*, en cuyas columnas defendió los principios reformistas proclamados por la revolución de Ayutla, y al triunfo de ésta fué designado Presidente del Ayuntamiento de la Capital y diputado al Congreso de la Unión. Más tarde tomó las armas contra la Intervención francesa y desgraciadamente fué aprehendido y juzgado por un tribunal militar que le condenó a ser confinado en el Castillo de San Juan de Ulúa. No sobrevivió mucho tiempo, pues a consecuencia de las enfermedades contraídas en la prisión, murió en el hospital de Veracruz el 27 de octubre de 1863 en pleno vigor de la juventud.

«Florencio del Castillo—dice D. Ignacio M. Altamirano—es, sin duda, el novelista de más sentimientos que ha tenido México, y como era además un pensador profundo, estaba llamado a crear aquí la novela social. Sus pequeñas y hermosísimas leyendas de amores, son la revelación de su genio y de su carácter. En esas leyendas no se sabe qué admirar más, si la belleza acabada de los tipos, o el estudio de los caracteres, o la exquisita ternura que rebosa en sus amores, siempre púdicos, siempre elevados, o bien la elegancia o fluidez del estilo, o la verdad de las descripciones, que son como fotografías de la vida de México..... Por lo demás, Florencio es un poeta en la extensión de la palabra; pero un poeta melancólico. Nadie como él supo, con sus novelas, conmover tanto y dejar una impresión de honda tristeza, porque ese es el carácter de su poesía. Sus leyendas no concluyen en matrimonios, ni en abrazos, ni en agradables sorpresas: todas ellas se desenlazan dolorosamente, como los poemas de Byron; pero diferenciándose del poeta inglés, en que la desdicha de sus héroes no produce desesperación ni deja en el alma las tinieblas de la duda, sino simplemente una tristeza resignada, porque Florencio no era escéptico.»

BIBLIOGRAFÍA:

1.—*Horas de Tristeza*, colección de novelas por D. Florencio M. del Castillo. Primera serie. Amor y desgracia. La Corona de Azucenas. ¡Hasta el cielo! Dolores ocultos.—México. Manuel Ituarte, editor: 1850.

En 4º, de (4), VIII, 149 p. Precedidas de dos cartas de D. Guillermo Prieto y D. Manuel Ituarte.

2.—Obras Completas de Florencio M. del Castillo. Primera edición precedida de algunos rasgos biográficos por L.G.O.—México. Imprenta en la calle cerrada de Santa Teresa, número 3. 1872.

69

En 4º, de XXXVII, 449 p. El autor de la biografía preliminar, cuyas iniciales aparecen en la portada, es D. Luis G. Ortiz.

Novelas por Florencio M. del Castillo. Edición de "El Tiempo."—México. Imprenta de Victoriano Agüeros. Cerca de Santo Domingo, núm. 4. 1902.

En 8º, de 443 p.

Biblioteca de Autores Mexicanos. 44. Obras de Don Florencio M. del Castillo. *Novelas Cortas.*—México. Imp. de V. Agüeros, Editor. Cerca de Santo Domingo nº 4. 1902.

En 8º, de XXII, 501 p. más el retrato del autor. Precedidas de una biografía del mismo por D. Alejandro Villaseñor y Villaseñor.

3.—Biblioteca de "La Orquesta." Obras de Florencio M. del Castillo. *Botón de Rosa. En un cementerio. Don Manuel E. Goroztiza* (Biografía).—México. Editor, Manuel C. de Villegas. 1875.

En 4º, de XXXVI, (41) p. más el retrato del autor. Le precede una biografía del mismo por D. Luis G. Ortiz. Es tirada parcial de la primera edición de las *Obras completas.*

CASTILLO, GUILLERMO

BIBLIOGRAFÍA:

1.—Guillermo Castillo. "Júbilo." *Ayer, hoy.... mañana.* Precio del ejemplar $1.50. S. p. i. (México, 1925).

En 8º, de 159 p. más el retrato del autor.

CASTILLO, JOSE R. DEL

BIBLIOGRAFÍA:

1.—*Nick Carter en México. La Hermandad del Aguila Roja.*— México. Librería "Renacimiento." San Cosme, 44.
En 8º, de 153 p.

CASTILLO, RAFAEL DEL

Vió la primera luz en la ciudad de San Luis Potosí, el 28 de noviembre de 1847. Hizo sus estudios preparatorios en el Colegio Seminario de esa capital, mas circunstancias especiales le obligaron a dejar las aulas para ganarse la subsistencia. Su decidida vocación a las letras le impulsó a cultivarlas por medio de la lectura constante, y a fundar un semanario literario al que dió el título de *La Ilustración*. Más tarde se entregó de lleno al periodismo, y prestó su colaboración en *La Fe, La Razón Católica, El Estandarte, Las Novedades, El Correo de San Luis y otros periódicos locales*. Afiliado al partido liberal, tomó participación activa en la campaña política que determinó la caída de Lerdo de Tejada de la presidencia de la República, y por 1887 se le encomendó la redacción del periódico oficial del Estado. Fué además jefe político de los partidos de Salinas, Hidalgo y otros de su Estado natal, mas causas diversas le hicieron emigrar y refugiarse en Nuevo León y Chihuahua, donde desempeñó cargos de relativa importancia. Algún tiempo después pudo regresar a San Luis Potosí, y allí le sobrecogió la muerte el 25 de enero de 1917. Fué autor de varias obras literarias y geográficas, circunstancia que le abrió las puertas de la Sociedad Mexicana de Geografía y Estadística.

BIBLIOGRAFÍA:

1.—*Tipos Sociales. Doña Consuelo.* Leyendas de costumbres. Escritas por Rafael del Castillo. —San Luis Potosí. Imprenta, Litografía y Encuadernación de Esquivel y Salas. 1886.

En 16º, de 34 p.

2.—*Tipos Sociales. Los que Lloran.* Leyendas de costumbres escritas por Rafael del Castillo. —San Luis Potosí. Imprenta y Litografía de Esquivel y Salas. 1886.

En 16º, de 63 p.

3.—*Tipos Sociales. La Carpeta Verde.* Leyendas escritas por Rafael del Castillo. 3ª Leyenda. —San Luis Potosí. Imprenta y Litografía de Esquivel y Salas. 1886.

En 16º, de 64 p.

4.—*Tipos Sociales. La Muerte de una Copa.* Leyendas escritas por Rafael del Castillo. 4ª Leyenda.—San Luis Potosí. Imprenta y Litografía de Esquivel y Salas. 1886.

En 16º, de 67 p.

CASTREJON, EDUARDO A.

BIBLIOGRAFÍA:

1.—*Los Cuarenta y Uno.* Novela crítico-social

por Eduardo A. Castrejón.—México. Tip. 1ª calle de Guerrero, núm. 8. 1906.

En 8º, de 167 p.

CASTRO, FRANCISCO DE ASIS

Nació en San Francisco del Real de los Pozos (S. L. P.), el 4 de octubre de 1860. Al concluir su instrucción primaria comenzó a estudiar humanidades y filosofía en el Seminario Conciliar de San Luis Potosí, de donde pasó a cursar medicina al Instituto Científico del Estado, cuyo título profesional obtuvo en 1888. Desde muy joven dedicó el tiempo que le dejaban libre sus tareas escolares al cultivo de las letras, y sus aficiones le impulsaron a publicar en 1875 *Juventud*, periódico en que dió a conocer sus primicias literarias. Más tarde fundó *El Pensamiento*, *El Pensamiento Católico*, *La Familia Católica*, *La Restauración*, *Las Novedades* y *El Mensajero*, y ha prestado su colaboración en diversas publicaciones. Su pluma ha sido muy fecunda, mas la mayor parte de sus escritos se halla diseminada en revistas y periódicos de diversas poblaciones del país, con excepción de *Pompas de jabón*, recopilación de artículos en prosa y verso y su novela *Los amores de la gleba*. Durante algunos años desempeñó la cátedra de lengua nacional y literatura, y actualmente tiene a su cargo la de terapéutica médica en el referido Instituto. Al fundarse en 1892 la Inspección de Salubridad Pública en dicha capital, se le dió el nombramiento de secretario. Es miembro de la Sociedad Mexicana de Geografía y Estadística y de otras agrupaciones científicas y literarias, y se le considera como uno de los mejores escritores potosinos.

BIBLIOGRAFÍA:

1.—*Los Amores de la Gleba*. Novela vulgar. Su autor, Francisco de A. Castro.—San Luis Potosí. Imprenta de la Zapatería Inglesa. 1914.
En 4º, de 26 p.

CASTRO, JUAN S.

Nació en Ayo el Chico, población del Estado de Jalisco, de donde muy niño se trasladó a La Barca, y allí hizo sus estudios primarios. A la edad de once años pasó a Zamora (Mich.), en cuyo Seminario estudió humanidades, filosofía, teología y jurisprudencia. En 1885 se dirigió a Guadalajara con el objeto de terminar sus estudios jurídicos, habiendo recibido cuatro años después el título de abogado. Desde entonces se consagró al ejercicio de su profesión, al cultivo de las letras y al periodismo. Fué durante algunos años director del *Diario de Jalisco* y colaboró en otros muchos órganos locales. Falleció en Guadalajara en 1920.

BIBLIOGRAFÍA:

1.—*Fray Antonio de la Concepción*. (Apuntes

para una novela). Por Juan S. Castro.—Unión de San Antonio. Imprenta de "El Campesino." 1888.

En 8º, de XI, 71 p.

"Anáhuac." Selección de buenos autores antiguos y modernos. Editor: Fortino Jaime. Tomo I. Núm. III. *Fray Antonio de la Concepción* y *"Delirios de un Loco."* Por el Lic. Juan S. Castro. Segunda edición autorizada por el Autor y copiada de la edición hecha en el año de 1888, aumentada hoy con los hermosos versos *"Delirios de un loco"* que bondadosamente nos facilitó el Sr. Castro.—Guadalajara, Jal. Marzo 1918.

En 8º, de (4), V, 84 p.

CEBALLOS, CIRO B.

Nació en la ciudad de México el 31 de enero de 1873, habiendo hecho sus estudios elementales en diversos colegios particulares y los superiores en la Escuela Nacional Preparatoria. Desde su juventud se dedicó al periodismo de oposición, y colaboró en varias publicaciones de esa índole de la Capital. Más tarde fué director de *El Intransigente* y *El Liberal,* órganos del partido revolucionario. En 1917, por servicios prestados a la causa constitucionalista, obtuvo el cargo de Director de la Biblioteca Nacional, de donde pasó el año inmediato a desempeñar un puesto en el Archivo de la Secretaría de Guerra y Marina. Ha dado a luz diversas novelas, un ensayo de crítica y varias obras de carácter histórico. Distínguense sus escritos por lo original y cortado de su estilo y por sus ideas ultra jacobinas. Sus novelas las caracterizan lo escabroso de sus tesis y lo exagerado de su realismo.

BIBLIOGRAFÍA:

1.—Ciro B. Ceballos. *Claro-Obscuro.*— Librería Madrileña. Esquina al Coliseo Viejo y Callejón del Espíritu Santo núm. 7. MDCCCXCVI. En 8º, de 219 p.

2.—Ciro B. Ceballos. *Croquis y Sepias.* (Retrato por Julio Ruelas).—México. Eduardo Dublán, Impresor. Callejón de Cincuenta y siente núm. 7. MDCCCXCVIII.

En 8º, de (2), IV, 212 p. más el retrato del autor.

3.—Ciro B. Ceballos. *Un Adulterio.*—México. Imprenta de Eduardo Dublán. Callejón de Cincuenta y Siete núm. 7. 1903.

En 8º, de 186, II p.

CENICEROS Y VILLARREAL, RAFAEL

Nació en Durango el 11 de julio de 1855. A la edad de once años comenzó sus estudios preparatorios en el Seminario Conciliar de dicha ciudad, y con el objeto de arbitrarse recursos para poder continuar su carrera profesional, dió una clase de latinidad en la Escuela de Comercio y abrió un colegio particular para niños. En

1875 obtuvo el título de abogado, habiendo trasladado su residencia a Zacatecas, donde se consagró al ejercicio de su profesión y al periodismo. Colaboró en varias publicaciones de la República y fundó en esa capital y dirigió por varios años *La Rosa del Tepeyac* y la *Revista Jurídica*. Desde su infancia dió a conocer su afición a las bellas letras, y siendo aun estudiante escribió su primera composición dramática, la cual, así como otras que produjo más tarde, fueron dadas con bastante éxito a la escena. De preferencia se ha dedicado al cultivo de la novela, persiguiendo siempre la idea de exaltar el ideal en la belleza moral. Ha sido además catedrático de lengua y literatura castellanas en el Seminario, censor de la prensa católica en la Diócesis y Gobernador del Estado de Zacatecas, aunque las circunstancias anormales del país no le permitieron terminar su período gubernativo.

BIBLIOGRAFÍA:

1.—*La Siega*. Novela de Costumbres por el Sr. Lic. D. Rafael Ceniceros y Villarreal.—Zacatecas. Talleres de Nazario Espinosa. 1905.

En 8º, de 300 p.

2.—Biblioteca de Autores Mexicanos. 58. Obras del Lic. Rafael Ceniceros y Villarreal. Tomo I. *Novelas*.—México. Imp. de V. Agüeros, Editor. Primera Calle de Mesones Nº 18. 1908.

En 8º, de XXIII, 518 p. mas el retrato del autor, y precedido de la biografía del mismo. Contiene *La Siega* y *El hombre nuevo*.

3.—Biblioteca de Autores Mexicanos. 68.

Obras del Lic. Rafael Ceniceros y Villarreal.
Tomo II. *Cuentos cortos*. México. Imp. de V.
Agüeros, Editor. Primera Calle de Mesones N°
18. 1909.

En 8°, de 464, II, p.

COFFIN, JOSE

BIBLIOGRAFÍA:

1.—*Cuentos Morales*. Por José Coffin.—Paraíso, Tabasco. 1915. *(En el forro:)* Tipografía
"El Faro." 5ª de los Héroes, 83. México, D. F.

En 8°, de 75 p. más el retrato del autor.

COLLANTES Y BUENROSTRO, JUAN

Nació en la ciudad de México el año de 1849
y allí mismo hizo todos sus estudios hasta obtener el título de médico en la Escuela Nacional
de Medicina en 1871. Desde entonces se consagró con ahinco y provecho al ejercicio de su
profesión, empleando sus ocios en la lectura y
el estudio de las bellas letras. Su pluma produjo
varias monografías sobre la ciencia de Hipócrates y sus aficiones literarias le impulsaron a dar
a luz un volumen de *Leyendas*. Fué miembro de
la Academia Nacional de Medicina y falleció en
su ciudad natal en 1916.

BIBLIOGRAFÍA:

1.—*Leyendas Fantásticas* de Juan Collantes

y Buenrostro.—México. Imprenta y Litografía de Ireneo Paz. Primera de San Francisco Nº 13. 1877.

En 8º, de 84 p. Prologadas por D. José María Vigil.

CORDERO, JUAN N.

Nació en la Capital de la República el 20 de agosto de 1851. Hizo sus estudios en el Colegio de San Ildefonso, de donde pasó a la Escuela Nacional de Jurisprudencia, hasta terminar su carerra de abogado, cuyo título obtuvo en 1872. Después de haber desempeñado varios puestos públicos se consagró al ejercicio de su profesión, y más tarde trasladó su residencia a Jalapa (Ver), donde continuó dedicado a sus labores. Escribió y dió a luz varias obras de carácter científico, filosófico y literario, colaboró en la prensa nacional y sostuvo serias controversias con algunos connotados escritores. "Sus primeras producciones—dice un autor—como escritor público fueron inspiradas en la intransigencia jacobina; pero ha evolucionado como se dice ahora, hacia un criterio filosófico más tolerante, y se ha enganchado definitivamente, son sus palabras, en la escuela positiva." Falleció hace unos cuantos años.

BIBLIOGRAFÍA:

1.—Juan N. Cordero. *"Inri."* Novela de cos-

79

tumbres. Primera parte. La Triple Alianza.—
México. Tip. de "El Tiempo." Cerca de Santo
Domingo Núm. 4. 1898.

En 8º, de 494 p. más una lámina. El resto de
la obra no ha sido publicado.

CORDERO SALVADOR

Nació en la ciudad de México, el 10 de
agosto de 1876. Hizo sus estudios superiores
en la Escuela Nacional Preparatoria, de la cual
fué más tarde profesor de lengua castellana. Ha
desempeñado entre otros cargos públicos, los
de secretario del Museo Nacional de Arqueología, Historia y Etnología; presidente municipal
de Mixcoac (D. F.), en 1919 y secretario y profesor de diversas materias en la Escuela Nacional Preparatoria y en otros planteles. Es miembro correspondiente de la Real Academia Española y ha dado a luz varias obras de carácter
literario y pedagógico. Además ha colaborado en
diversos periódicos de la Capital.

BIBLIOGRAFÍA:

1.—*Memorias de un Juez de Paz*. Puestas en
orden y escritas en forma narrativa por Salvador
Cordero, Profesor Titular de Lengua Nacional
en la Escuela Preparatoria.—1910. Tipografía de
la Escuela Correccional para Varones Menores.
Tlalpam, D. F.

En 4º, de 55 p.

Memorias de un Juez de Paz. Puestas en Orden y escritas en forma narrativa por Salvador Cordero Profesor titular de Lengua Nacional en la Escuela normal preparatoria.—Librería de la Vda. de Ch. Bouret. París. 23, Rue Visconti, 23. México. Avenida del Cinco de Mayo, 45. 1913. Propiedad del Editor.

En 8º, de VIII, 208 p.

2—Salvador Cordero. *Semblanzas Lugareñas.* —Librería de la Vda. de Ch. Bouret. París. 23, Rue Visconti, 23. México. 45, Av. Cinco de Mayo, 45. 1917. *(Colofón:)* Acabóse de imprimir este libro en México en la Imprenta Francesa, situada en el jardín Carlos Pacheco, números uno y tres, a 21 días andados del mes de agosto del año de mil novecientos y diez y siete.

En 8º, de 205 p. Dedicadas a D. Raul Mille y D. Luis González Obregón. Precedidas de dos palabras del segundo.

3.—Salvador Cordero C. de la Real Academia Española. *Memorias de un Alcalde* (Apuntes de Psicología Pueblerina).—Librería de la Vda. de Ch. Bouret. París. 23, Rue Visconti, 23. México. 45, Av. Cinco de Mayo, 45. 1921. *(Al frente:)* Imprenta Politécnica. 1ª, de Cuauhtemotzin 33. México, D. F.

En 8º, de 143, (4) p.

CORREA DE CARTER, TEUTILA

BIBLIOGRAFÍA:

1.—Teutila Correa de Carter. *Paulina.* Nove-

81

la tabasqueña.—México. Imp. C. Lutteroth, Esquina Mariscala y Donceles. Año 1912.

En 4º, de 82 p. Ilustrada.

2.—*Cuentos y Artículos* por Teutila Correa de Carter.—Talleres Tipográficos de Lauro H. León. Juárez 7. Villahermosa, Tabasco. México. 1922.

En 8º, de VIII, 237 p.

COSIO VILLEGAS, DANIEL

BIBLIOGRAFÍA:

1.—*Nuestro Pobre Amigo* (Novela Mexicana). Por Daniel Cosío Villegas.—Publicaciones Literarias exclusivas de "El Universal Ilustrado" 1924.

En 16º, de 30 p.

COUTO CASTILLO, JOSE BERNARDO

Nieto del célebre escritor y publicista D. José Bernardo Couto, nació en México el año de 1880. De imaginación precoz e ideas atrevidas, cultivó las letras casi desde su infancia, y en sus producciones se revelan sus ideas originales y lo azaroso de su vida. Después de haber viajado por las principales ciudades europeas, falleció en su ciudad natal el 3 de mayo de 1901. Fué, según lo asienta un autor, una bellísima esperanza literaria muerta en flor.

BIBLIOGRAFÍA:

1.— Bernardo Couto Castillo. *Asfodelos.*— México. Eduardo Dublán, Impresor. Callejón de Cincuenta y siete núm. 7. MDCCCXCVII.

En 4º, de 213 p.

COVARRUBIAS Y ACEVEDO, MANUEL

BIBLIOGRAFÍA:

1.—*Narraciones Humorísticas y Cuentos Infantiles* por Manuel Covarrubias Acevedo. Edición de "La República."—México. Imprenta Polyglota. Calle de Santa Clara, esquina. 1885.

En 4º, de 236 p.

2.—Colección de Novelas Cortas. *La Capilla de los Alamos.* Por Manuel Covarrubias y Acevedo.— México. Eduardo Rodríguez y Comp., Editores. Calle del Refugio núm. 15. 1892.

En 8º, de 123 p.

CUELLAR, JOSE TOMAS DE

Nació en la ciudad de México el 18 de septiembre de 1830. Estudió humanidades y filosofía en los colegios de San Gregorio y San Ildefonso, y las demás materias superiores en el Colegio Militar de Chapultepec, donde resistió el ataque de los invasores norteamericanos en septiembre de 1847. Fué además alumno de la Academia Nacional de San Carlos, habiendo llegado a ejecutar varias pinturas originales de no escaso mérito. Se dió a conocer como escritor en 1848, prestando su colaboración en varios periódicos metropolitanos, y más tarde como dramaturgo; tanto sus artículos literarios, como sus composiciones que dió a la escena, fueron recibidas con aplausos. Andando el tiempo se dedicó a cultivar con especialidad la novela de costumbres nacionales, género literario en el que más se distinguió. Su seudónimo de "Facundo," con el que calzó casi todos sus escritos, se hizo bastante popular, y según se asegura, algunas de sus novelas fueron traducidas al inglés. Desempeñó entre otros cargos, los de primer secretario de la Legación Mexicana en Washington y Subsecretario de Relaciones. Después de haber perdido la vista, falleció en su ciudad natal el 11 de febrero de 1894.

«*Facundo*, D. José T. Cuéllar—dice D. Manuel Sánchez Mármol—, fué fecundo con su pluma, hízola hablar, y con tal abundancia y galanura, con tal picarezco donaire, que los cuadros de sus novelas viven y se mueven, divierten con risa inofensiva, con malicia sin veneno, y enseñan con enseñanza sin énfasis ni pedantería. Exceptuando su buena novela histórica: *El pecado del siglo,* en que reprodujo fielmente las costumbres coloniales de México al promediar el siglo XVIII, en sus demás composiciones, que constituyen la colección de *La linterna mágica,* juguetea un humorismo sano, encaminado a ridiculizar vicios, defectos y manías que habría deseado desterrar de nuestra sociedad, pero que, falto de poder para efectuarlo, se conformó con ponerlos en caricatura. Cuéllar es un novelador costumbrista, y en este respecto viene a ser como el continuador de Fernández de Lizardi; naturalmente que mudados los tiempos, con un caudal de cultura y de arte de que éste careció. Escogido un tipo, lo modelaba, lo animaba y lo movía con gracia y verdad tales, que sus figuras resultaban seres vivientes y terrenales. *Ensalada de pollos, Historia de Chucho el Ninfo, Isolina la ex-figurante, Las jamonas, Las gentes que son así y Gabriel el cerrajero o las hijas de mi papá,* cualquiera de ellas vale por el mejor título de novelador de costumbres.»

BIBLIOGRAFÍA:

1.—*El Pecado del Siglo.* Novela histórica. (Epoca de Revillagigedo, 1789.) Por José T. de Cuéllar.—San Luis Potosí. 1869. Tipografía del Colegio Polimático.

En 4º, de 580 (2), p.

2.—*La Linterna Mágica.* Colección de pequeñas novelas, escritas por Facundo (José T. de Cuéllar). Ilustradas con grabados a la pluma por Alejandro Casarín, José M. Villasana y Jesús Alamilla.—México. 1871. Ignacio Cumplido, editor e impresor, calle de los Rebeldes, número 2.

7 v. en 4º.

T. I.—*Ensalada de pollos.* Novela de estos tiempos que corren. 1871. VII, 274 p.

T.II.—*Historia de Chucho el Ninfo.* 1871. 354 p.

T. III.—*Isolina la ex-figurante*. (Apuntes de un apuntador). 1871. 372 p.

T. IV.—*Las jamonas. Secretos íntimos del tocador y del confidente*. 1871. 351 p.

T. V.—*Las gentes que "son así."* (Perfiles de hoy). 1ª parte. 1872. 353 p.

T. VI.—*Idem*. 2ª parte. 1872. 358 p.

T. VII.—*Gabriel el cerrajero o las hijas de mi papá*. 1872.

La Linterna Mágica. Segunda época. *Baile y Cochino*...... Novela de costubres mexicanas escrita por Facundo (José T. de Cuéllar). Tercera edición ilustrada con magníficos grabados y cromos, dibujados por Villasana.—Barcelona. Tipolitografía de Espasa y Compañía. 221, calle de las Cortes, 223. 1889.

En 8º, de XII, 268 p.

T. II.—*Ensalada de pollos*. Novela de estos tiempos que corren. (1872). 1ª parte 1890. 199 p.

T. III.—*Idem*. 2ª parte. 1890. 247 p.

T. IV.—*Los mariditos*. Relato de actualidad y de muchos alcances. 1890. 243 p.

T. V.—*Historia de Chucho el Ninfo*. 1ª parte. 1890. 316 (2) p.

T. VI.—*Idem*. 2ª parte. 1890. 248 (2), p.

T. VII.—*Los fuereños y la noche buena*. 1890. 187-87 p.

T. VIII.—*Poesías*. 1890. 315 (4) p.

T. IX.—*Artículos ligeros sobre asuntos trascendentales* (1882). 1890. 269, (3) p.

T. X.—*Idem*. (1882-1883). 1891. 333 p.

T. XI.—*Isolina la ex-figurante* (Apuntes de un apuntador). *1ª parte*. 1891. 267, (2) p.

T. XII.—*Idem.* 2ª parte. 1891. 250 (3) p.

T. XIII.—*Las Jamonas. Secretos íntimos del tocador y del confidente.* 1ª parte. 1891. 239 p.

T. XIV.—*Idem.* 2ª parte. 1891. 249 (3) p.

T. XV.—*Versos.* 1891. 281, (3) p.

T. XVI.—*Las gentes que "son así"* (Perfiles de hoy). 1ª parte. 1891. 260, (2) p.

T. XVII.—*Idem.* 2ª parte. 1892. 253 (2) p.

T. XVIII.—*Idem.* 3ª parte. 1892. 249 p.

T. XIX.—*Idem.* 4ª parte. 1892. 246 p. y *Las posadas.* 1892. 41 p.

T. XX. — *Vistazos.* Estudios sociales. 1892. 266, (2) p.

T. XXI.— *Artículos ligeros sobre asuntos trascendentales.* 2ª serie. 1892. 265 p.

T. XXII.—*Idem.* 1892. 299 p.

T. XXIII.—*Gabriel el cerrajero o las hijas de mi papá.* 1ª parte. 1892. 259 p.

T. XXIV.—*Idem.* 2ª parte. 1892. 201 p. y *Sevilla.* Boceto al fresco (inédito). 1892. 31 p.

Los cinco primeros volúmenes fueron impresos en Barcelona en la tipo-litografía de Espasa y Comp. y los restantes en Santander en la imprenta y litografía de Blanchard. El tomo XXV que debió haber contenido la primera parte de *El pecado del siglo,* no llegó a publicarse.

Baile y Cochino.... Novela de costumbres mexicanas escrita por Facundo (José T. de Cuéllar).—México. Tipografía Literaria de Filomeno Mata. San Andrés y Betlemitas, 8 y 9. 1886.

En 8º, de 270 p. con láminas.

CUEVA, EUSEBIO DE LA

BIBLIOGRAFÍA:

1.—Eusebio de la Cueva. *La Sombra del Maestro* (Novela).— Biblioteca Ariel. Editada por la revista hispano-americana "Cervantes." *(A la v.:)* Imp. de G. Hernández y Galo Sáenz. Mesón de Paños, 8. Tel. 19-67 M.

En 8º, de 246 p. Subscrita en Madrid, en 1920.

Eusebio de la Cueva. *El Retorno Mudo* (Novela corta).—Biblioteca de El Porvenir. Tomo I. Monterrey. MCMXXIII.

En 8º, de 66 p. Subscrita en Villa de Santiago en 1922 y precedida de un estudio crítico de D. Héctor González.

CUEVAS, ALEJANDRO

Nació en México el 13 de enero de 1870. Hizo sus estudios superiores en la Escuela Nacional Preparatoria, de donde pasó a la de Jurisprudencia, mas no fué sino hasta 1890 cuando obtuvo el título de abogado, debido a que sus aficiones artísticas y literarias le impidieron consagrarse de una manera constante a sus estudios. Ejerció su profesión con el Lic. D. Fernando Vega, y a la muerte de éste quedó al frente de su bufete, hasta que atenciones de familia le obligaron a abandonarlo. Ha desempeñado en el Conservatorio Nacional de Música los cargos de secretario y profesor de lectura escénica y canto, y actualmente se halla consagrado a la enseñanza de este arte, que comenzó a aprender con la autora de sus días y después con diversos maestros italianos. De su academia han salido no pocas notabilidades que han honrado a su maestro en los teatros nacionales y extranjeros. Discípulo de pintura al óleo de Orellana y al temple de Segura, ha ejecutado en ambos géneros, bien acabadas composiciones. Apasionado por la literatura dramática ha dado al teatro un buen número de obras originales y hecho traducciones acertadas. Como compositor musical son muy conocidas y elogiadas sus romanzas y otras composiciones. Como cuentista figura, según opinión de un crítico, al lado de los mejores cultivadores de ese género literario en México.

BIBLIOGRAFÍA:

1.—Alejandro Cuevas. *Cuentos Macabros*. Originales. Ilustrados. Prólogo de Juan de Dios Peza.—J. R. Garrido y Hermano. Editores. Librería Central. Cuarta de Tacuba, número 36. México. 1911.

En 4º, de (6), IV, 197 p. Con prólogo de D. Juan de Dios Peza.

CURTIS, CARLOS DANIEL

BIBLIOGRAFÍA:

1.—*Mirtilo*. Datos para una novela por Carlos Daniel Curtis. Edición de La Patria.—México. Imprenta y Litografía de Ireneo Paz. 1ª calle de San Francisco, núm. 13. 1878.

En 8º, de 178 p. Con prólogo de D. Francisco Gómez Flores.

Edición de "La Patria." *La Niña del Baldoquín*. Novela original por Carlos D. Curtis.— México. Tipografía de I. Paz. Escalerillas 7. 1881.

En 8º, de 83 p.

CHAVERO, ALFREDO

Nació en la ciudad de México el 1º de febrero de 1841. Después de haber hecho sus estudios con grande aprovechamiento en el Colegio de San Juan de Letrán, recibió en 1861 el título de abogado de los tribunales de la República. Iniciado en la política en 1862 y afiliado al partido liberal, desempeñó a partir de esta fecha importantes cargos públicos. Recordamos entre otros los de magistrado del Tribunal Superior de Distrito, Síndico del Ayuntamiento de México, Diputado al Congreso de la Unión, gobernador del Distrito Federal y oficial mayor de la Secretaría de Relaciones. Sus aficiones literarias, que cultivó desde joven, lo impulsaron a dar a conocer sus producciones por la prensa; cultivó primeramente la poesía, escribió después para el teatro, tanto en prosa como en verso, y consagró al fin todos sus afanes a la arqueología y a la historia antigua, materias en las que llegó a alcanzar verdadero renombre. Fruto de sus incesantes estudios, aparte de otras muchas obras y monografías que produjo su pluma, es el tomo I de *México a través de los siglos*. Diversas sociedades científicas tanto nacionales como extranjeras, reconocieron sus relevantes méritos e inscribieron su nombre en el catálogo de sus miembros; entre otras, la Real Academia Española, la Sociedad de Americanistas de París y la Real Academia de Legislación y Jurisprudencia de Madrid. Falleció en su ciudad natal el 24 de octubre de 1906.

BIBLIOGRAFÍA:

1.—*El Conde Palákis* por Alfredo Chavero.— México. Tipografía de Gonzalo A. Esteva. Calle de San Juan de Letrán núm. 6. 1882.

En 8⁹, de 38 p. Se halla, además, reimpreso en el tomo 52 de la *Biblioteca de Autores Mexicanos*, págs. 370-398.

CHAZARI FENOCHIO, ANDRES

BIBLIOGRAFÍA:

1.—Andrés Cházari Fenochio. *La Princesa ¡Ah!* Cuento.—México. A. Botas e Hijo, Sucr. Editores *(A la v.:)* Imp. M. León Sánchez. Misericordia 7. México, D. F.

En 8⁹, de 32 p.

DAVALOS, MARCELINO

Fué originario de Guadalajara, donde nació el 26 de abril de 1871. Allí hizo todos sus estudios, hasta obtener en 1900 el título de abogado. Poco tiempo después comenzó a prestar sus servicios profesionales en diferentes oficinas del Gobierno del Estado, y llevado por el voto de sus conciudadanos ocupó una curúl en el Congreso de la Unión hasta el mes de octubre de 1913. Afiliado a la revolución constitucionalista, alcanzó más tarde cargos importantes y fué electo diputado al Congreso Constituyente reunido en Querétaro en 1917. Este mismo año fué nombrado abogado consultor de la Secretaría de Comunicaciones y Obras Públicas; durante los años de 1918 y 1919 regidor del Ayuntamiento de México, y posteriormente le fueron encomendados otros cargos de importancia. Desde sus primeros años de estudiante cultivó las bellas letras, escribiendo poesías y cuentos que fueron elogiados por sus maestros y condiscípulos. Colaboró en *El Mundo Ilustrado, Arte y Letras, Album Salón, El Universal* y en otros periódicos metropolitanos. Además su pluma produjo varios estudios literarios, tanto en prosa como en verso, siendo el género dramático el que principalmente cultivó. Falleció en México, en 1923.

BIBLIOGRAFÍA:

1.—Marcelino Dávalos. *¡Carne de Cañón!* (Cuentos).—Publicada bajo los auspicios de la

Revolución de 1913. MCMXV. *(Colofón:)* Se terminó de imprimir este libro el 31 de diciembre de 1915. *(En el forro:)* 1915. Imprenta del museo Nacional de Arqueología, Historia y Etnología. México.

En 4º, de (8), 215 p. más 2 láminas. Subscritos en Chan Santa Cruz, Q. R., de 1902 a 1908 y prologados por el Ing. D. Félix F. Palavicini.

DAVALOS MORA, RAFAEL

Es oriundo de Zamora (Mich.) donde nació el 5 de abril de 1888. A la edad de nueve años fué llevado a Roma, donde hizo en el Colegio Pío Latino Americano los estudios de humanidades y filosofía, mas lo delicado de su salud le obligó a interrumpir los superiores de filosofía que había comenzado en la Universidad Gregoriana y a regresar a su patria en 1901. Bajo la dirección de los padres de la Compañía de Jesús prosiguió sus estudios en el Colegio Carolino de Puebla, y más tarde pasó a España a concluírlos en los Colegios de la Merced y Máximo de la provincia de Burgos, mas la falta de salud le obligó a retornar nuevamente a México. Desde su niñez manifestó sus aficiones literarias y sus facultades poéticas, habiendo escrito no pocas composiciones en latín, italiano y castellano. Ha colaborado en varios periódicos, entre otros, *Verdad y Justicia* de su ciudad natal, *Cosmos Magazine, El Estudiante* y *El Mensajero Mariano* de México, y *La Época* de Guadalajara. En sus escritos ha perseguido siempre el fin de contribuir a la reconstrucción de la literatura, la religión y la moral en su patria. Por instinto y educación se ha afiliado en la escuela clásica, como lo demuestra en su opúsculo *Humoradas y humaredas,* en cuyas páginas satiriza con talento e ingenio a los adeptos al decadentismo literario.

BIBLIOGRAFÍA:

1.—*Secretos de un Corazón.* Novela de carácter psicológico-literario por Rafael Dávalos Mora (Dionisio Areopagita). *(Epígrafes de David y Petrarca).*—México. Escuela Tipográfica Salesiana. 1914.
En 8º, de 59 p.

DELGADO, RAFAEL

Fué su cuna la ciudad de Córdoba, población del Estado de Veracruz, donde nació el 20 de agosto de 1853. Allí mismo hizo sus estudios primarios en el colegio de Nuestra Señora de Guadalupe, del que era director D. José María Ariza y Huerta. En 1865 vino a la Capital e ingresó como alumno al Colegio de Infantes de la entonces Colegiata de Nuestra Señora de Guadalupe, mas los sucesos políticos le obligaron a volver un año después al seno de su familia. En 1868 pasó al Colegio Nacional de Orizaba, donde hizo con gran aprovechamiento sus estudios preparatorios, y una vez concluídos éstos se consagró por completo al cultivo de las bellas letras. Durante largos años, desde 1895, desempeñó en el último de los planteles mencionados, las clases de geografía, historia universal y patria y literatura. En 1878 dió al teatro su primera obra dramática, género literario por el que siempre tuvo gran predilección, y tres años más tarde ingresó a la Sociedad "Sánchez Oropeza," agrupación literaria de Orizaba, en la que laboró con muy buen éxito. En 1889 dió a la estampa *La Calandria,* su primera novela, que le dió el renombre que con justicia llegó a conquistarse en el campo de las letras. Perteneció a diversas agrupaciones científicas y literarias, y la Real Academia Española le contó entre el número de sus correspondientes. Murió en Orizaba el 20 de mayo de 1914.

He aquí como juzga D. Victoriano Salado Alvarez la obra de nuestro novelista: «Si se me preguntara quien, de entre los artistas mexicanos, posee más claramente caracterizado lo que Nietzche llamaba la embriaguez apolínea, esto es, la que produce la irritación del ojo otorgándole la facultad de la visión estética, contestaría que ese artista es Rafael Delgado. Sus percepciones, lo mismo de seres que de sentimientos, tienen como distintivo la fuerza y la plenitud; su ideal artístico se manifiesta, como decía el amigo de Wagner, por una *formidable expulsión* de los caracteres principales del objeto, de manera que los otros rasgos del mismo desaparecen. Poco he visto mejor, más claramente pintado que el camino de Pluviosilla a Xochiapan, que el panorama de Villaverde, que la cena de Noche Buena relatada en *Angelina,* y sobre todo que ese espléndido patio de San Cristóbal, proveniente del en que Monipodio imperaba, del mesón del Sevillano o de las almadrabas del Zahara, "finibusterre de la picaresca." ¡Y los personajes! Oh, los personajes se atropellan y saltan por salir y mostrarse al espejo del entendimiento, todos exactos, todos completos, todos con encantador y sin igual relieve. Malenita pasea de bracero con Muérdago; Arturito aparece puliendo espinelas chirles; Jurado escribe *petrinismos y paulinismos;* Linilla cultiva sus flores y Lolita y Alberto Rosas, y Tacho y Enrique y Rodolfo viven en nosotros, los vemos diariamente, son carne de nuestra carne y huesos de nuestros huesos. Y es que Delgado, a semejanza del prosista Melo, ha deseado mostrar los ánimos, no los vestidos de seda, lana o pieles. Algunas veces es triste, ya que "no hay modo de referir tragedias sino con términos graves" y que "es condición de las llagas no dejarse manejar sino con dolor y con sangre;" pero esto pasa pocas veces y el poeta vuelve luego a su apreciación suave y honrada del mundo. Ni aun para Rosas, el seductor, tiene censuras acres ni calificativos destemplados; casi podría creerse que lo absuelve, que lo explica como producto del medio, de la inercia de los individuos de su clase, de la admiración que produce el dinero en pueblos tan jóvenes como el nuestro. A don Eduardo lo retrata en cuatro pinceladas maestras, como el prototipo de los

96

burgueses indígenas que, como dice Carlyle, respetan más que nada el bolsillo, esa glándula pineal de la existencia común y que como los gatos de la fábula juzgan caso de conciencia el comerse el asador cuando han devorado el pollo. Dibujó con positivo cariño, con paciencia de pintor flamenco al Lic. Castro Pérez, picapleitos, pedantón, cerebro lleno de *Labyrintus creditorum*, de Conde la Cañada y de Solórzano, y vacío de seso y de buen sentido y al lado suyo puso a sus hijas, dos solteronas malas, pero no pervertidas, deseosas de casorio, pero no de infamia. El gran mérito de Delgado estriba para mí en haber descrito admirablemente la vida de las poblaciones cortas con sus chismes, sus rivalidades, sus fiestas y sus tristezas. Yo encuentro a Villaverde (perdóneme Galdós) más cierta que a Orbajosa, más llena del tinte de realidad que ella, porque Orbajosa es *la* población española de corto vecindario, y Villaverde es *un* lugarcillo mexicano que el autor conoce y en que de seguro ha vivido.»

BIBLIOGRAFÍA:

1.—*La Calandria*. Por Rafael Delgado.—Orizaba. Pablo Franch. Editor. 1891. *(Colofón:)* Este libro se acabó de imprimir en Orizaba, en la Tipografía Católica, el día 4 de diciembre del año de 1891.

En 4º, de VIII, 358 p. Con prólogo de D. Francisco Sosa.

Rafael Delgado. *La Calandria*. Tercera edi-

ción. Con un retrato grabado por Emiliano Vala-
dez.—México. "Biblos." Bolívar, 22. MCMXVI.
(A la v.:) Tipografía de José Ballescá. 3ª de
Regina, 88. México.

En 8º, de 358 p.

2.—Rafael Delgado. *Angelina.* Segunda edición.—México. Antigua Imprenta de Eduardo
Murguía. Portal del Aguila de Oro núm. 2. 1895.

En 8º, de 544 p.

3.— Biblioteca de Autores Mexicanos. 42.
Obras de D. Rafael Delgado, Miembro Correspondiente de la Real Academia Española e individuo de número de la Mexicana. Tomo I. *Cuentos y Notas.* I.—México. Imp. de V. Agüeros,
Editor. Cerca de Santo Domingo No. 4. 1902.

En 8º, de XXXIX, 388 p. más el retrato del
autor. Con prólogo de D. Francisco Sosa.

4.— Biblioteca de Autores Mexicanos. 47.
Obras de D. Rafael Delgado, Miembro Corres-
pondiente de la Real Academia Española e indi-
viduo de número de la Mexicana. Tomo II. *Los
Parientes Ricos.*— México. Imp. de V. Agüeros,
Editor. Cerca de Santo Domingo No. 4. 1903.

En 8º, de (4), 656 p. Subscrita en Jalapa, en
noviembre de 1902.

5.—Biblioteca de "El País." *Historia Vulgar.*
Novela escrita expresamente para "El País" por
Rafael Delgado.—México. Tipografía de la Compañía Editorial Católica. Calle de San Andrés
núm. 8. 1904.

En 4º, de 63 p. Se asegura que esta edición
fué mutilada en algunos pasajes.

DIAZ COVARRUVIAS, JUAN

Nació este malogrado escritor, en Jalapa, capital del Estado de Veracruz, el 17 de diciembre de 1837. Viuda su madre nueve años después, le llevó a México, donde en 1849 se matriculó en el Colegio de San Juan de Letrán. Una vez que hubo terminado con gran aprovechamiento los estudios de humanidades y filosofía, y llegada la época de elegir carrera, se decidió por la medicina, la cual cursó con el empeño que le era peculiar. Al iniciarse la guerra de Reforma, abandonó los estudios profesionales y empuñó las armas en defensa de la causa liberal, a consecuencia quizá, de una pasión desgraciada que había llenado de melancolía su corazón. Al ser derrotadas por Márquez las fuerzas en que militaba, fué hecho prisionero y fusilado en unión de otros jóvenes estudiantes a inmediaciones de Tacubaya, el 11 de abril de 1859. Casi desde niño empezó a escribir versos, y el medio en que vivió le llevó a afiliarse en la escuela romántica, que predominaba entonces en nuestro país. Aunque sus obras no sean un modelo de literatura, se advierte en ellas el adelanto que en México habían alcanzado las bellas letras.

«El carácter literario del joven mártir de Tacubaya—dice D. Ignacio M. Altamirano—es bien conocido para que nos detengamos a analizarle. Aquella vaga tristeza, que no parecía sino el sentimiento agorero de su trágica y prematura muerte, aquella inquietud de una alma que no cabía en su estrecho límite humano, aquella sublevación instintiva contra una sociedad viciosa que al fin había de acabar por sacrificarle, aquella sibila de dolor que se agitaba en su espíritu pronunciado quién sabe qué oráculos siniestros, aquella pasión ardiente y vigorosa que se desbordaba como lava encendida de su corazón: he aquí la poesía de Juan Díaz Covarrubias, he aquí sus novelas. Hay en su estilo y en la expresión de sus dolores precoces grande analogía entre este joven y Fernando Orozco. Hay en sus infortunios quiméricos como un presentimiento de su horrible martirio, y por eso lo que entonces parecía exagerado, lo que entonces parecía producción de una escuela enfermiza y loca, hoy nos parece justificado completamente. Juan Díaz, como Florencio del Castillo, amaba al pueblo, pues se sacrificó por él; tenía una bondad inmensa, un corazón de niño y una imaginación volcánica, y todo esto se refleja en sus versos y en sus novelas, en cuya lectura cree uno ver a uno de esos proscritos de la sociedad, que arrastran penosamente una vida de miseria y de lágrimas, y no a un joven estudiante de porvenir, bien recibido en la sociedad y llevando una vida cómoda y agradable, como realmente era. En sus versos, Díaz habla de sus desdichas como Gilbert, como Rodríguez Galván y como Abigail Lozano. En sus novelas es dolorido y triste como un desterrado o como un paria.»

BIBLIOGRAFÍA:

1.—*Impresiones y Sentimientos*. Escenas y

costumbres mexicanas. Miscelánea alfabética por Juan Díaz Covarrubias.—México. 1857. Imp. de Vicente García Torres, calle de San Juan de Letrán, núm. 3.

En 8º, de 478 p.

Impresiones y Sentimientos. Escenas y Costumbres Mexicanas. Miscelánea alfabética por Juan Díaz Covarrubias.—México. Tipografía de Manuel Castro, Escalerillas núm. 7. 1859.

En 4º, de 224 p. más el retrato del autor.

2.—*La Clase Media.* Novela de Costumbres Mexicanas, por Juan Díaz Covarrubias,.—México. 1858. Imprenta de Manuel Castro, Calle de las Escalerillas número 7.

En 8º

La Clase Media. Novela de costumbres mexicanas por Juan Díaz Covarrubias.—México. Tip. de Manuel Castro, Escalerillas núm. 7. 1859.

En 4º, de 109 p.

3.—*Gil Gómez el Insurgente, o la Hija del Médico.* Novela histórica mexicana. Por Juan Díaz Covarrubias.—México. Tipografía de M. Castro, Escalerillas núm. 7. 1859.

En 4º, de 271 p.

Gil Gómez el Insurgente, o la Hija del Médico. Novela histórica mexicana por Juan Díaz Covarrubias. Edición de "El Tiempo."—México. Imprenta de Victoriano Agüeros. Cerca de Santo Domingo núm. 4. 1902.

En 4º, de 418 p.

Biblioteca de Autores Mexicanos. 43. Obras de Don Juan Díaz Covarrubias. Tomo I. *Gil Gómez el Insurgente.* Novela histórica.— México.

Imp. de V. Agüeros, Editor. Cerca de Santo Domingo Nº 4. 1902.

En 8º, de XVI, 442 p. más el retrato del autor. Precedida de una biografía del mismo por D. Alejandro Villaseñor y Villaseñor.

Biblioteca de "El Pueblo." *Gil Gómez el Insurgente*. Por Juan Díaz Covarrubias. Novela histórica.—México. Talleres Linotipográficos de "El Pueblo." Colón y S. Diego, Esq. 1919.

En 8º, de 135 p. Precedida de la misma biografía que aparece en la edición anterior.

4.—*La Sensitiva*. Por Juan Díaz Covarrubias. México. Tip. de Manuel Castro, Escalerillas número 7. 1859.

En 4º, de 15 p.

5.—*El Diablo en México*. Novela de Costumbres por Juan Díaz Covarrubias.—México. Tipografía de Manuel Castro, Escalerillas núm. 7. 1860.

En 4º, de 61 p.

DIAZ DUFOO, CARLOS

Nació en la ciudad de Veracruz el 4 de diciembre de 1861. Ocho años después pasó con su familia a radicarse a Europa, y vivió en Madrid, Sevilla y París. Regresó a su patria en 1884 y entró desde luego al periodismo, escribiendo primero en *La Prensa* y después en *El Nacional*. En 1887 se radicó en su ciudad natal para dirigir *El Ferrocarril de Veracruz*, y de allí a Jalapa a encargarse de la publicación de *La*

Bandera Veracruzana. Transcurrido un año volvió a México y entró a formar parte de la redacción de *El Siglo XIX* y más tarde de la de *El Universal*. Con Gutiérez Nájera fundó en 1893 la *Revista Azul*, y al aparecer *El Imparcial* en 1896, figuró entre sus colaboradores, habiendo sido primero redactor en jefe y después director; este mismo cargo desempeñó en *El Mundo*. Fué miembro de la comisión mexicana que concurrió a la Exposición de París de 1900, circunstancia que le proporcionó visitar algunas capitales europeas y asistir a varios congresos internacionales. En 1901 asumió la dirección de *El Economista Mexicano*, y por último, en 1917 entró a laborar en *Excelsior*, a la vez que en *Revista de Revistas*. Ha sido catedrático de economía política en la Escuela Nacional de Jurisprudencia, y a la fecha enseña la misma materia en la Libre de Derecho. Sus estudios económicos que ha dado a luz han sido muy elogiados.

BIBLIOGRAFÍA:

1.—Carlos Díaz Dufoo. *Cuentos Nerviosos*.— México. J. Ballescá y Compa., Sucesor. S. Felipe de Jesús, 572. 1901.
En 8º, de 143 p.

DIDAPP, JUAN PEDRO

Es originario de Santa Bárbara, Nazas, Dgo., donde nació el 10 de agosto de 1874. En 1906 ingresó a la carrera consular con el cargo de Cónsul de México en Santander, de donde pasó el año siguiente a desempeñar el propio cargo en Norfolk, en Inglaterra.

BIBLIOGRAFÍA:

1.—*Proceso*. Novela histórica. Epoca actual. Por Juan Pedro Didapp. Tomo I.—Santander, España. Imp., lit. y enc. de Blanchard y Arce. Martillo, 2 y Calzadas Atlas, 11. 1907.

2 v. en 8º, de XV, 432, (2) y 414, (2) p.

DOMINGUEZ, JUAN DE DIOS

«Ha escrito—decía D. Juan de Dios Peza en 1877—artículos, versos y alguna novela; pero su pasión por el teatro le ha inducido a escribir obras dramáticas, entre las cuales recordamos *María, Fernando IV el Emplazado, Magdalena, La Justicia de Dios, El Hidalgo Gabriel Téllez, Amor por Cartas* y *Fénix de los Ingenios*. Domínguez ha alcanzado aplausos en los teatros de Querétaro y México, en la representación de sus obras.»

BIBLIOGRAFÍA:

1.— Leyendas Mexicanas. *Doña Esperanza de Haro*. Leyenda del siglo XVIII. Por Gumesindo Díaz de Juno. Editor Francisco J. Carrasco.—México. Imprenta de Félix Márquez, 1ª de Plateros núm. 4. 1871.

En 4º, de 111 p.

2.—Biblioteca del Eco de Ambos Mundos. *El Embaidor y la Sevillana*, leyenda del siglo diez y seis por Juan de Dios Domínguez.—México. Imprenta del "Eco," calle de Victoria número 10. 1875.

En 8º, de 188 p.

DOMINGUEZ, MANUEL

Nació en la ciudad de Querétaro el 6 de agosto de 1830. Muy joven pasó a la Capital a hacer sus estudios en el Colegio de San Juan de Letrán y en la Escuela de Medicina. En 1854 obtuvo el título de médico, y desde luego comenzó a ejercer su profesión en San Juan del Río (Qro.), lugar en que residía su familia, y más tarde en Querétaro y Guanajuato, hasta que los acontecimientos políticos le obligaron a volver a México. Partidario del Imperio, fué nombrado prefecto político de San Juan del Río, y a la caída de Maximiliano fué reducido a prisión. Después de haberse amnistiado se radicó nuevamente en México y calmadas las pasiones políticas fué electo diputado al Congreso de la Unión, senador y regidor del Ayuntamiento de la Capital. En 1870 ganó por oposición la cátedra de medicina legal en la Escuela Nacional de Medicina y posteriormente las de otras materias. Desempeñó en dos distintas épocas el cargo de director interino del referido plantel y en propiedad de la Escuela de Ciegos. Perteneció a diversas sociedades científicas y literarias y dió a luz algunos escritos de distinto carácter. Falleció en México el 16 de marzo de 1910.

BIBLIOGRAFÍA:

1.—*El Capitán Fantasma*. Leyenda Mexicana, por el Dr. Manuel Domínguez.— México. Tip. Literaria de Filomeno Mata, Betlemitas, 8. 1903.

En 4º, de 61 p. Subscrita en Tacubaya, a 1º de julio de 1903.

2.— Biblioteca de Autores Mexicanos. 67. Obras del Dr. Manuel Domínguez. (Leyendas históricas).—México. Imp. de V. Agüeros, Editor. Primera Calle de Mesones Nº 18. 1909.

En 8º, de XVII, 447 p. más el retrato del autor. Precedido de una biografía anónima del mismo.

3.—*Fátima*. Leyenda árabe por Manuel Domínguez.—México. Tipografía de la Viuda de Francisco Díaz de León. 1907.

En 8º, de 13 p.

DOMINGUEZ, RAFAEL

BIBLIOGRAFÍA:

1.—Rafael Domínguez. *Azul como tus ojos*. Cuentos y Pasatiempos Literarios. — México. Imp. Manuel León Sánchez. Misericordia, 7. 1925. *(Colofón:)* "Azul como tus ojos" acabóse de imprimir a 16 de diciembre de 1924, en la

imprenta de don Manuel León Sánchez, Calle
de la Misericordia número 7, en México.

En 8º, de 175 p.

ECHAIZ, JESUS

BIBLIOGRAFÍA:

1.—Edición del "Siglo XIX." *El Paladín Extranjero*. (Crónicas de la Independencia). 1817.
Ensayo de una novela histórica por Jesús Echáiz.
—México: 1871. Imprenta de Ignacio Cumplido,
Calle de los Rebeldes núm. 2.

En 8º, de 420 p.

2.—*La Envenenadora*. (Crónicas de la Independencia). 1812-1813. Novela histórica por Jesús Echáiz.— México. Imp. de "El Porvenir,"
Calle del Calvario núm. 7. 1875.

En 8º, de 616 p.

ELIZAGA, LORENZO

BIBLIOGRAFÍA:

1.—Lorenzo Elízaga. *Mauricio el Ajusticiado
o una Persecución Masónica*. Novela original.—
México. Imprenta de "La Constitución Social."
Puente del Correo Mayor núm. 10. 1869.

En 4º, de XVI, 523 (3), p. con láminas.

ENCISO, CENOBIO I.

Nació en Tequila (Jal.) el año de 1849, donde

hizo sus primeros estudios. Los superiores y profesionales los cursó en Guadalajara, hasta obtener en 1877 el título de abogado. Una vez que hubo terminado su carrera se consagró al ejercicio de su profesión y al desempeño de diversos cargos públicos. Fué primeramente juez federal de circuito, después director de la Biblioteca Pública de dicha capital, profesor de derecho romano en la Escuela de Jurisprudencia, etc. En 1889 fundó *El Litigante*, periódico jurídico que dirigió con muy buena aceptación hasta su muerte. Escribió y dió a luz no pocos estudios relacionados con su profesión y algunos de carácter histórico y literario. Fué, además, miembro de la Sociedad Jurídica "José María Vera," de la Mexicana de Geografía y Estadística, y de la Academia Mexicana de Legislación y Jurisprudencia, correspondiente de la Real de Madrid. La muerte le sorprendió en Guadalajara el 30 de mayo de 1903.

BIBLIOGRAFÍA:

1.—*Camelias Rojas*. Ensayo publicado en el número 51 Tomo VII del "Litigante." Por C. I. Enciso.—Guadalajara (Jalisco, Méx.) 1894. Tip. del "Litigante," Zaragoza 18.

En 4º, de (2), 34 p.

2.—Edición de 100 ejemplares. Ej. no.....
Herlinda. Por C. I. Enciso.—Guadalajara, Jal. Méx., 1901. Imprenta del Autor, López Cotilla, letra M.

En 8º, de XV, 151, (3) p. más una lámina.

ERZELL, CATALINA D'

Hija de padre corso y madre mexicana, nació en Silao, población del Estado de Guanajuato, en la última década del siglo XIX. Hizo sus estudios en dicha ciudad y en Querétaro, en colegios de religiosas. Muy joven pasó con su familia a radicarse a México, donde contrajo matrimonio. Dedicada al cultivo de las letras, ha producido varios cuentos que ha dado a conocer en la prensa, algunos de los cuales han sido premiados en los concursos literarios abiertos por *El Universal*. Además ha dado a luz la novela a que adelante nos referimos, y posee inéditos otros trabajos de la misma índole.

BIBLIOGRAFÍA:

1.—*La Inmaculada*. Novela Mexicana de costumbres. Por Catalina D'Erzell.—México. Talleres Linotipográficos de "El Hogar." 2ª Manrique 13 A. 1920.

En 4º, de (8), 113 p. más el retrato de la autora. Con prólogo de D. Rafael López y opiniones de Da. Teresa Farías de Isassi, Da. Emilia Enríquez de Rivera, D. Jesús Villalpando, D. Armando de Maria y Campos y D. Armando Gil.

ESPARZA, MIGUEL ANGEL

BIBLIOGRAFÍA:

1.—Novela que obtuvo el premio de $50.00 en

el concurso de "Orthos." *"Un Desengaño"* por Miguel Angel Esparza.—México. 1923.

En 16º, de (2), 12 p. Subscrita en Torreón (Coah.), en julio de 1923.

ESPINOSA, JULIO

«Es muy joven—decía en 1877 D. Juan de Dios Peza—tiene disposiciones para los escritos satíricos, versifica con facilidad, y es entusiasta por su amor a las bellas letras. Será, si estudia y persevera, un buen escritor humorístico.» Murió por 1888.

Hablando de su novela, agregaba un periódico de la época: «Sueños color de rosa; almas puras a quienes atormentan las miserias humanas; pasiones combatidas por un destino aciago; la dicha junto a la desgracia; el dolor, siempre el dolor en el fondo de todos los goces, y la fe vigorosa y eterna salvando del abismo a los corazones, son los más prominentes rasgos del cuadro lleno de color y de animación que la fácil pluma de Julio Espinosa ha trazado en cerca de trescientas páginas».

BIBLIOGRAFÍA:

1.—*Esperanza*, por Julio Espinosa. Edición de "El Nacional."— México. Tip. de Gonzalo A. Esteva. San Juan de Letrán, núm. 6. 1883.

En 4º, de 256 p.

ESPINOSA, LEONCIO

BIBLIOGRAFÍA:

1.—La Novela Semanal de "El Universal Ilustrado." *Carroña Social* por Leoncio Espinosa. En 16º, de (2), 32 p.

ESTEVA, JOSE MARIA

Nació en Veracruz el 18 de septiembre de 1818 y a la edad de treinta y dos años fué electo senador al Congreso de su Estado natal, que entonces constaba de dos cámaras. Desempeñó diversos cargos públicos y en 1864 Maximiliano le nombró prefecto de Puebla, de donde pasó a desempeñar la cartera de Gobernación y más tarde le encomendó la comisaría de la segunda división, que comprendía a los departamentos de Veracruz, Puebla, Oaxaca y Tlaxcala. A la caída del Imperio tuvo que expatriarse a la Habana, de donde regresó en 1871, amparado por la ley de amnistía. Retirado por completo de la política murió en Veracruz en 1904, desempeñando el cargo de director del Colegio del Estado. Como poeta ha sido muy elogiado y ha creado en sus festivos versos el tipo del jarocho veracruzano.

BIBLIOGRAFÍA:

1.—*La Campana de la Misión*. Novela mexicana, original de José María Esteva.—Xalapa-Enríquez. 1894. En 16º, de 306 p.

ESTEVA, ROBERTO A.

Hijo del anterior. Nació en Veracruz en 1844.
Hizo sus estudios en México en el antiguo Colegio de Minería, donde obtuvo un premio de Maximiliano por haber descubierto una fórmula para sustituír el binomio de Newton, mas la política le hizo cortar su carrera que bajo tan buenos auspicios había comenzado. Posteriormente fué diputado durante varios períodos al Congreso de la Unión, y afiliado al partido liberal, tanto en la tribuna parlamentaria, como en la prensa, defendió con tesón sus principios políticos. Como periodista tuvo a su cargo la dirección de *El Mensajero* y posteriormente fué redactor de *El Liberal*. Escribió y dió a la estampa no pocas composiciones literarias, tanto en prosa, como en verso, y dió a la escena varios dramas, de los que principalmente el intitulado *Los Maurel*, alcanzó grande éxito. Entre los cargos públicos que desempeñó, recordamos los de administrador de la Aduana de Tampico y visitador general de las Aduanas de la República. Falleció en Jalapa el 13 de septiembre de 1899.

BIBLIOGRAFÍA:

1.—*Una Mujer sin Corazón*. Episodio de una novela inédita. (*Al fin:*) México: 1868. Roberto A. Esteva.

En 8º, de 22 p.

2.—*Juana de Armendáriz*. (1868).

González Obregón. *Novelista mex.*, México, 1889, p. 32.

3.—*Una Pasión italiana.* (1869).
González Obregón. *Idem.* p. 32.

4ª Edición del Monitor. *Plumadas sueltas* por Roberto A. Esteva.— México. Imprenta de V. G. Torres, a cargo de M. García, Calle de San Juan de Letrán núm. 3. 1873.

En 8º, de 56 p.

5.—Edición del "Monitor." *El Fruto Prohibido.* Novela original. Por Roberto A. Esteva.— México. Imprenta de V. G. Torres, a cargo de M. García, Calle de San Juan de Letrán núm. 3. 1873.

En 4º, de 84 p.

6.—*El Violín de White.* Cuento leído en el concierto que tuvo lugar en el Casino Jalapeño el 30 de junio de 1875, y en que tomó parte el célebre violinista José White, por Roberto A. Esteva.—Coatepec, Imp. de A. N. Rebolledo.

En 8º, de 31 p.

FABILA, ALFONSO

BIBLIOGRAFÍA:

1.—Alfonso Fabila. *Sangre de mi Sangre.* Cuentos. Portada de Lázaro Hernández, aborigen de Cuanalán, Méx.—México. Andrés Botas e Hijo, Sucr., 1924. *(Al fin:)* Imprenta Politécnica. Cuauhtemotzin, 33.

En 8º, de 172, (2) p.

FARIAS DE ISASSI, TERESA

Nació en la ciudad de Saltillo (Coah.), el 29 de julio de 1878. Pasó su infancia y juventud en San Luis Potosí, donde su padre, hombre culto y acaudalado le proporcionó una educación muy esmerada, que recibió bajo la dirección del profesor D. Augusto Guerling. El insigne poeta D. Manuel José Othón despertó sus aficiones literarias, puso en sus manos las obras de los mejores autores y orientó sus estudios. En 1904 contrajo matrimonio con el Gral. D. Adolfo M. Isassi, y en su compañía hizo un viaje de recreo e instrucción por las principales poblaciones de los Estados Unidos y Europa. Ha escrito y publicado una novela y dos obras dramáticas, intituladas éstas *Sombras y Luz* y *Como las aves*, las que obtuvieron los primeros premios en distintos concursos literarios, y posee inéditos otros estudios que pronto dará a la estampa. Ultimamente ha fundado en la Capital la Sociedad Protectora del Niño, con el objeto de protejer a la niñez desvalida.

BIBLIOGRAFÍA:

1.—*Nupcial*. Novela original de la señora Teresa Farías de Isassi, escritora mexicana.—Barcelona. Casa Editorial Maucci. Gran medalla de oro en las Exposiciones de Viena de 1903, Madrid 1907 y gran premio en la de Buenos Aires, 1910. Mallorca, 166.

En 8º, de 303 p. más 4 láminas.

FENOCHIO, ARTURO

Nació en la ciudad de Oaxaca en agosto de 1854, y allí mismo hizo todos sus estudios, hasta recibir en 1879 el título de abogado. Entre otros cargos públicos ha desempeñado el de asesor de la Séptima Zona Militar, establecida en Puebla, el cual sirvió hasta 1911. En esta población, donde radica hasta la fecha, continúa cultivando sus aficiones literarias, y dió a la estampa en 1890 su novela intitulada *El Cielo de Oaxaca*. Sus atenciones, y principalmente cuidados de familia, le impidieron vigilar su publicación, causa por la que apareció mutilada, debido a haberle sido suprimidos cinco capítulos por escrúpulos del encargado de editarla. Muy a su pesar se vió obligado a conservar inéditas otras de sus producciones, por indicaciones del Jefe de la Zona, quien juzgaba que las tareas de escritor no cuadraban con la circunspección de las funciones jurídico-militares. Actualmente se halla consagrado al ejercicio de su profesión y a la redacción de varias obras que pronto dará a la estampa.

BIBLIOGRAFÍA:

1.—*El Cielo de Oaxaca*. Novela de costumbres por Arturo Fenochio. Tomo I.—Puebla. Establecimiento Tipográfico de Benjamín Lara. Calle del Costado de la Iglesia de S. Pedro núm. 13. 2 v. en 4º, de (4), XI, 221 y (4), 209 p.

2.—*El Marqués de Metlac*. Novela histórica

115

mexicana por Arturo Fenochio. (*Epígrafe de Guillermo Prieto*).—México. 1921. (*Al frente:*) Imprenta Politécnica. 1ª Cuauhtemotzín 33. México, D. F.

En 4º, de XV, 333, (3) p.

3.—*El Emperador de Méjico*. Novela histórica por Arturo Fenochio. Seguida de *El Conde de Valnoble*. Cuento Histórico del mismo autor. —México. 1922. (*En la anteport.:*) Talleres Gráficos de "El Nacional."

En 4º, de (2), 348 p. más 2 láminas.

FERNANDEZ DE LARA, JOSE

Fué su cuna la ciudad de Puebla, donde nació el 18 de febrero de 1840. Consagró su vida al cultivo de las letras y debido a la constante lectura de los clásicos castellanos, cuyas obras conservaba en su prodigiosa memoria, llegó a ser un buen crítico. Escribió y dió a luz varias composiciones principalmente poéticas, y después de su muerte apareció su poema religioso intitulado *Jesús*. Fundó varias agrupaciones literarias y puede decirse que fué el maestro de cuantos jóvenes se dedicaban al cultivo de la poesía. Falleció en su ciudad natal el 13 de marzo de 1895.

BIBLIOGRAFÍA:

1.—Novelas Cortas. *El Sendero del Crímen* por D. José Fernández de Lara.—Tip. de Manuel

F. Castro. Calle de la Sacristía de la Concepción, nº 4. Puebla. *(Colofón:)* Manuel F. Castro, editor. Calle Frente a Catedral número 3. Puebla. En 16º, de (2), 34 p. más el retrato del autor.

FERNANDEZ DE LIZARDI, JOSE JOAQUIN

Vió la primera luz en la ciudad de México el 15 de noviembre de 1776, y allí mismo hizo sus estudios. Se inscribió como alumno en el Colegio de San Ildefonso, donde comenzó los cursos superiores, más la pobreza de sus padres le obligó a dejar las aulas y consagrarse a diversos trabajos y a escribir para el público con el fin de ganarse la subsistencia. Estaba dotado de un buen talento, mas los azares de la vida no le permitieron adquirir una cultura sólida, la que suplió por medio de la lectura constante de toda clase de libros. Aprovechando la promulgación de la Constitución de 1812, fundó un seminario que intituló *El Pensador Mexicano,* título que adoptó como seudónimo y con el que calzó la mayor parte de sus numerosos escritos. En él expuso las ideas más avanzadas de la época, es decir, las de los enciclopedistas, y al ser derogada la libertad de imprenta, el periódico fué suprimido y su autor reducido a prisión, debido a los continuos ataques que no cesó de propinar a las autoridades políticas. Al recobrar su libertad reanudó su publicación, así como la de los folletos, libelos, dramas, diálogos, calendarios y toda clase de impresos que, destinados al pueblo, produjo su pluma fecundísima, y por medio de los cuales hizo activa propaganda de sus ideas. En 1822 apareció su *Defensa de los francmasones,* opúsculo que dió motivo a que fuese excomulgado por la autoridad eclesiástica. Poco antes de su fallecimiento, acaecido en la Capital el 21 de junio de 1827, se le concedió el grado de capitán retirado en virtud de los servicios que prestó a la causa de la Independencia.

La obra literaria del Pensador la resume D. Federico Gamboa en las siguientes líneas: «Su bibliografía completa, aun hállase por hacer, y ni nuestro eruditísimo Luis González Obregón, conócela del todo. Sólo en folletos, González Obregón ha reunido ¡ciento noventa y tres! De esa máxima labor que comprende, además de los folletos, novelas, fábulas, piezas dramáticas y pastorales, calendarios con efemérides, periódicos y misceláneas, lo que a mí me interesa por cima de todo, es su "Periquillo," que, entiendo, viene a ser su obra fundamental y su obra maestra. Y desde luego, yo no le tomo a mal su estilo desmañado, y, en ocasiones, hasta vulgar y sucio; ni su manía sermonera, que tanta pesadumbre recarga en muchas de sus páginas. Fernández de Lizardi pudo haber exclamado lo que en nuestros días estampó el talentoso autor de Pequeñeces: *aunque novelista parezco, sólo soy misionero,* pues eso fué, esencialmente, un sociólogo misionero, que al igual predicaba en el periódico o en el libro; y como urgiérale que sus prédicas fuesen leídas, valióse de la novela, por ser género muy solicitado, que a las claras o a

118

hurtadillas en dondequiera se cuela y mete. Que dió en el clavo, a gritos pregónalo lo que de entonces acá se le ha leído, no obstante los reparos que, como obra de arte, al "Periquillo" pueden oponérsele. Fernández de Lizardi carecía de tiempo para detenerse en rebuscar frases o pulimentos de estilo; tenía mucho que decir, y lo dijo; quería que lo escucharan, y lo escucharon, seguimos escuchándolo, que más de una crítica suya es de actualidad, y más de un defecto vernáculo continúa vigente y sin asomos de que nosotros, sus jactanciosos pósteros, lo declaremos en desuso.

«Por otra parte, la filiación del "Periquillo" es harto conocida, y ella auméntale imperfecciones: desciende, al través del Gil Blas, de la hampa española, del Lazarillo de Tormes, quien, de creer a un comentarista del popular truhán,— que no es cierto lo engendrara don Diego Hurtado de Mendoza, como hasta hace poco suponíase—, es el padre del buscón "Don Pablos," de "Guzmán de Alfarache," del bachiller Trapaza, de Pedro Rincón y Diego Cortado, de todos los tipos arriscados y artimañosos que iban buscando de la vida con la misma mañera forma que su tipo-símbolo, aquel Rodriguillo español, que mientan las crónicas italianas. "Lazarillo" es hijo del criado del Arcipreste de Hita, Furón, el correveidile y agenciero... El "Periquillo" amamantóse, pues, a las deshonestas ubres de lo que se denomina literatura picaresca, la cual, dicho sea con todo respeto y haciendo a un lado a unos cuantos de sus tipos, el Pedro Rincón y el Diego Cortado, principalmente,— que escapan a mi anatema, no por pertenecer a la camada, sino porque en sus venas corre la sangre inmortal de Cervantes,— cuando no resulta tediosa y puerca, es porque resulta obscena....

«Con semejante maridaje de abuelos, el "Periquillo," que es un Gil Blas cimarrón, no pudo presentarse mejor pergeñado, ni con modales o palabras distintos de los que se gasta para pormenorizarnos su endiantrado vivir de pícaro de aquende el mar. Es cansado a las veces, mal hablado y zurdo otras, con sus miajas de predicador o de versado en ciencias y tiquis miquis, enemigo de la pulcritud y del aseo, escatológico a las vegadas, y cuanto más de censurable ustedes gusten y manden,—su propio padre lo acusa, en "Don Catrín de la Fachenda," de estar cargado de episodios inoportunos, de digresiones fastidiosas y de moralidades cansadas; pero así y todo, ¿quién le negaría los méritos y excelencias en que abunda? ¿quién le arrebatará nunca las admiraciones que produjo, los aplausos y risas que desató, el influjo moral que ha ejercido desde su nacimiento, los lauros ganados en lid de inteligencia?... Dígase lo que se quiera, el "Periquillo," no sólo por su blasón indiscutible de precursor, sino por virtudes intrínsecas, es un monumento en las letras patrias, y su autor, un príncipe benemérito, a quien por benemérito y príncipe, nuestro criminal menosprecio hacia lo que nos es propio, está relegando al más injusto de los olvidos.»

BIBLIOGRAFÍA:

1.—*El Periquillo Sarniento* por el Pensador
Mexicano. Tomo I. Con las licencias necesarias.
—México: En la Oficina de D. Alexandro Valdés
calle de Zuleta, año de 1816.

3 v. en 4º, con láminas de Montesdeoca. T. I,
de 177, (3) p.; t. II, de 227, (3) p.; t. III, de
228, (2) p.

El t. IV no llegó a publicarse por haberlo
impedido el gobierno español.

La segunda edición, según lo asegura D.
Luis González Obregón, fué impresa por D. Da-
niel Barquera, en México, en la calle de las
Escalerillas.

El Periquillo Sarniento por el Pensador Mexicano. Tercera edición corregida y aumentada
por su autor. Tomo I.—México: 1830. Imprenta
de Galván a cargo de Mariano Arévalo, Calle
de Cadena núm. 2. Se espende en la alacena de
libros esquina al portal de Mercaderes y Agustinos.

5 v. en 8º, ilustrados con láminas. T. I, de
258, (2) p.; t. II, de 257, (2) p.; t. III, de 262,
(2) p.; t. IV, de 209, (2) p.; t. V, de 175, (3) p.

El Periquillo Sarniento, por El Pensador Me-
xicano. Cuarta edición corregida, ilustrada con
notas y adornada con sesenta láminas finas.
Tomo I.—México, Se espende en la Librería de
Galván, Portal de Agustinos número 3. 1842.
(A la v.:) Imprenta de V. G. Torres, calle del
Espíritu Santo Nº 2.

4 v. en 8º, T. I, de XXII, XX, 189, (2) p.; t. II,

121

de VIII, 206, (2) p.; t. III, de 196, (2) p.; t. IV,
de 230, (2) p.

Existen ejemplares de esta 4ª edición sin otra
diferencia que las portadas, cuyo pié de imprenta es el siguiente: México: 1845. Se espende en
la Librería número 7 del Portal de Mercaderes.
(A la v.:) Impreso por I. Cumplido, calle de los
Rebeldes núm. 2.

El Periquillo Sarniento, por El Pensador Mexico: Quinta edición, corregida, ilustrada con
notas, y adornada con muchas láminas finas.
Tomo I.—México. Imprenta de M. Murguía y
Comp., Portal del Aguila de Oro. 1853.

4 v. en 16º T. I, de 272, (2) p.; t. II, de 299,
(2) p.; t. III, de 285 (2), p.; t. IV, de 329 (3) p.

El Periquillo Sarniento, por El Pensador Mexicano. Primera edición de Blanquel, Corregida,
ilustrada con notas y adornada con 56 láminas
finas. Tomo I.—México. Se espende en la Librería de Blanquel, calle del Teatro Principal, número 13. 1865. *(A la v.:)* Imprenta de Luis
Inclán, Cerca de Sto. Domingo Nº 12.

4 v. en 8º, T. I, de XXI, 215, (2) p.; t. II,
de 220, (2) p.; t. III, de 206, (2) p.; t. IV, de
244, (4) p.

El Periquillo Sarniento, por El Pensador Mexicano. Edición de "El Diario del Hogar." Tomo
I.—México. Tipografía de Filomeno Mata. Betlemitas 8 y 9. 1884.

4 v. en 8º, T. I, de XXV, 275 p,; t. II, de 281,
3 p.; t. III, de 262 p.; t. IV, de 302 p.

El Periquillo Sarniento, por El Pensador Mexicano. Segunda edición. Corregida, ilustrada con

notas, y adornąda con 30 láminas finas. Tomo I.
—México. J. Valdés y Cueva, Calle del Refugio
núm. 12. R. Araujo, Calle de Cadena, número 13.
1884. *(A la v.:)* Tip. Clarke y Macías. Tiburcio
n. 2.

4 v. en 4º, T. I, de 183 p.; t. II, de 213 p.;
t. III, de 204, (2) p.; t. IV, de 245, III, p.

A. Paz y A. Silva y Valencia, Editores. *El Periquillo Sarniento* por Don José Joaquín Fernández de Lizardi (El Pensador Mexicano). Nueva
edición adornada con multitud de cromos y foto-
grabados por Don José M. Villasana y precedida
de un estudio biográfico y bibliográfico por Don
Luis González Obregón (Del Liceo Mexicano).
Tomo I.—México. Imprenta, Litografía y Encuadernación de Ireneo Paz. Segunda del Relox, 4,
calle Norte 7 núm. 127. 1892.

En fo. Unicamente aparecieron las primeras
(4), 36 p.

El Pensador Mexicano (J. Joaquín Fernán-
dez de Lizardi). *El Periquillo Sarniento. La Quijotita. Don Catrín de la Fachenda. Noches Tristes. Día Alegre. Fábulas.* Prólogo de D. Francisco Sosa. Edición de lujo adornada con láminas
cromolitografiadas, y enriquecidas sus páginas
con numerosos grabados. Dibujos de D. Antonio Utrillo. Tomo I.—México. J. Ballescá y Compañía, Sucesor. 8, Santa Teresa, 8. Barcelona-
Gracia. 1897. *(Colofón del t. II:)* Esta obra se
acabó de imprimir en Barcelona, en el Establecimiento Tipo-Litográfico de Espasa y Compañía, en octubre de 1897.

4 t. en 2 v. fo. menor. T. I, de (4), VIII, 296

p.; t. II, de (2), 312 p.; t. III, de (4), 298 p.; t. IV, de (4), 352 p.

Biblioteca económica, lectura amena e instructiva. Editor, José Barbier. *El Periquillo Sarniento* por El Pensador Mexicano. Tomo I.—México. Oficinas de El Universo. 1900.

En 16º Sólo conocemos la primera entrega, de 14 p.

El *Periquillo Sarniento* por el Pensador Mexicano. Edición corregida, ilustrada con notas y adornada con veinticuatro láminas. Tomo I.—Casa Editorial de Maucci Hermanos e Hijos. Buenos Aires. Maucci Hermanos. México. José López Rodríguez. Habana. *(A la v.:)* Tip. Casa Editorial Sopena, Valencia, 363. Barcelona.

2 v. en 8º, de 527 p. cada uno. Con una introducción por D. Luis González Obregón.

Biblioteca de Grandes Novelas. *El Periquillo Sarniento* por El Pensador Mexicano. Edición corregida e ilustrada.—Barcelona. Casa Editorial Sopena. Provenza, 95. 1908.

En 4º, de 311 p.

2.—*La Quixotita y su Prima*. Historia muy cierta con apariencias de novela. Escrita por el Pensador Mexicano. Tomo I. Con las licencias necesarias.—México: MDCCCXVIII. Oficina de D. Mariano Ontiveros, calle del Espíritu Santo.

2 v. en 8º, con láminas de Torreblanca. T. I, de (12), 322 p.; t. II, de (2), 268, (2) p. Este está impreso en 1819 en la Oficina de D. Alexandro Valdés. No se publicaron los demás volúmenes por falta de recursos del autor.

La Quijotita y su Prima. Historia muy cierta

124

con apariencias de novela. Escrita por el Pensador Mexicano. Segunda edición (*sic*). Tomo I.— México: 1831. Imprenta de Altamirano, a cargo de Daniel Barquera, calle de las Escalerillas número 11.

4 v. en 8º, con láminas. T. I, de (12), 238 p.; t. II, de (2), 259 (3) p.; t. III, de (2), 241, (2) p.; t. IV, de (2), 267, (3) p.

La Educación de las Mujeres, o la Quijotita y su Prima. Historia muy cierta con apariencias de novela, escrita por el Pensador Mexicano. Cuarta edición.—México. Librería de Recio y Altamirano, Portal de Mercaderes núm. 7. 1842. *(A la v.:)* Imprenta de Vicente García Torres, calle del Espíritu Santo núm. 2.

En 4º, menor, de XI, 520, (7) p. ilustrado con 20 láminas litográficas.

La Educación de las Mujeres, o la Quijotita y su Prima. Historia muy cierta con apariencias de novela, escrita por El Pensador Mexicano. Quinta Edición.—M. Murguía y Comp., Editores. México. Imprenta de los Editores, Portal del Aguila de Oro. 1853.

2 v. en 16º, con litografías. T. I, de IX, 404, (2) p.; t. II, de 339 p.

El Pensador Mexicano (J. Joaquín Fernández de Lizardi). *La Educación de las Mujeres o La Quijotita y su Prima.* Historia muy cierta con apariencias de novela. Edición de lujo adornada con láminas cromolitografiadas y enriquecidas sus páginas con numerosos grabados. Dibujos de D. Antonio Utrillo.—México. J. Ballescá y Compañía, Sucesor. 8, Santa Isabel, 8. Santa Teresa,

8. Barcelona-Gracia. 1897. *(Colofón:)* Este libro se acabó de imprimir en Barcelona en el Establecimiento Tipográfico de José Espasa en junio de 1898.

En fo. menor, de (2), IX, 812 p.

La Educación de las Mujeres o La Quijotita y su Prima. Por el Pensador Mexicano. Biblioteca de "La Gaceta."—México. Talleres Tipográficos de "El Tiempo." Primera de Mesones núm. 18. 1906.

En 8º Sólo conocemos el primer pliego impreso.

3.—*Noches tristes* por El Pensador Mexicano. Con superior permiso.—México. En la Oficina de D. Mariano de Zúñiga y Ontiveros, calle del Espíritu Santo. Año de 1818.

En 8º, de 112 p.

Noches Tristes, por El Pensador Mexicano. *(Epígrafe de Ovidio.)* Segunda Edición *(sic)*, corregida y añadida por su autor. Con Superior Permiso.—México. 1819. Reimpreso en la oficina de D. Alexandro Valdés, calle de Santo Domingo y esquina de Tacuba.

En 8º, con estampas. Esta edición, dice D. Luis González Obregón, está incluída también en el t. II de los *Ratos entretenidos,* del mismo autor, publicados en México en 1819.

Noches Tristes y Día Alegre por el Pensador Mexicano. *(Epígrafe de Ovidio.)* Tercera edición.—México: 1831. Reimpresas en la oficina de la calle del Espíritu Santo núm. 2, a cargo del C. José Uribe y Alcalde.

En 16º, de 144 p.

126

Las Noches Tristes, por El Pensador Mexicano. Cuarta edición. Van añadidos a esta obrita, el Día Alegre, las Fábulas, D. Catrín de la Fachenda y la Muerte y Funeral del Gato, por el mismo autor; y va adornada con estampas finas y varias viñetas.—México. Se expenden en la Librería número 7 del Portal de Mercaderes. 1843. *(A la v.:)* Reimpresas por Antonio Díaz. Calle de las Escalerillas número 7.

En 4º, menor, de VI, 271, 3 p.

4.—*Vida y Hechos Del Famoso Caballero D. Catrín de la Fachenda,* Obra inédita del Pensador Mexicano Ciudadano José Joaquín Fernández de Lizardi.—Méjico: Imprenta del Ciudadano Alejandro Valdés, Esquina de Santo Domingo y Tacuba. 1832.

En 8º, de 154 (3) p.

Según lo dejamos indicado, existe otra edición de esta obra incluída en *Las Noches Tristes,* editadas en 1843.

FERNANDEZ MAC-GREGOR, GENARO

Nació en la ciudad de México el 4 de mayo de 1883. Sus primeros estudios los hizo en los mejores colegios particulares y después de terminar su instrucción preparatoria pasó a la Escuela Nacional de Jurisprudencia y obtuvo en 1907 el título de abogado. Ha desempeñado puestos de importancia: en 1909 fué nombrado secretario particular del Ministro de Fomento, y posteriormente subdirector de la Oficina de Pa-

tentes y Marcas de la propia Secretaría; en la
de Relaciones fué director de asuntos internacionales, abogado consultor, agente de México
en la Comisión General de Reclamaciones,
México-Americana y además figura en el escalafón del cuerpo diplomático con el carácter de
consejero. Ha regenteado además las cátedras
de metodología de lengua nacional e instrucción
cívica en la Escuela Normal para Maestros; de
literatura en la Nacional Preparatoria y de derecho internacional, público y privado, en la Nacional de Jurisprudencia. Perteneció al extinguido
Ateneo de la Juventud y es miembro de la Academia Mexicana de Legislación y Jurisprudencia
correspondiente de la Real de Madrid y de otras
agrupaciones científicas.

«Se dió a conocer —dice D. Francisco M.
García Icazbalceta—, como la mayoría de los
escritores de la nueva generación, en las páginas de *Revista Moderna*. Más tarde perteneció
al grupo de los que inyectaron en la corriente
literaria nuevas ideas, escribiendo en *Savia Moderna*, y posteriormente ha colaborado en otras
revistas como *Novedades, Vida Moderna* y *Pe-
gaso;* además, ha publicado en algunos periódicos metropolitanos estudios de crítica literaria
y comentarios sobre la guerra europea. En 1918
publicó sus *Novelas Triviales* (que de triviales
sólo tienen el título). Narraciones amenas y ex-
quisitas, cuya edición, demasiado restringida y
descuidada ortográficamente, a pesar de haber
sido hecha en España, no corresponde al mérito
de la obra. De ella opinó un crítico, al aparecer,

que lejos de tener las características de todo libro inicial de un autor, revelaba al hombre que piensa más tiempo del que emplea en escribir y que cuida de dar a la imprenta solamente lo que ha de perdurar. En el tomo de *Novelas Triviales* se halla incluído el cuento de la época colonial "Un Mulus Ex-Machina," que mereció el primer premio en el concurso organizado por la Dirección de las Bellas Artes. En el mismo año (1918) el Lic. Fernández Mac-Gregor publicó en *Cultura,* la traducción de varios cuentos de Rémy de Gourmont, precedida de un notable estudio sobre ese delicioso escritor. El año siguiente, la misma colección dió a conocer algunas traducciones de Mark Twain, en cuyo prólogo el Sr. Fernández Mac-Gregor analizó atinadamente la obra del ilustre humorista yankee. A raíz de un viaje por los Estados Unidos del Norte, escribió algunas crónicas nerviosas y brillantes que reflejaban costumbres, buenas y malas, del pueblo vecino, desconocidas para nosotros. Estas crónicas, reunidas, formarían un libro interesante. Prepara una segunda edición de su primer libro y un tomo de juicios críticos sobre algunos de nuestros poetas y pintores. Son estudios sinceros, escritos con la amplitud de su criterio que aplaude sin reservas lo que merece encomio y señala atinadamente los méritos, las cualidades y las características de la obra personal, bosquejando someramente, sin recargar ni acumular observaciones, con unos cuantos rasgos magistrales, las tendencias de nuestros artistas.

BIBLIOGRAFÍA:

1.—*Novelas Triviales*. Por Genaro Fernández Mac-Gregor. — México. Andrés Botas e Hijo, Editores. 1ª calle de Bolívar, núm. 9. *(A la v.:)* Imp. de la Editorial Prometeo. Valencia.

En 8º, de 167 p.

FERNANDEZ MENDOZA, EDMUNDO

BIBLIOGRAFÍA:

1.—*La Ultima Colilla*. Por "Martín Galas." La Novela Semanal de "El Universal Ilustrado."

En 16º, de (2), 32 p. Subscrita en México, a 24 de marzo de 1923.

FERNANDEZ SERRANO, TOMAS

BIBLIOGRAFÍA:

1.—*El Robo al Banco Minero*. Novela histórica original de T. F. Serrano. Segunda edición. —Imp. Moderna. S. El Paso St. 405½, El Paso, Texas.

En 4º, de 191 p. Subscrita en El Paso, Texas, a 15 de junio de 1910. Sólo contiene la primera parte.

FERREL, JOSE

BIBLIOGRAFÍA:

1.—José Ferrel. *Reproducciones*. Edición y

propiedad de "El Demócrata." México. Tipografía El Demócrata. 1895.

En 4º, de 312, V p. Subscrita en la Cárcel de Belén, de la ciudad de México, en diciembre de 1895.

2.—*La Caída de un Angel*. Imp. en Mazatlán.

FLORES ALATORRE, FRANCISCO

Nació en la ciudad de Puebla el 19 de febrero de 1838. Recibió el título de abogado y consagró su vida al periodismo en defensa de los intereses católicos. Con tales fines fundó *El Amigo de la Verdad*, que publicó hasta su muerte, en cuyas columnas dió a conocer la firmeza de sus opiniones, exponiéndolas siempre con gran valor y energía. Polemista intransigente jamás retrocedió ante los ataques de sus adversarios, los que se descubrían ante él por su valor, su lógica y la firmeza de sus principios. Alguien le ha comparado por estilo con Luis Veuillot. Según lo asegura un autor, nunca se aprovechó en lo más mínimo de la venta ni de las subscripciones de su semanario, sino que sus productos los destinaba al fomento del Colegio Pío de Artes y Oficios de dicha población. Falleció en su ciudad natal el 9 de junio de 1897.

BIBLIOGRAFÍA:

1.—*Leyendas, Apólogos, Episodios y Novelitas* por Francisco Flores Alatorre.—Puebla. Imp.

del Colegio Pío de Artes y Oficios. Bóvedas de la Compañía núm. 8. 1891.

En 8º, de 145 p.

FLORES PARRA, JOSE

BIBLIOGRAFÍA:

1.—*La Vida en Provincia*. (Segunda edición.) Colección de tipos, cuadros y costumbres. Por José Flores Parra.—1912. Tip. "El Aguila de Oro," Durango.

En 4º, de (8), 172 p. Prologada por D. Agustín Centeno.

FLORES VILLAR, MARIANO

BIBLIOGRAFÍA:

1.—*La Línea Curva*. Novela por Mariano Flores Villar, autor de "La Conquista de un Dogal," novela que fué premiada en el concurso convocado por "El Universal." (Edición agotada).— México. Antigua Imprenta de Orozco, 13, Escalerillas 13. 1893.

En 8º, de 175 p.

2.—*La Conquista de un Dogal*. Novela premiada en el concurso abierto por "El Universal." Escrita por Mariano Flores Villar.—México. Antigua Tipografía de Orozco, 13. Escalerillas 13. 1894.

En 8º, de 135 p.

3.—Biblioteca de "El Mundo." *Electra*. Novela original por Mariano Flores Villar.—México. Tipografía de "El Mundo." Tiburcio número 20. 1899.

En 8º, de 270 p.

FRANCO, AGUSTIN JOSE

BIBLIOGRAFÍA:

1.—Agustín José Franco. *El Cáncer. 1914*.
En 4º, de (2), 141 p. más 13 láminas. S. p. i.

FRIAS, HERIBERTO

Nació en Querétaro el año de 1870. Muy joven se trasladó con su familia a México, en cuya Escuela Nacional Preparatoria hizo sus estudios superiores, mas la muerte de su padre le dejó sin apoyo alguno, y se vió precisado, para ganarse la subsistencia, a aceptar el cargo de repartidor de periódicos en la librería de N. Budin. Por las noches se consagraba al estudio, y en 1885 dió a conocer sus primeras composiciones literarias, las que se resienten de la influencia del romanticisco y del ateísmo, tan de boga en esos tiempos. Dos años después ingresó al Colegio Militar, y en 1890 partió en calidad de subteniente a la campaña de Tomochic; en los campamentos escribió su primera novela, a la que dió ese nombre, y su publicación fué considerada como delito de revelación de secretos de campaña. Se le formó proceso, en el cual fué absuelto por falta de pruebas, aunque dado de baja en el ejército. A fines de 1893 comenzó en Chihuahua su vida de periodista, de donde pasó el año siguiente a la Capital como colaborador de los principales periódicos, hasta que en 1907 se dirigió a Mazatlán (Sin.), a hacerse cargo de la dirección de *El Correo de la Tarde*. Persecusiones políticas le obligaron a volver a México el año inmediato, y afiliado al partido antirreeleccionista, dirigió *El Constitucional*. Tomó parparte activa en nuestras últimas revoluciones políticas, y después de varias etapas llenas de azares y accidentes y casi ciego, se retiró a la vida privada y consagrado a las letras falleció en Tizapán, D. F., el 12 de noviembre de 1925. Por sus obras postreras, que aun permanecen inéditas, pasa un soplo de misticismo cristiano, que revela una metamorfosis en el alma del escritor.

BIBLIOGRAFÍA:

1.—Editor Jesús T. Recio. *¡Tomochic!* Episodios de la Campaña de Chihuahua. 1892. Relación escrita por un testigo presencial. Segunda edición cuidadosamente corregida y aumentada con detalles históricos. (Es propiedad del autor). —Imprenta de Jesús T. Recio. Río Grande City, Texas. 1894.

En 8º, de 187 p.

Biblioteca Mexicana. *Tomochic.* Por Heriberto Frías.—Barcelona. Casa editorial Maucci,

Consejo de Ciento, 296. Buenos Aires. Maucci Hermanos. Cuyo, 1.070. México. Maucci Hermanos. 1ª del Relox, 1. 1899. *(Al frente:)* Tip. Moderna; Aribán, 60.

En 8º, de 256 p., ilustrada.

Heriberto Frías. *Tomochic*. Novela Histórica Mexicana. Unica edición de la obra íntegra; corregida y aumentada, con notas y capítulos inéditos escritos expresamente por su autor para "El Correo de la Tarde." Precedida de "La Novela Nacional" crítica del Lic. José Ferrel.— Mazatlán, Sin., Méx. Imprenta y Casa Editorial de Valadés y Cía., Sucs. 1906.

En 8º, de (4), VII, 304, II p. con el retrato del autor.

Heriberto Frías. *Tomochic*. Novela histórica mexicana. Quinta edición. Unica que contiene la obra íntegra, corregida y aumentada, con notas y capítulos inéditos. Precedida de "La Novela Nacional" crítica del Lic. José Ferrel.—Librería de la Vda. de Ch. Bouret. París. 23, Rue Visconti, 23. México. Avenida del Cinco de Mayo, 45. 1911. Propiedad del Editor.

En 8º, de (4), 304 p.

2.—Heriberto Frías. *El Ultimo Duelo*. Novela social de costumbres mexicanas.—México. Imprenta de la Revista Militar, 1ª Pila Seca, 318. 1906.

En 4º, de 264 p.

Heriberto Frías. *El Ultimo Duelo. (Un Crimen Social de la época del Presidente Manuel González.)* Segunda edición corregida y aumentada con nuevos capítulos.—Mazatlán. Imprenta y Casa Editorial de Valadés y Cía. Sucs. 1907.

En 4º, de (6), 259 p.

3.—Biblioteca Mexicana. *Leyendas Históricas Mexicanas* escritas por Heriberto Frías.— Casa Editorial Maucci, Consejo de Ciento 296, Barcelona. México. Maucci Hermanos, 1ª del Relox, 1. Maucci Hermanos, Cuyo, 1070, Buenos Ayres. 1899.

En 8º, de 332 p.

4.—*Vida Social Mexicana. El Amor de las Sirenas. (Los Destripados.)* Por Heriberto Frías. —Mazatlán. Tipografía y Casa Editorial Valadés y Cía. Sucs. 1908.

En 4º, de (2), 780 p. más una lámina. Subscrita en Mazatlán, a 2 de febrero de 1908.

5.—*El Triunfo de Sancho Panza.* (Mazatlán.) Novela de crítica social mexicana. Continuación de "Tomochic" por Heriberto Frías. Es propiedad del autor.—México. 1911. Imprenta de Luis Herrera.

En 4º, de (4), 333 p.

6.—*La Vida de Juan Soldado.* Leyenda de la antigua gleba militar mexicana. Del libro inédito "Heroísmos Mexicanos" por Heriberto Frías. Propiedad del Autor. Quedan asegurados los derechos, prohibiéndose la reproducción y traducción de esta leyenda.—México. Imprenta Franco-Mexicana, S. A., 1ª Academia núm. 10. 1918.

En 8º, de 18 p.

7.— Heriberto Frías. *Miserias de México.* Novela.—Andrés Botas y Miguel Editores. México.

En 4º, de 132. p.

8.—*¿Aguila o Sol?* Novela histórica mexicana por Heriberto Frías.—1923. Imprenta Franco-Mexicana, S. A., 1ª de la Academia, 10.

En 8º, de 318, (2) p.

FRIAS Y SOTO, HILARION

Nació en la ciudad de Querétaro, donde hizo sus primeros estudios en los colegios de San Ignacio y San Javier. Terminado que hubo los preparatorios pasó a México a hacer los profesionales en la Escuela Nacional de Medicina. Después de recibir su título correspondiente regresó a su ciudad natal y allí inició su carrera política como Secretario del Gobierno del Estado. Durante las guerras de Reforma y la Intervención se alistó en la milicia nacional y empuñó las armas en defensa del partido liberal, y a la caída del Imperio, en 1867, volvió a la Capital con el carácter de Diputado al Congreso de la Unión, cargo que desempeñó durante varios períodos constitucionales. Como periodista fué redactor en jefe de *El Siglo XIX* y colaboró en *El Monitor Republicano*, el *Diario del Hogar* y en otras muchas publicaciones. Tanto en la prensa como en la tribuna se distinguió por sus dotes de polemista en defensa de sus principios liberales. Dió a luz varias obras de diverso carácter, así como numerosos artículos políticos, históricos, críticos y literarios, muchos de los cuales firmó con los seudónimos de "Safir" y "El Portero del Liceo Hidalgo." Fué miembro de algunas sociedades científicas y literarias y falleció a una edad avanzada en Tacubaya (D. F.), el 2 de julio de 1895.

BIBLIOGRAFÍA:

1.—*Vulcano*. Novela realista por Safir (Hilarión Frías y Soto.) Edición de "El Diario del Hogar."—México. Tipografía Literaria de Filomeno Mata, San Andrés y Betlemitas, 8 y 9.

En 8º, de 55 p. Subscrita en México, en mayo de 1861.

FUENTES, JULIO

BIBLIOGRAFÍA:

1.—Biblioteca de "Fin de Siglo." *Estella*. Novela original, escrita por Julio Fuentes.—México. Tipografía de "Fin de Siglo." 2ª de San Francisco núm. 7 (altos). 1898.

En 8º, de 135 p.

GALINDO, HUMBERTO

BIBLIOGRAFÍA:

1.—Humberto Galindo. *El Idolo*. 1906.
En 4º, de 41 p. S. p. i. Impresa en México.

GALINDO, MARCO AURELIO

BIBLIOGRAFÍA:

1.—*Novelas y otros cuentos* por Marco Aure-

lio Galindo. Traducidos del inglés por el autor.
—Publicaciones Literarias Exclusivas de "El
Universal Ilustrado." 1924.

En 16º, de 29 p.

GALINDO, MIGUEL

Nació en Tonila (Jal.), en 1881, y a la edad
de trece años y a instancias de su madre, ingresó al Seminario de Colima. Poco tiempo después
perdió al autor de sus días, y con él su familia
los elementos de vida, mas con el trabajo de su
madre y hermanos pudo continuar su carrera
literaria, aunque sufriendo indecibles penurias.
Con una pequeña pensión que le proporcionaron
algunos amigos, pasó a Guadalajara a proseguir
sus estudios preparatorios y a hacer los profesionales en la Escuela de Medicina, hasta obtener en 1908 el título de médico. Siendo aun estudiante fué nombrado profesor adjunto de literatura en el Liceo de Varones, y en propiedad de
ciencias naturales en la Escuela Comercial e
Industrial para Señoritas. Transcurrido algún
tiempo de su recepción médica pasó a estable-
cerse a la ciudad de Colima, donde reside hasta
la fecha consagrado al ejercicio de su profesión
y al cultivo de las letras. Dió a conocer sus
primeras composiciones en las columnas de *El
Correo de Jalisco*, diario guadalajarense, y su
fecunda pluma no ha cesado de producir escritos
de distinto carácter, los cuales se distinguen por
su erudición.

BIBLIOGRAFÍA:

1.—Miguel Galindo. *Notas grises*. Guadalajara. Imp. y Enc. de José G. Alvarez. Galeana 21, n. n. 1908.

En 8°, de (6), 72 p.

2.—*Tecolotl. Historia Política del Reino de Coliman.*—Colima. 1919.

En 16°, de 116 p.

GALLARDO, AURELIO LUIS

Nació en León (Gto.), el 3 de noviembre de 1831. De tierna edad lo llevaron sus padres a Guadalajara, donde pasó gran parte de su vida y en cuyo Seminario Conciliar estudió humanidades y filosofía. Fué un poeta lírico de gran fecundidad, cuyas primeras composiciones dió a conocer en 1851, las cuales más tarde coleccionó en varios volúmenes. Escribió también para el teatro, y más de alguna vez consagró su pluma al periodismo. «En casi todas sus composiciones—dice un crítico—predomina un sentimentalismo exagerado y su forma es muy descuidada; si no es ahora muy leído, en cambio débesele el haber fomentado notablemente en Jalisco el gusto por las letras.» En sus postreros años se radicó en los Estados Unidos, donde siguió cultivando las letras, y murió en Napa, población del Estado de California, el 27 de noviembre de 1869.

BIBLIOGRAFÍA:

1.—Biblioteca de "La Patria." *Adah, o el*

Amor de un Ángel. Novela original por Aurelio L. Gallardo.—México. Imp., Litografía y Encuadernación de I. Paz. Segunda del Reloj núm. 4. 1900.

En 4º, de 294 p.

GAMBOA, FEDERICO

Fué su cuna la ciudad de México, donde nació el 22 de mayo de 1864. Allí mismo hizo todos sus estudios y en 1888, previo el examen de estilo, ingresó al cuerpo diplomático como Segundo Secretario de la Legación de Centro-América. Dos años después fué nombrado Primer Secretario en las Repúblicas Argentina y del Brasil, y en 1902 pasó con el propio carácter a la Embajada de los Estados Unidos, donde permaneció hasta 1905, en que volvió a Centro América como Enviado Extraordinario y Ministro Plenipotenciario. Tres años más tarde ocupó interinamente la Subsecretaría de Relaciones y en 1909 se hizo cargo de la misma como Subsecretario efectivo. En 1910 pasó a Europa con el carácter de Enviado Extraordinario y Ministro de México en Bélgica y los Países Bajos, de donde regresó en 1913 para ocupar la Cartera de Relaciones Exteriores. En el ejercicio de su carrera diplomática desempeñó importantes comisiones, delegaciones y representaciones que supo llevar a buen término, cuidando siempre de dar prestigio a su patria. Posee entre otras conde-

coraciones, las cruces de gran caballero de las
Ordenes de Isabel la Católica, de Alfonso XII y
del Doble Dragón de China, de segunda clase y
placas del Aguila Roja de Alemania, y de gran
oficial de la Corona de Italia. Es además oficial
de Academia, de Francia, miembro correspondiente de la Real Española y honorario de otras
sociedades científicas y literarias nacionales y
extranjeras. Actualmente desempeña el importante cargo de Director de la Academia Mexicana Correspondiente de la Real Española. Ha
colaborado en no pocos periódicos y revistas, y
sus escritos, de diversos géneros literarios ocu-
pan no pocos volúmenes. Actualmente es considerado como uno de nuestros más prestigiados
literatos y novelistas.

BIBLIOGRAFÍA:

1.— *Del Natural*. Esbozos contemporáneos
por Federico Gamboa. 1889. Guatemala. Tipo-
grafía "La Unión." Octava calle Poniente, 6.
En 8º, de 337 p.
Del Natural. Esbozos contemporáneos por
Federico Gamboa. Segunda edición.—1889. Gua-
temala. Tipografía "La Unión." Octava calle Po-
niente, 6.
En 8º, de 335 p.
Del Natural. Esbozos contemporáneos. (En
Revista Nacional. Buenos Aires, 1892, 2ª, serie,
t. XV.)
En 4º, mayor.
Federico Gamboa C. de la Real Academia Es-

pañola. Obras completas. II. *Del Natural*. Esbozos contemporáneos. Tercera edición.—México. Eusebio Gómez de la Puente, Editor. 2ª de Nuevo México, 32. 1915.

En 4º, de 311 p.

2.—Federico Gamboa C. de la Real Academia Española. *Apariencias*.—Casa Editora Imprenta, Litografía y Encuadernación de Jacobo Peuser. Buenos Aires. Esquina San Martín y Gangallo. La Plata. Boulevard Independencia esq. 53. Rosario. 522 Calle San Martín 524. 1892.

En 4º, de 602 p.

3.—Federico Gamboa C. de la Real Academia Española. *Suprema Ley*. — Librería de la Vda. de Ch. Bouret. París. 23, Rue Visconti, 23. México. 14, Cinco de Mayo, 14. 1896. Propiedad del Editor. *(Colofón:)* Este libro se acabí *(sic)* de imprimir en París, nom de la imprimerie Bouret El dix 27 de agosto de 1896.

En 8º, de VI, 565 p. Subscrita en Buenos Aires, 25 de junio de 1893—México, 28 de diciembre de 1895.

Federico Gamboa C. de la Real Academia Española. *Suprema Ley. (Epígrafe de Edmond de Goncourt)*. Nueva edición.—México, Eusebio Gómez de la Puente, Editor. Apartado Postal, número 59 Bis. 1920. *(Colofón:)* Este libro se terminó el día 30 de agosto de 1920, en los Talleres Gráficos de Herrero Hermanos, Sucs., Manrique 55, México, D. F.

En 4º, de 432 p.

4.— Federico Gamboa C. de la Real Academia Española. *Metamorfosis*.— Administración:

"Centro Mercantil," cuarto número 14. México. 1899. *(Colofón:)* Este libro acabó de imprimirse en la Tipografía Nacional de la Ciudad de Guatemala, el día 30 de septiembre de 1899.

En 8º, de 789 p. Subscrita en México, 23 de junio de 1896.—Guatemala, 2 de junio de 1899.

Federico Gamboa, C. de la Real Academia Española. *Metamorfosis. (Epígrafe de La Bruyére)*. Nueva Edición.—E. Gómez de la Puente, Editor. Apartado Postal Nº 59 Bis. México. 1921. *(Colofón:)* Este libro se acabó de imprimir el día 2 de febrero de 1921, en los talleres tipográficos de "La Editorial Hispano-Mexicana." Calle de Aranda núm. 65. Ciudad de México.

En 4º, de (2), 443 p.

5.—Federico Gamboa. *Santa. (Epígrafe de Oseas)*. Talleres Araluce. Bailén, 107. Barcelona 14.621. 1903. *(Colofón:)* Este libro se acabó de imprimir en los Talleres Araluce el día 5 de septiembre del año 1903.

En 4º, de 395 p. Subscrita en Guatemala, 7 de abril de 1900—Villalobos, 14 de febrero de 1902.

Federico Gamboa. *Santa. (Epígrafe de Oseas)*. 2ª edición corregida y aumentada por su autor.—Casa Editorial y Librería Araluce. Bailén, 107. Barcelona (España). 1905. *(A la v.:)* Talleres Araluce. Barcelona.

En 8º, de VIII, 390 p.

Federico Gamboa. C. de la Real Academia Española. Obras completas. I. *Santa*. Ilustraciones de J. Escontría. *(Epígrafe de Oseas)*. Tercera edición (15,000).— Eusebio Gómez de la

Puente. Barcelona. Calle de Bailén, núm. 107. México. 2ª calle de Nuevo México, 32. 1910. *(Colofón:)* Este libro se acabó de imprimir en Madrid, en la imprenta de la Casa editorial Bailly-Bailliére, Cava Alta, número 5, el 26 de octubre de 1910.

En 8º, de (8), 371 p. más el retrato del autor.

Las 4ª y 5ª ediciones no las conocemos.

Federico Gamboa C. de la Real Academia Española. Obras completas. I. *Santa. (Epígrafe de Oseas).*—Sexta edición. (35,000).—México, D. F. Eusebio Gómez de la Puente, editor. Apartado postal 59 bis.

En 8º, de 346 p.

Federico Gamboa C. de la Real Academia Española. Obras completas. I. *Santa. (Epígrafe de Oseas).* Séptima edición (40.000).—México, D. F. Eusebio Gómez de la Puente, editor. Apartado postal 59 bis.

En 8º, de 346 p.

Biblioteca de "El Nacionalista." *Santa* por Federico Gamboa. Tomada de la 2ª edición corregida y aumentada por su autor, y editada por la Librería Araluce. Bailén, 107. Barcelona, España.—México. Talleres Tipográficos de "El Nacionalista." 2ª Humboldt 15. 1917.

En 4º, mayor, de 91 p. a tres columnas. Edición apócrifa hecha sin consentimiento de su autor.

Santa. F. Gamboa.

En fo., de (2), 32 p. a 3 columnas. Edición apócrifa hecha sin consentimiento de su autor, la que indudablemente no llegó a terminarse.

6.—Federico Gamboa. *Reconquista.* Eusebio Gómez de la Puente. Barcelona. Calle de Bailén, núm. 107. México. Nuevo México, núm. 1. 1908. *(Colofón:)* Este libro se acabó de imprimir en Madrid, en la imprenta de Bailly-Bailliére e Hijos, Calle de la Cava Alta, número 5, el día 23 de Mayo de 1908.

En 4º, de (8), 237 p. Subscrita en Washington, D. C., 15 de abril de 1903—"Villalobes, Guatemala, 28 de marzo de 1906.

7.—Federico Gamboa C. de la Real Academia Española. *La Llaga.*— Eusebio Gómez de la Puente Editor. 2ª de Nuevo México, 32. México. *(A la v.:)* Madrid. Establecimiento tipográfico, Campomanes, 4.

En 4º, de 412 p. Subscrita en Bruselas, 22 de junio de 1911-Brujas (frente al Lago de Amor), 23 de agosto de 1912.

8.—*El Evangelista.* Novela de Costumbres Mejicanas. Por Federico Gamboa. Ilustraciones de J. C. Shepherd. (En la *Pictorial Review,* Nueva York, marzo y abril de 1922).

GANTE, CARLOS DE

Es originario de Tecali, población del Estado de Puebla, donde nació el 2 de noviembre de 1864. En dicho lugar hizo sus estudios elementales y a la edad de veinticinco años pasó a México a hacer los superiores en la Escuela Nacional Preparatoria y los profesionales en la de Jurisprudencia, hasta obtener en 1898 el título de abogado. Ha desempeñado diversos puestos

146

públicos en México, Tepic, Guanajuato, Puebla y Tlaxcala, donde actualmente es Procurador General de Justicia, después de haber sido Magistrado del Supremo Tribunal. En la Capital fundó los siguientes periódicos científico-literarios: *El Alma de la Juventud, Musa del Campo y Prismas;* y en Guanajuato *La República de las Letras.* Consagrado desde su juventud a las bellas letras, su pluma ha producido además varias obras de carácter literario.

BIBLIOGRAFÍA:

1.—Carlos de Gante. *Cuentos Históricos Guanajuatenses.*— Puebla. 1908. Tip. Gante Díaz. Sanciprián núm. 16.
En 4º, de 175 p. más el retrato del autor.
2.—Carlos de Gante. *Historias y Cuentos.*— 1911. México. Coyoacán, D. F., Tip. Gante, San Mateo Churubusco.
En 4º, de 364 p. más el retrato del autor.

GARAY, AURELIO

«Poeta de grandes esperanzas —decía en 1877 D. Juan de Dios Peza—, tiene el mérito de consagrarse al cultivo de las bellas letras, en medio de las fatigas de su noble oficio de impresor que le ocupa todas las horas; Garay dió al teatro un drama intitulado *Una deuda de gratitud* que alcanzó buen éxito. Es miembro de la sociedad "Juan Díaz Covarrubias" fundada y sostenida por el joven Manuel L. Acevedo, ayudado de Manuel Romero, cuyos ensayos poéticos son felices, y de González Robles que ha escrito varias novelitas científicas. Garay promete mucho como poeta y nosotros le estimulamos a que no abandone la lira.»

BIBLIOGRAFÍA:

1.—Biblioteca del "Monitor del Pueblo." *La Hidra* (Memorias de un Suicida). Silueta social por Aurelio Garay.—México. Establecimiento Tipográfico del Socialista. Escalerillas núm. 11. 1887.

En 16º

GARCIA, GENARO

Nació en Fresnillo (Zac.), el 17 de agosto de 1867. Hizo sus estudios primarios en San Luis Potosí y los preparatorios y profesionales en la Capital, donde recibió el título de abogado en 1891. A partir de esta fecha desempeñó diversos cargos públicos de carácter político, docente y administrativo, entre ellos los de Diputado al Congreso de la Unión, catedrático de varias asignaturas en los planteles de México, Director del Museo Nacional y de la Escuela Nacional Preparatoria. Desde su juventud le atrajo sobremanera el estudio de nuestra historia, y comprendió y realizó con éxito el luminoso pensamiento de García Icazbalceta de que "si ha de escribirse algún día la historia de nuestro país, es necesario que nos apresuremos a sacar a luz los materiales dispersos que aun pueden recogerse, antes que la incuria del tiempo venga a privarnos de lo poco que ha respetado todavía." De acuerdo con estos fines publicó dos importantes y voluminosas colecciones de documentos y sacó a luz obras tales como *Dos relaciones antiguas de la Florida* y *Los calendarios mexicanos* de Veytia. Hizo además la primera edición de acuerdo con el códice original, de la *Historia de la conquista* de Bernal Díaz del Castillo. Su pluma produjo diversas obras que sirven de texto en las escuelas y otras de carácter histórico. Por vía de ensayo escribió en su juventud las dos novelas cortas que adelante anotamos. Fué miembro de varias asociaciones científicas y falleció en México el 26 de noviembre de 1920.

BIBLIOGRAFÍA:

1.—*Inelda* (Pequeño ensayo) por Genaro García.—México. Tip. "El Gran Libro," F. Parres y Comp., Sucs. 1886.

En 16º, de 64 p. Subscrito en México, en agosto de 1886.

2.—*Páginas arrancadas de una historia. ¡Pobre Belem!* Por Franco Leal.— México. Tip. "El Gran Libro." Independencia núm. 9. 1890.

En 16º, de 47 p. Subscritas en marzo-junio de 1890.

GARCIA, SILVERIO

Nació en Guadalajara el 20 de junio de 1840,

149

en el Hospital de Belén donde su padre desempeñaba el cargo de administrador. Una vez que terminó sus estudios primarios en la escuela que sostenía la feligresía del Santuario, ingresó al Seminario Conciliar, plantel en el que hizo los preparatorios. De allí pasó a hacer los de medicina al Instituto, y en 1863 obtuvo el título de profesor en esa facultad. Además del ejercicio de su profesión, al que se consagró desde luego, fué profesor de diversas materias en la Escuela de Medicina. Durante algunos años fué director del periódico oficial del Gobierno y Diputado a la Legislatura del Estado. Prestó su colaboración en varios periódicos, en los que solía firmar sus artículos con el seudónimo de "Ignarus," y dió a luz diversos escritos de carácter científico, literario y político. Fué miembro de la Sociedad Politécnica de Guadalajara, de la Mexicana de Geografía y Estadística, y de otras agrupaciones científicas y literarias. Falleció en su ciudad natal el 25 de abril de 1920.

BIBLIOGRAFÍA:

1.—"Anahuac." Selección de buenos autores antiguos y modernos. Editor: Fortino Jaime. Tomo I. Núm. 1. *Misterios del Corazón*. Novela histórica del Dr. Silverio García, Socio Corresponsal de la Sociedad Mexicana de Geografía y Estadística, y Activo de la Junta Auxiliar del Estado de Jalisco. Presidente de la Sociedad Mutualista Médico-Farmacéutica de Guadalajara.—Guadalajara, Jal. Enero 1918. Tip. Jaime.

2 v. en 8º, de 240 p. en conjunto. Prologada por el Pbro. D. José García Morfín.

GARCIA GONZALEZ, FRANCISCO

BIBLIOGRAFÍA:

1.—Biblioteca de "El Relámpago." *(Belén por dentro).* Novela de costumbres por Francisco García González.—México. Imprenta "Reina Regente," 1ª Pila Seca 318. 1894.
En 8º, de 266 p.

GARCIA Y VALDES, MARIA

BIBLIOGRAFÍA:

1.—María García. *Almas Superiores.*—México, D. F.
En 16º, de 131 p. Con prólogo del Dr. Manuel Flores.

GODOY, JORGE DE

Nació en Popotla, histórica población del Distrito Federal, el 1º de julio de 1894 e hizo sus estudios primarios bajo la dirección del ameritado profesor D. Emilio Bustamante. Más tarde, viviendo con su familia en haciendas del interior vióse obligado a integrar sus conocimientos, estudiando solo fuera de las aulas. Conoció la mayor parte del país y tuvo ocasión de visitar algunas ciudades de los Estados Unidos. Consagrado por afición a los estudios literarios, en 1915 dió a conocer en la prensa su leyenda intitulada *La Alberca de Moctezuma,* y a partir de entonces comenzó a colaborar en diversos diarios y revistas como *México, El Universal, Zig-Zag, El Universal Ilustrado, El Heraldo de México, El Demócrata* y *Tricolor.* Ha cultivado con especialidad el cuento y la novela corta y sus producciones han obtenido varios premios en concursos literarios.

«Jorge de Godoy—dice Monterde García Icazbalceta—, constituye un caso esporádico de escritor, en quien la espontaneidad innata, la claridad de visión, la estética personal y el sentido artístico, aunados a una armonía ingénita, y a una percepción total y rápida de la gracia y de la euritmia, no se deben a una cultura copiosa, a pesar de que en la mayor parte de sus obras deja entrever una sólida erudición en los asuntos que trata.

«Su estilo, que ha logrado mantener a la misma altura desde la época de su iniciación literaria, es característico, dentro de sus tendencias arcaizantes y permite descubrir huellas leves de don Ramón del Valle Inclán y del autor de *La Ilustre Casa de Ramírez.* Gusta de filtrar la emoción en giros sutiles, urdiendo tramas de una arquitectura aérea, o bien tejidos armónicos semejantes por su simetría y tonos bien concentrados a los gobelinos de otro tiempo.

«Su prosa, estilizada en formas perfectas, podría compararse a las cristalizaciones sorprendentes de la química, siendo a la vez de una diafanidad y de una delicadeza imponderables, como tejido lunar de arácnidos de ensueños en que la lluvia engarzara sus diamantes. El idioma que gravita en la prosa compacta de los clásicos, se aligera increíblemente en frases cuyo hallazgo secreto pertenece a este escritor, sin perder su clasicismo, ilustrándose con vocablos rutilantes del Siglo de Oro; pero sin incurrir en el error anacrónico de soldar íntegros los giros consagrados de los picarescos y los comediógrafos, error común a la mayoría de los que pretenden reconstruir la vida del pasado con frases muertas.

«Jorge de Godoy alquitara su lenguaje, depurándole las frases grises, mezclando una sencillez admirable a una complicada construcción en que las palabras brillan, engastadas en su prosa de sonoridad única, lo mismo que si fuesen gemas que su mano experta mostrara, y exhibiéndolas en todas sus facetas, primero, y luego en su transparente luminosidad. El sabe encontrar, sin rebuscamiento perceptible, las palabras que suenan ásperamente, como ruido de hierro (Proemio de *El Halcón*), las que son cariciosas como contacto de sedas antiguas y las que tienen un claro retintín de plata fina; pero este preciosismo que es su cualidad distintiva, su virtud peculiar, no realza por falta de contraste; su lectura fatiga, a la larga, como una exposición de joyas magníficas, o como una audición de música de Mozart.

«La prosa artística de Godoy carece de la inquietud actual, de la palpitación de futuro que se agita, "aspirando a la cuarta dimensión," en las líneas de Alfonso Reyes, por ejemplo. Su pecado es ser inactual, como un bello período castelariano.»

BIBLIOGRAFÍA:

1.—Cuentos de Jorge de Godoy. *El Libro de las Rosas Virreinales.*—México. Herrero Hermanos Sucesores. Despacho al menudeo: Avenida Cinco de Mayo, Nº 39. Almacenes: Plaza de la Concepción, 5 y 7. 1923.

En 8º, de 183 p.

GODOY, MANUEL C.

BIBLIOGRAFÍA:

1.—*Colección de Cuentecitos Morales y Recreativos para los niños, propios para entretenerlos y hacerlos buenos y juiciosos.* Es propiedad del autor y editor. M. C. G.—Guadalajara. Imprenta y librería de Ancira y Hno. 1887.

En 8º, de 31 p. Subscritos en Guadalajara, a 4 de abril de 1887.

GOMEZ LUNA, IGNACIO

BIBLIOGRAFÍA:

1.—Lucio Magez Nigona. *Amor Ideal.* Edición de "El Lunes."—México. Imprenta Poliglota, Calle de Sta. Clara. 1882.

En 8º, de 103 p.

2.—*Rosa y Teresa*. Por Ignacio Gómez Luna. —México. Alejandro Marcué, Impresor. 10ª Avenida Oriente, 133. 1890.

En 8°, de 208 p.

GOMEZ PALACIO, MARTIN

Nació en la ciudad de Durango en septiembre de 1893, en cuyo Instituto Juárez hizo sus estudios preparatorios, con la deficiencia, como él mismo lo reconoce, que debía esperarse del atrasado sistema de enseñanza allí implantado. A los veinte años de edad vino a México, donde hizo su carrera de abogado en la Escuela Nacional de Jurisprudencia, hasta obtener el título respectivo, el 17 de mayo de 1919. A partir de esa fecha se halla consagrado al ejercicio de su profesión, empleando sus ratos libres al estudio de la literatura. Ha cultivado con éxito la poesía y la prosa, y su pluma ha producido no pocas composiciones, algunas de las cuales ha dado a la estampa.

BIBLIOGRAFÍA:

1.—Martín Gómez Palacio. *La Loca Imaginación*. Novela.—México. Andrés Botas e Hijo. Editores. 1ª Calle de Bolívar Nº 9.

En 8°, de 184 p. Subscrita en México, en 1915.

2.—Martín Gómez Palacio. *A la Una, A las*

Dos y a las .... Editorial "Cvltura." México. MCMXXIII.

En 16°, de 94 p.

3.—Martín Gómez Palacio. *El Santo Horror.* Novela.— México; 1925. (Berumen, impresor. San Luis Potosí).

En 8°, de 151 p.

GOMEZ VERGARA, JOAQUIN

Fué su cuna la ciudad de Guadalajara, donde hizo sus estudios con aprovechamiento, mas los azares de la época le obligaron a interrumpirlos y a tomar las armas contra la Intervención francesa. En su ciudad natal y en el seno de la Alianza Literaria fué donde recogió los primeros lauros de poeta y literato, y más tarde se consagró al periodismo. Fué con D. Remigio Carrillo uno de los fundadores de *Juan Panadero,* el más popular de los periódicos tapatíos, y en la Capital de la República publicó *Juan Diego,* escrito igualmente con el chispeante ingenio que le caracterizaba. Al reanudarse nuestras relaciones diplomáticas con España fué nombrado Segundo Secretario de la Legación mexicana en Madrid, y debido al tacto que demostró en ese puesto, fué ascendido a los de Primer Secretario de las de Berlín y Roma. La nostalgia de la patria le hizo abandonar la carrera diplomática, y a su regreso al país continuó sirviendo a la nación en el ramo de hacienda, hasta que le fué encomendada la administración de una aduana marítima en el

Pacífico, donde contrajo la enfermedad que le llevó al sepulcro. Durante largos años, como lo dejamos indicado, militó en el periodismo nacional, y sus artículos de costumbres y humorísticos eran leídos con bastante agrado. Falleció en Mixcoac (D. F.), el 9 de julio de 1894.

«Henchida el alma de ilusiones y el pecho de esperanzas—dice D. Manuel Sánchez Mármol—, cuando su ingenio ya en sazón prometía fruto abundante y sabroso, tal cual lo anunciaban sus primeros trabajos, el joven D. Joaquín Gómez Vergara penetró en la eterna noche, con duelo de Jalisco, su tierra natal, y de las letras nacionales, desheredadas con su muerte del entrevisto tesoro. Mexicano por el colorido y la entonación del estilo, por la estructura y el giro de la frase, y por la condición de los asuntos en que ejercitó su pluma de oro, es una figura literaria que interesa y seduce. Sus dos cuentos: *Quien mal anda mal acaba* y *La puerta del Cielo*, le franquearon de par en par la entrada a la novela. La única muestra que de ella nos proporcionó, *Las Cruces del Santuario*, sobre ser una bella concepción, nada deja que desear en su fina y exquisita textura. Bien merece, pues, figurar entre nuestros más distinguidos novelistas.»

BIBLIOGRAFÍA:

1.—Edición del "Siglo XIX." *Quien mal anda mal acaba*. Cuento por Joaquín Gómez Vergara. México: 1870. Imprenta de Ignacio Cumplido. Calle de los Rebeldes núm. 2.

En 8º, de VII, 64 p.

2.—Edición del "Siglo XIX," *Fotografías a la Sombra. Retratos en silueta de las muchas caricaturas sociales que nos estorban el paso y nos salen al encuentro por todas partes.* Escritos en prosa desaliñada y criticable, por Demócrito.— México. 1871. Imprenta de Ignacio Cumplido. Calle de los Rebeldes número 2.

En 8º, de 240 p.

3.—Edición del "Siglo XIX." *La Puerta del Cielo.* Cuento por Joaquín Gómez Vergara.— México. 1872. Imprenta de Ignacio Cumplido, calle de los Rebeldes, núm. 2.

En 8º, de 58 p.

4.—*Las Cruces del Santuario.* Tradición popular mexicana escrita por Joaquín Gómez Vergara. Tercera Edición.—México. Imp. Lit. y Encuadernación de Ireneo Paz, Segunda del Relox núm. 4. 1893.

En 4º, de 143 p. En el forro aparece que es la 2ª edición.

GONZALEZ, LAURO

BIBLIOGRAFÍA:

1.—*Demófilo y sus Hombres a las Puertas del Desengaño.* Novela sui-géneris escrita por el C. Lauro González, quien la dedica al C. General Porfirio Díaz Presidente de los Estados Unidos Mexicanos.—México. Imprenta y Litografía de

José Vicente Villada, Primera calle del Cinco de Mayo núm. 3. 1880.

En 4º, con láminas. Sólo conocemos las primeras entregas.

GONZALEZ PEÑA, CARLOS

Nació en Lagos (Jal.), el 7 de julio de 1885. Después de haber hecho sus estudios primarios en dicha ciudad, pasó a Guadalajara, donde cursó los preparatorios en el Liceo de Varones del Estado. En 1902 se trasladó a México y allí siguió cultivando con éxito sus aficiones literarias y se consagró al periodismo, labor que no ha abandonado hasta la fecha. Ha colaborado en *La Patria, El Mundo Ilustrado, Arte y Letras* y en otras publicaciones, tanto nacionales como extranjeras, y ha sido fundador y director de las revistas intituladas *México, Vida Moderna* y *El Universal Ilustrado*. Además ha sido profesor de lengua castellana en las Escuelas Superior de Comercio, Nacional Preparatoria y Preparatoria anexa a la de Altos Estudios. Entre otros cargos ha desempeñado los de jefe del Departamento de Publicaciones del Museo Nacional y delegado de la prensa mexicana en los Estados Unidos en 1918. Su pluma ha producido varias obras de diverso carácter, siendo la novela corta el género que más ha cultivado, y como fruto de sus estudios filológicos, ha dado a luz un *Manual de Gramática Castellana*. Es miembro correspondiente de la Real Academia Española y de otras agrupaciones literarias.

BIBLIOGRAFÍA:

1.—Carlos D. González. *De Noche*. Novela. —México. Tip. y Encuadernación de Ireneo Paz. Sugunda del Relox núm. 4, 1905.

En 8º, de 228 p. Subscrita en México, en agosto-noviembre de 1904.

2.—Carlos González Peña. *La Chiquilla*. Novela.—México. Tip. y Encuadernación de Ireneo Paz. Segunda del Reloj núm. 4. 1907.

En 8º, de XXV, 495 p. Subscrita en México, en junio de 1905—enero de 1906 y prologada por D. José Escofet.

Carlos González Peña. *La Chiquilla*. Novela. —F. Sempere y Compañía. Editores. Calle del Palomar, núm. 10. Valencia. *(A la v.:)* Imp. de la Casa Editorial F. Sempere y Compa. Valencia.

En 8º, de 293 p.

3.—Carlos González Peña.—*La Musa Bohemia*. Novela.—F. Sempere y Compañía, Editores. Calle del Palomar, núm. 10. Valencia. *(A la v.:)* Imp. de la Casa Editorial F. Sempere y Compa. Valencia.

En 8º, de 286 p. Subscrita en México en abril 1907—julio 1908.

4.—*El Hidalgo del Amor*. Novela inédita por Carlos González Peña.—México. 1918.

En 4º, de 32 p. Seguida de *Fantasmas*. Publicadas en *La Novela Semanal*, dirigida por D. Eugenio Suárez y editada por D. Fidel Solís.

5.—Biblioteca de Autores Mexicanos Modernos. Carlos González Peña. *La Fuga de la Quimera*. Novela.—México. Ediciones México Moderno. MCMXIX. *(Colofón:)* Se acabó de imprimir este cuarto volumen de la Biblioteca de Autores Mexicanos Modernos el 16 de agosto de 1919 en la Imprenta de Murguía.

En 8º, de 253 p.

GOYC, JUAN

BIBLIOGRAFÍA:

1.—*Vicio Heroico y Virtud Criminal*. Novela escrita Para el actual estado moral de la República. Por Juan Góyc.—México. Imprenta de A. Boix a cargo de M. Zornoza. Cerca de Santo Domingo núm. 5. 1860.

En 16º, de VII, 232 p.

GUADALAJARA, JOSE RAFAEL

Nació en la Capital de la República el 10 de julio de 1863. Después de terminar los estudios preparatorios, se inscribió en la Escuela Nacional de Jurisprudencia, en donde estudió dos años, cortando su carrera por haberse visto precisado a sostener a su familia. Entonces se dedicó al comercio, y en 1887 ingresó al departamento de contabilidad de la Tesorería General de la Nación. Más tarde desempeñó el cargo de Contador de la Dirección General de Rentas del Distrito Federal y diversas comisiones de carácter hacendario. Anteriormente había sido profesor de lengua francesa en la Escuela Nacional Preparatoria, y desde hace tiempo se dedica al trabajo de perito contador. A la edad de diecinueve años escribió sus primeros versos, dando a conocer sus producciones en *La Familia*, semanario literario que dirigía D. Federico Carlos Jens. Posteriormente ha cultivado diversos géneros literarios, ha fundado y dirigido *El Fígaro Mexicano* y *El Metropolitano*, y colaborado en *El Tiempo*, *Gil Blas*, *El Imparcial* y en otros periódicos mexicanos.

BIBLIOGRAFÍA:

1.—J. Rafael Guadalajara. *Sara. Páginas del primer amor.*—México. Imprenta de las Escalerillas núm. 20. 1891.

En 16º, de 288 p. Las siguientes ediciones aparecen con título de *Amalia.*

Biblioteca Mexicana. *Amalia. Páginas del primer amor*, por Rafael Guadalajara.—Barcelona. Casa editorial Maucci, Consejo de Ciento, 296. Buenos Aires. Maucci Hermanos. Cuyo, 1,070. México. Maucci Hermanos. 1ª del Relox, 1. 1899. *(A la v.:)* Tip. Moderna; Aribau, 60.

En 8º, de 251 p. Ilustrada.

Amalia. Páginas del primer amor por J. Rafael Guadalajara.—México. Eusebio Gómez de la Puente. Editor. Calle Nuevo México, no. 1.

(A la v.:) Establecimiento tipográfico de Feliu y Susanna. Ronda de San Pedro, 36. Barcelona. En 8º, de 247 p. Ilustrada.

GUERRA, ERNESTO E.

BIBLIOGRAFÍA:

1.—Genaro E. Terrues. *Máximo.* Luchas civilistas. *(A la v.:)* Barcelona, 1918. Tip. Publicaciones de la Escuela Moderna. Cortes, 478.
En 4º, de 279 p. Subscrita en México, en junio-septiembre de 1917.

GUTIERREZ DE LARA, L.

BIBLIOGRAFÍA:

1.—L. Gutiérrez de Lara. *Los Bribones.* Novela.—Imprenta de El Popular. F. H. Arizméndez, Prop. Los Angeles, California.
En 4º, de 207 p.

GUTIERREZ NAJERA, MANUEL

Nació en la ciudad de México el 22 de diciembre de 1859. Las primeras letras se las enseñó su madre y él solo aprendió a leer. En su juventud se dedicó al comercio, mas pronto se revelaron su talento de escritor y su vocación de poeta, que fueron verdaderamente irresistibles. A la edad de trece años empezó a escribir artículos y poesías en *La Iberia*, después en *El Federalista* y más tarde en otros muchos periódicos políticos y literarios, los que calzaba con los seudónimos de "Monsieur Can-Can," "Recamier," "El Cura de Jalatlaco," "Perico el de los Palotes," y principalmente "El Duque Job," que llegó a darle gran popularidad. Sus escritos llamaron desde luego la atención por la elegancia de su estilo, lo elevado de sus concepciones, y lo sentido de su poesía. Fundó en 1894, asociado con D. Carlos Díaz Duffoo, la *Revista Azul,* semanario literario en el que dió a conocer muchas de sus mejores composiciones, tanto en prosa como en verso. A Gutiérrez Nájera se le considera como el iniciador del modernismo en la literatura en México, que, mal comprendido por muchos, ha degenerado en el decadentismo. Desempeñó varios cargos públicos y perteneció a las más prestigiadas agrupaciones literarias, y después de una vida de intensa labor literaria, falleció en su ciudad natal a la temprana edad de treinta y seis años, el 3 de febrero de 1895.

«Si fué—dice un autor—un poeta altísimo, exquisito, de una delicadeza incomparable, sus méritos como prosista no son menores. Escribió cuentos primorosos, revistas literarias y crónicas, notas humorísticas deliciosas que vanamente han querido imitar otros escritores y artículos de sabia crífica literaria y teatral, que afianzaron su reputación de hombre de letras notable.»

BIBLIOGRAFÍA:

1.—*Obras* de Manuel Gutiérrez Nájera. Pro-

164

sa. Tomo primero.—México. Tip. de la Oficina Impresora del Timbre. Palacio Nacional. 1898.

2 v. en 4º, de XIII, (2), 439 y VIII, 515 p. Prologado el primero por D. Luis G. Urbina y el segundo (poesía) por D. Amado Nervo.

2.—*Cuentos Frágiles* por Manuel Gutiérrez Nájera.—México. Imprenta del Comercio, de E. Dublán y Comp. 2ª de Plateros número 3. 1883.

En 8º, de 157 p.

3.—Cvltvra. Selección de bvenos avtores antigvos y Modernos. Directores: Agvstín Loera y Chávez y Jvlio Torri. Tomo I. Núm. 3. *Cuentos* de Manuel Gutiérrez Nájera.— México. Septiembre 15 de 1916. "Imprenta Victoria." 4ª Victoria, 92.

En 16º, de 78 p. Precedidos de *Primeras palabras* de Margarita Gutiérrez Nájera y *Rasgos biográficos* de autor anónimo.

4.—Biblioteca Andrés Bello. Manuel Gutiérrez Nájera (Duque Job). *Cuentos color de humo y Cuentos frágiles.*—Editorial-América. Madrid. Concesionaria Exclusiva para la venta: Sociedad Española de Librería. Ferraz, 25 *(Frente a la anteport.:)* Imprenta de Juan Pueyo, 29; teléf. 14-30. Madrid.

En 8º, de 296 p.

HELU, ANTONIO

BIBLIOGRAFÍA:

1.—*Pepe Vargas al teléfono.* Por Antonio

Helú.—Publicaciones Literarias Exclusivas de
"El Universal Ilustrado." 1925.

En 16º, de 31 p.

HERMOSA, JESUS

BIBLIOGRAFÍA:

1.—*Natalia y Maria.* Novela (1a. entrega.
Agosto. 1868).

Trelles, Carlos M. *Bibliografía cubana del siglo XIX,* t. IV, p. 325.

2.—*La Isla de Caballos.* 1ª entrega. Agosto
de 1868).

Idem. *Op. cit.,* t. IV, p. 325.

HERNANDEZ, FORTUNATO

Nació en la ciudad de Durango el 22 de
febrero de 1862. Sus estudios preparatorios los
hizo con notable aprovechamiento en el Seminario Conciliar y en el Instituto Científico de esa
capital, lo que le valió que el Gobierno le pensio-
nara con el objeto de que pudiera continuar su
carrera en México. En 1880 ingresó a la Escuela
Nacional de Medicina, y seis años después obtuvo el título de doctor en esa facultad, habiendo
presentado como tesis de recepción un estudio
acerca del sonambulismo. Desde luego se trasladó a Chihuahua, donde se consagró al ejercicio
de su profesión y al desempeño de la cátedra de

lengua castellana en el Instituto Civil. Dos años más tarde hizo un viaje por las principales poblaciones de los Estados Unidos, y después de haber permanecido algún tiempo en esa nación, regresó con un diploma del Board of Examiners of California. Ha desempeñado además los cargos de médico de los municipios de Ciudad Juárez y Chihuahua, e Inspector de Salubridad, aparte de diversas comisiones oficiales, tanto en el país como en el extranjero. Desde su juventud ha laborado en el periodismo y su pluma ha producido no pocas obras de carácter filosófico, social, científico y literario, en las que campean sus ideas extremadamente materialistas, evolucionistas y anticatólicas.

BIBLIOGRAFÍA:

1.—Dr. Fortunato Hernández. *Desequilibrio.* Librería de la Vda. de Ch. Bouret. París. 23, Rue Visconti, 23. México. 14, Cinco de Mayo, 14. 1903. Propiedad del autor.

En 8º, de 159 p.

Dr. Fortunato Hernández. *Desequilibrio.* (Segunda edición).—México. Talleres Tipográficos de Pablo Rodríguez. Cerrada de la Misericordia, 11. 1907.

En 8º, de 172, (1) p.

2.—Dr. Fortunato Hernández. *En Plena Lucha.*—Madrid. Est. Tipográfico de Ricardo Fé. Calle del Olmo núm. 4. 1903.

En 8º, de 163 p.

3.—Dr. Fortunato Hernández. *Transfigura-*

ción.—Madrid. Est. Tipográfico de Ricardo Fé. Calle del Olmo, núm. 4. 1903.

En 8º, de 179 p.

HERNANDEZ, J. R.

BIBLIOGRAFÍA:

1.—*Azcaxochitl o la Flecha de Oro.* Leyenda histórica azteca por J. R. Hernández.—México. Imprenta de J. R. Barbedillo y Ca. Escalerillas, 21. 1878.

En 4º, de 127 p. Edición de *La Voz de México.*

HERRERA, ADELA

BIBLIOGRAFÍA:

1.—*Margarita.* Escrita expresamente para el Asilo de Regeneración e Infancia, por Ada Heridrea Real.—México. Oficina Tip. de la Secretaría de Fomento, Calle de San Andrés, núm. 15. 1898.

En 8º, de IV, 69 p.

HIDALGO, JOSE MANUEL

Hijo del coronel realista D. Francisco Manuel Hidalgo, nació en la ciudad de México en la época de la guerra de independencia. Muy joven ingresó al ejército y defendió a su patria contra la invasión norteamericana en las batallas de Padierna y Churubusco, habiendo sido herido y caído prisionero en esta última. Joven todavía dejó la carrera de las armas por la diplomática, que era su verdadera vocación, y desempeñó diversos cargos subalternos en las legaciones mexicanas de Roma, Londres y otras cortes europeas. Su talento, unido a su ilustración y cualidades personales, le abrieron las puertas de los palacios de la nobleza y de las residencias de los políticos y hombres de letras. S. S. Pío IX le profesó grande afecto por haberle acompañado a su destierro de Gaeta y lo propio alcanzó de otros monarcas y príncipes de casas reinantes. En 1861, asociado con D. José María Gutiérrez Estrada y D. Juan N. Almonte, trabajó en el establecimiento de la monarquía en México, y formó parte de la comisión que años después ofreció la corona del Imperio al Archiduque Fernando Maximiliano de Austria. En 1864 fué nombrado Ministro de México en Francia, cargo que desempeñó durante dos años, en que regresó al país, mas ciertas desavenencias con Maximiliano le obligaron a volver a Europa. Fijó su residencia en París, donde permaneció hasta su muerte, acaecida el 27 de diciembre de 1896. Poseía varias condecoraciones nacionales y extranjeras, y dió a luz diversas obras de carácter político y literario.

BIBLIOGRAFÍA:

1.—*Al Cielo por el Sufrimiento*. Ensayo por

Don José Manuel Hidalgo. Edición privada.—
París. Garnier Hermanos, Libreros-Editores, 6.
rue des Saints-Péres, 6. 1889.

En 8º, de (6), 244 p.

2.—Las Dos Condesas. Por Don José Manuel
Hidalgo. Con un prólogo Del Excmo. Sr. Marqués
de Casa Laiglesia, Embajador de S. M. Católica
en Londres.—París. Librería de Garnier Hermanos. 6, rue des Saints-Péres, 6. 1891.

En 8º, de XXVII, 259 p.

3.—*La Sed de Oro*. Por D. José Manuel Hidalgo. Con un prólogo del Excmo. Señor Don
Juan Valera de la Real Academia Española. París. Librería Española de Garnier Hermanos. 6,
rue des Saints-Péres, 6. 1891.

En 8º, de XVIII, 215 p.

4.—*Víctimas del Chic*. Por D. José Manuel
Hidalgo.—París. Librería de Garnier Hermanos.
6, rue des Saints-Péres, 6. 1892.

En 8º, de XX, 231 p. Precedida de una carta-
prólogo de D. Juan de la Atlántida.

5.—*Lelia y Marina*. Por Don José Manuel
Hidalgo. Ilustrada por Don Camilo Melnick.
(*Epígrafe de D. Juan Valera*).—París, Librería
de Garnier Hermanos. 6, rue des Saints-Péres,
6. 1894.

En 8º, de (4), VIII, 259 p.

6.—*La Confesión de Una Mundana*. Segunda
parte de Lelia y Marina. Por D. José Manuel
Hidalgo.—París. Librería de Garnier Hermanos.
6, rue des Saints-Péres, 6. 1896.

En 8º, de (4), III, 203 p.

HORTA, MANUEL.

Nació en la ciudad de México el 15 de octubre de 1897. Después de haber terminado sus estudios primarios en la Escuela Católica que dirigía D. Pablo Barona, pasó a hacer los superiores y mercantiles al Instituto Científico del Pbro. D. Bernardo Durán. Sus aficiones literarias le hicieron abandonar los estudios de bellas artes que había comenzado, y dedicarse a las letras y al periodismo cuando apenas pisaba los umbrales de la juventud. Sus primeras producciones las dió a conocer en la revista *Arte y Letras*, y posteriormente ha colaborado en la *Ilustración Nacional, Tricolor, Album Salón, Rojo y Gualda, El Heraldo de México* y en otras publicaciones metropolitanas. Algunas revistas extranjeras han dado cabida a sus trabajos, como *Nuestra América*, de Buenos Aires, *Actualidades* de Caracas, *Cervantes*, de Madrid y *Mercurio* de Nueva Orleans. Ha dado a la imprenta varias obras de género novelístico, en las cuales se revelan su no escasas aptitudes para el cultivo de las bellas letras.

«Manuel Horta— dice el Dr Enrique González Martínez—se halla muy lejos de estas construcciones vastas y rigurosamente tradicionales. Es joven y tiene el alma nueva. Su inquietud es de estos tiempos en que nos da prisa la vida y queremos marcar las obras con una concentración que a las veces resulta ponzoñosa. Gusta de excursionar por sendas extrañas de ascetismo y de pecado, y sobre el cuadro artificiosamente arcaico, están sus ansias de hoy, que son las nuestras. Por eso lo saludamos como a un espíritu fraterno, aunque nos separen de él más o menos lustros. La crítica ha acogido su breve libro *Estampas de Antaño*, con una simpatía reveladora de que todo el mundo ha visto en su autor una seria vocación artística afianzada en dos libros cuyo mérito nadie niega. Su prosa elegante y fina encubre discretamente su emoción refrenada y honda como lo quiere este siglo que reniega un poco de las estruendosidades impúdicas. La influencia de Valle Inclán aparece vagamente en las páginas de *Estampas de Antaño*; pero más como coincidencia espiritual que como modelo directo. Sin embargo, la personalidad comienza a definirse con sus signos indudables, y hay en Horta la señal clara de que lleva adentro una misión que no ha de malograse en dilettantismo pasajero.»

BIBLIOGRAFÍA:

1.—*Vitrales de Capilla*. Cuentos místicos, escritos por Manuel Horta. Juicio crítico de Francisco Villaespesa.—Librería de la Vda. de Ch. Bouret. París. 23, Rue Visconti, 23. México. 45, Av. Cinco de Mayo, 45. 1917. (*Colofón:*) Se acabó de imprimir este libro de recuerdos lejanos en la Imprenta Francesa de México. Año de MCMXVII.

En 8º, de 144 p. más el retrato del autor.

2.—*Estampas de Antaño. Añejas páginas de amor y picardía*. Las escribió y publica Manuel

Horta. Alfonso Camín, Francisco Borja Bolado, Francisco M. García Icazbalceta y J. M. González de Mendoza, las cantaron gallardamente.— México, MCMXIX. *(Colofón:)* En la Muy Noble y leal civdad de México y en la imprenta de D. José I. Muñoz acabóse de imprimir este libro a los treinta días del mes de octubre de MCMXIX años.

En 8º, de 130 p.

3.—La Novela Semanal de "El Universal Ilustrado." *El Caso Vulgar de Pablo Duque.* Por Manuel Horta.

En 16º, de (2), 24 p.

HOURCADE, CELESTINO (Seud.)

BIBLIOGRAFÍA:

1.—*Chismes y Cuentos serios y humorísticos* por Celestino Hourcade, Sastre y Profesor de Corte Premiado en París y otras capitales con diplomas honoríficos y medallas de oro. Callejón del Espíritu Santo, núm. 5. México. Vale medio real.—México. Tipografía, Litografía y Encuadernación de Ireneo Paz. Callejón de Santa Clara número 6. 1887.

En 8º, de 15 p.

ICAZA, JAVIER, JR.

BIBLIOGRAFÍA:

1.—Xavier Icaza. *Dilema.* (Novela).—Concesionarios exclusivos para la venta Editorial Andrés Botas e Hijo. 1ª calle de Bolívar, 9. México. *(Al frente:)* Imprenta Politécnica. 1ª calle de Cuauhtemotzin, 33. México, D. F.

En 8º, de 107 p.

2.—Xavier Icaza. *Gente mexicana* (Novelas). —Tip. Vda. e Hijos de A. D. Lara. Xalapa, Ver. 1924. *(Colofón:)* Este libro se acabó de imprimir en Xalapa, en los talleres de imprenta de la Vda. e Hijos de Aurelio D. Lara, el 12 de diciembre de 1924, día de la Virgen de Guadalupe, bajo la dirección del autor, siendo cajista encargado de la composición don Sóstenes Ramírez.

En 8º, de 129 p.

3.—*La Hacienda.* (Novela Mexicana.) Por Xavier Icaza, Jr.—Publicaciones Literarias Exclusivas de "*El Universal Ilustrado*." 1925.

En 16º, de 30 p. Subscrita en Veracruz en abril de 1924.

INCLAN, LUIS G.

Nació en el rancho de Carrasco de la jurisdicción de Tlalpam (D. F.), el 21 de junio de 1816. Terminado que hubo su instrucción primaria, ingresó al Seminario Conciliar de México, mas al concluir el curso de Filosofía trocó los libros por la azada y se dedicó a la agricultura, hasta lograr hacerse propietario del rancho en que vió la primera luz. En 1847, con motivo de la invasión norteamericana, se trasladó a la Capital, donde con el producto de la venta de su propiedad adquirió un taller de imprenta y litografía, habiéndose consagrado a editar obras de literatura popular, como novenas, loas, corridos, canciones, etc., y a la vez estampas religiosas. Sus ratos de ocio los empleaba en escribir, principalmente en verso festivo, para lo cual tenía gran facilidad, y prestando su colaboración en varios periódicos. Dió a luz diversas obras, entre las que se cuenta su novela picarezca intitulada *Astucia*, obra amena, vivida y eminentemente mexicana, llena de episodios interesantes en los que pinta con habilidad y exactitud las costumbres nacionales. Falleció en México el 23 de octubre de 1875.

Hablando de su novela dice D. Federico Gamboa: «Esta *Astucia* de larguísimo título, con ser novela cansada y difusa, lo es menos que el *Periquillo*, y su nacionalidad mexicana mucho más acentuada que la del inolvidable pícaro. *Astucia* y los *Bandidos* no se inspiraron en Gilblases ni otros señorones extranjeros; copian y reproducen lo nuestro sin tomar en cuenta modelos ni ejemplos, influjos o pautas; antes, alardeando de un localismo agresivo y soberano, que ensancha hasta lo trascendental y realza hasta la hermosura sus cualidades y primores. Por sus páginas, congestionadas de colorido y de la cruda luz de nuestro sol indígena, palpita la vida nuestra, nuestras cosas y nuestras gentes: el amo y el peón, el pulcro y el bárbaro, el educado y el instintivo; se vislumbra el gran cuadro nacional, el que nos pertenece e idolatramos, el que contemplaron nuestros padres, y, Dios mediante contemplarán nuestros hijos; el que nosotros hemos visto desde la cuna, el que vemos hoy, el que quizá seguiremos viendo de más allá de la tumba y de la muerte. Por esas páginas corren desbocados los potros cuatralbos que ya domeñaron nuestros charros, y las pasiones que nos aquejan rato ha y que no hemos podido domeñar nosotros; palpitan nuestras honradeces e infamias, nuestros vicios y virtudes; los personajes que por entre sus renglones discurren, no pueden sernos más allegados, hablan y piensan y obran a la par nuestra; el que no nos abre los brazos, nos estrecha la mano o nos sonríe de lejos; allá, va un pariente, acá un amigo, acullá, un conocido; reímos y lloramos con ellos, compartimos sus cuitas, goces y trabajos; sus moradas nos son simpáticas, y los caminos que andan, y los pueblos que habitan; palpamos que son nuestros hermanos, nosotros mismos, tal vez, que, sin previa licencia, de letras de molde nos pergeñaron....»

BIBLIOGRAFÍA:

1.—*Astucia el Gefe* (sic.) *de los Hermanos de la Hoja, o los Charros Contrabandistas de la Rama.* Novela histórica de costumbres mexicanas, con episodios originales, escrita por Luis Inclán en vista de auténticas apuntaciones del protagonista, amenizada con sus correspondientes litografías. Tomo I.—México. Imprenta de Inclán, Cerca de Santo Domingo núm. 12. 1865.

2 v. en 4º, de 392 y 399 p. con láminas.

Astucia. El Jefe de los Hermanos de la Hoja o los Charros Contrabandistas de la Rama. Novela histórica de costumbres mexicanas, con episodios originales, escrita por Luis Inclán en vista de auténticas apuntaciones del protagonista, amenizada con sus correspondientes litografías. Tomo I.—Librería de la Vda. de Ch. Bouret. París. 23, rue Visconti, 23. México. 14, Cinco de Mayo, 14. 1908. Propiedad del Editor.

2 v. en 8º, de XI, 436 y (4) 440 p. con láminas.

Astucia. El Jefe de los Hermanos de la Hoja o los Charros Contrabandistas de la Rama. Novela histórica de costumbres mexicanas, con episodios originales, escrita por Luis Inclán, en vista de auténticas apuntaciones del protagonista. Tomo I.—México. Linotipografía de "El Imparcial." Puente Quebrado 4. 1908.

2 v. en 4º, de 567 y 384 p.

Biblioteca de "Cronos." *Astucia el Jefe de los Hermanos de la Hoja o los Charros Contrabandistas de la Rama*. Novela histórica de Costumbres Mexicanas, con Episodios Originales, Escrita por Luis Inclán en Vista de Auténticas Apuntaciones del Protagonista, Amenizada con sus Correspondientes Litografías. Tomo I. Esta obra está a la venta en la Librería de la Vda. de Ch. Bouret. Avenida 5 de Mayo No. 14—Talleres Linotipográficos de "Cronos." México. 1922.

2 v. en 4º, mayor.

IRABIEN ROSADO, MANUEL

BIBLIOGRAFÍA:

1.—*Tipos Cómicos*. Coleción de Cuentos por

177

Manuel Irabien Rosado, con una carta-prólogo del Sr. Lic. D. Rafael de Zayas Enríquez. Precio del ejemplar: 1 peso plata mexicana.—Mérida de Yucatán. Imprenta de "*La Revista de Mérida*," S. A., Calle 56, núm. 498. 1907.

En 4º, de (2), 101 p. más el retrato del autor.

ITURBIDE, AGUSTIN DE

Con grande sorpresa nuestra, y que también lo será para cuantos lean estas páginas, hemos encontrado una novela subscrita por el primer Emperador de México. La rareza de esta obra, de la cual existe un ejemplar en la biblioteca de la Sociedad Mexicana de Geografía y Estadística y el cual logramos obtener por una feliz casualidad, ha hecho que ninguno de nuestros bibliógrafos la haya mencionado en las diversas obras que poseemos sobre nuestra producción bibliográfica.

Consta la obra de dos tomos en un volumen en octavo; el primero de 180 páginas, y de 175 el segundo. La portada que aparece al frente de aquél es la siguiente:

L'Illustre / Portugais, / ou / Les Amans / Conspitateurs; / par D. Augustin Iturbide; / Roman historique, / accompagné de développemens et d'une notice / sur l'ex-Empereur du Mexique. / Traduits de l'Espagnol / Par Tarmini Almerté, / Auteur des Voyages de la reine Caroline et du baron Pergami. / Tome Premieu (*sic*) / Paris, / Chez Bouquin de la Souche,

Libraire. / Boulevard Saint-Martin, nº 3. / 1825.
(Al frente:) Imprimerie de Lemaitre a Nogent.

Como piezas preliminares lleva una dedicatoria del traductor a "la más tierna de las madres" y una noticia del mismo acerca de la obra; sigue la novela, dividida en doce capítulos, y en calidad de apéndice, una síntesis de los sucesos históricos a que aquella se refiere, y un estudio biográfico de su autor, acompañado de algunos documentos.

La novela es de carácter histórico, y se refiere a la revolución de Portugal, de 1640, por medio de la que logró esta nación su independencia de España. Sus principales protagonistas son los jóvenes Manuel de Ribeiro, sobrino de Juan Pinto de Ribeiro, héroe de dicho movimiento revolucionario, e Inés de Noriana, sobrina de Matos del propio apellido, ardiente partidario de la dominación española. Su trama consiste en una serie de episodios, aventuras e incidentes, en los que figuran diversos personajes reales y ficticios, que tienen como complemento la libertad de su patria. Su desenlace se reduce a que una vez obtenida ésta, el rey don Juan IV colma de honores a Manuel, quien obtiene al fin la mano de Inés.

El traductor de la obra sintetiza su historia en estos términos:

"Esta obra fué el fruto de las lecturas del ex-Emperador de México, durante su travesía de América a Europa. Yo fuí llamado a su lado como intérprete, cuando residía cerca de Liorna. Me encargó la clasificación y la traducción de

179

un gran número de papeles, entre los que se encontraba *El Ilustre Portugués.*

"Apenas había traducido sus dos primeros capítulos, cuando me pidió el manuscrito para arrojarlo al fuego. Se lo llevé con sentimiento, porque lo que de ellos había recorrido, me había interesado... Se lo dije. Muy bien, me contestó, continuad la traducción. Cuando hube terminado el trabajo que me había confiado, me despedí de la familia mexicana que me había colmado de atenciones.

"Pocos días después, cuando me preparaba a embarcarme para Francia a donde me llamaba la más tierna de las afecciones, supe la partida precipitada de Iturbide y de su familia, y un propio, procedente de su parte, me entregó un paquete en el que encontré el siguiente billete:

"A la una de la mañana. Puesto que vos, señor, habéis tenido la galantería de encontrar alguna cualidad en el episodio portugués que he compuesto durante mi viaje de México a aquí os lo envío y os lo dono para que hagáis de él todo lo que juzgueis conveniente. Acordaos de mí. A. I.

"Cuando supe la partida de Iturbide para México, tuve el fatal presentimiento de su pérdida, y fué únicamente entonces cuando concebí el proyecto de publicar esta obra. Si el público la acoge con benevolencia, quedaré un poco consolado del fin trágico de un hombre que tuvo bondades para conmigo."

¿Es obra de Iturbide la novela de que nos ocupamos, o simplemente se tomó su nombre para darle más importancia y hacerla más novedosa cuando aun estaba fresco el fusilamiento del Libertador? Lo ignoramos. Su autenticidad únicamente está basada en las palabras que el traductor pone a su frente y que hemos vertido al castellano, pues ninguno de los autores que se han ocupado de su vida, hacen mención de esta circunstancia con excepción de D. Rafael Heliodoro Valle, quien tuvo conocimiento de la novela por referencias y la menciona en su libro *Cómo era Iturbide*.

Que éste haya podido escribirla no es fácil asegurarlo mientras no tengamos otros fundamentos en qué apoyarnos, porque no nos queda ni aun el recurso de comparar su estilo con el de sus demás escritos, debido a que carecemos del original castellano. Sin embargo, no tratándose de una obra de altos vuelos ni mucho menos, sino de un episodio histórico expuesto en forma novelesca y en estilo sencillo, no sería imposible que la hubiese escrito Iturbide como un entretenimiento a sus ocios en el curso de su dilatada navegación, y más aún, si tomamos en consideración su facilidad para redactar que todos le reconocen.

Réstanos ahora conocer la personalidad de Tarmini Almerté, para así poder dar crédito a sus aserciones acerca de la paternidad de *El Ilustre Portugués*. Mas por desgracia carecemos de elementos para ello, y nuestras investigaciones encaminadas a identificarlo han resultado casi infructuosas. Lo único que hemos logrado indagar, fuera de los datos que acerca de su persona nos suministra en la novela que es objeto de este artículo, es que en 1827 dió a luz una obra intitulada *Chronique indiscrete pour 1827*, según consta en la *Bibliographie de la France*, del 31 de enero de dicho año, donde aparece además como autor de una *Petit biographie des contemporains*.

Desde luego, salta a la vista que el traductor fué hombre de letras, puesto que tenemos noticias de cuatro producciones suyas. Su nombre tiene los visos de ser un seudónimo o anagrama, a nuestra manera de ver; mas en tanto que no logremos identificarlo, lo repetimos, no podremos decir la palabra definitiva sobre el caso, o cuando menos dar un juicio probable acerca de él.

IZA, LUIS G.

Acerca de este novelista, decía en 1877 D. Juan de Dios Peza: «Poeta, periodista y dramaturgo. Bajo el nombre de *Arpegios* ha publicado un volumen de sus versos y se han representado con éxito su drama intitulado *Malditas sean las mujeres* y sus comedias *Revolución femenil* y *San Pedro o las puertas del cielo*.»

BIBLIOGRAFÍA:

1.—Edición de "La Patria." *Capítulos de un Libro*. Ensayos literarios por Luis G. Iza.—México. Tipografía de I. Paz, Escalerillas, 7. 1882.

En 4º, de 240 p.

JENS, FEDERICO CARLOS

BIBLIOGRAFÍA:

1.—Biblioteca de "La Familia." *De la Muerte a la Vida.* Novela por Federico Carlos Jens, Miembro Honorario del "Liceo Hidalgo."—México. Imprenta de J. F. Jens, calle de San José el Real número 22. 1886.
En 4º, mayor, de 24 p.

JIMENEZ, GUILLERMO

Es originario de Ciudad Guzmán (Jal.), donde nació el 9 de marzo de 1891. Allí cursó las primeras letras en colegios particulares, y más tarde, habiéndose trasladado con su familia a Guadalajara, ingresó al Colegio de la Inmaculada Concepción, dirigido por los hermanos maristas, con quienes terminó su instrucción primaria y superior. Desde muy joven comenzó a colaborar en diversos periódicos locales, como *El Observador* y la *Gaceta de Guadalajara*, y algunos años después vino a la Capital, donde dió a conocer sus escritos en *Vida Moderna, El Universal, El Universal Ilustrado, Don Quijote, Album Salón, Tricolor, Castillos y Leones* y en otras publicaciones periódicas. Durante algún tiempo desempeñó el cargo de Jefe de Correos, y a principios de 1921 marchó a España con el carácter de Canciller agregado a la Legación de México. En 1908 dió a luz en Guadalajara su primer estudio intitulado *¿Quién fué el autor de la Imitación de Cristo?* Posteriormente ha cultivado la novela naturalista, siendo varias las que ha dado a la estampa.

BIBLIOGRAFÍA:

1.—Guillermo Jiménez. *Almas inquietas.*—Librería de la Vda. de Ch. Bouret. París. 25, Rue Visconti, 23. México. 45, Av. Cinco de Mayo, 45. 1916. *(Colofón:)* Se acabó de imprimir este libro en la Imprenta Francesa en México, a los XVII días del mes de mayo de MCMXVI.

En 8º, de 67 p.

2.—Guillermo Jiménez. *Del Pasado.* Prólogo de Enrique González Martínez. Cubierta de Jorge Enciso.—México. Andrés Botas e Hijo. Librería, 1ª Bolívar, 9. 1917. *(Al frente:)* Imprenta de J. Ballescá. 3ª de Regina, 88. México.

En 8º, de 91 p.

3.—*La de los Ojos Oblicuos.* Por Guillermo Jiménez. Emociones.—México. Librería Española. Avenida Cinco de Mayo, 43. 1919. *(Colofón:)* Se acabó de imprimir este libro el 18 de septiembre de MCMXIX, en la Imprenta de José Ballescá, bajo la dirección del autor. La carátula y el ex-libris fueron dibujados por Carlos E. González. Se hicieron de esta obra 2,000 ejemplares en papel White St. Clair, con forros de papel del Japón. La propiedad literaria es del editor.

En 8º, de 115 p.

JIMENEZ RUEDA, JULIO

Nació en México el 10 de abril de 1896. Hizo sus estudios en varios colegios particulares, la Escuela Normal para Maestros, la Nacional Preparatoria y la Nacional de Jurisprudencia, hasta obtener en 5 de julio de 1919 el título de abogado. A la edad de dieciséis años publicó su primer cuento en el *Cosmos Magazine*, y desde entonces ha continuado cultivando con éxito sus aficiones literarias. En 1913 se hizo cargo de la dirección de *El Estudiante*, órgano de la Asociación Católica de la Juventud Mexicana, y posteriormente ha colaborado en *Revista de Revistas, El Universal, El Heraldo*, y *El Universal Ilustrado* de México, *El Progreso*, de Puebla, *La Época* de Guadalajara y en otras publicaciones de la República. Dedicado con preferencia a la literatura dramática, ha escrito las obras intituladas *Carlos Abogado, Soldaditos de plomo, La caída de las flores* y *Como en la vida*, premiada esta última en el concurso convocado en 1918 por la Universidad Nacional. Entre otros puestos ha desempeñado el de Inspector de Monumentos Históricos, Director de la Escuela de Arte Teatral y Segundo Secretario de la Legación de México en Buenos Aires. Además, ha sido profesor de lengua castellana, historia del teatro y literaturas española y mexicana en diversos establecimientos.

BIBLIOGRAFÍA:

1.—Julio Jiménez Rueda. *Cuentos y Diá-*

logos.—Librería de la Vda. de Ch. Bouret. París.
23, Rue Visconti 23. México. 45, Av. Cinco de
Mayo, 45, 1918. *(Al frente:)* Imprenta Francesa.
Jardín Carlos Pacheco, 1 y 3.

En 8º, de 240 p.

2.—*Sor Adoración del Divino Verbo. Crónica
de una vida imaginaria en el Virreynato de la
Nueva España.* Ofrendada a la memoria de la
Mvy Ilvstre Madre Jvana Inés de la Crvz, Reli-
giosa Profesa en el Convento de Santa Pavla de
la Orden de Sn. Jerónimo. Compvesta por el
Licenciado Jvlio Jiménez Rveda Abogado vecino
y natvral de la Civdad de Mejico. — Año
MCMXXIII. Con privilegio. *(En el forro:)* E.
Gómez de la Pvente Editor. México.

En 8º, de 111 p. Seguida de *Camino de Per-
fección. Tríptico de la vida de Sor Juana Inés
de la Cruz* del mismo autor e ilustrada por D.
Fernando Bolaños Cacho.

3.—*Moisen. Historias de judaizantes e Inqui-
sidores que vivieron en la Nueva España al promediar el siglo XVII.* Las saca a luz el licenciado
Julio Jiménez Rueda, abogado vecino y natural
de la ciudad de México y le pone prólogo el
Lic. Don Antonio Caso profesor de la Universidad.—Biblioteca Universo. Tomo 1. Nº VI. Editorial "Cvltura." México, D. F., 1924. *(Colofón:)*
Se Acabó de Imprimir Este Libro en los Talleres
de la Editorial Cvltvra el Dia XXI de Julio de
MCMXXIV.

En 8º, de 125, (5) p.

JOUBLANC RIVAS, LUCIANO

BIBLIOGRAFÍA:

1.—La Novela Semanal de "El Universal Ilustrado." *Cuento de Amor*. Novela inédita de Luciano Joublanc Rivas.

En 16º, de (2), 64 p. Subscrita en San Luis Potosí, en 1923.

KEGEL, FEDERICO CARLOS

Fué originario de Lagos, importante población del Estado de Jalisco. Artista, dramaturgo, poeta, novelista y periodista, murió en Guadalajara el 10 de julio de 1907.

BIBLIOGRAFÍA:

1.—Federico Carlos Kegel. *Climax. (Epígrafe de Baudelaire).*—1905. *(En el forro:)* Imp. Pedroza e Hijos.

En 4º, de 111 p. más el retrato del autor.

LAVAT, JUAN

Nació en la hacienda de Cedros, limítrofe de los Estados de San Luis Potosí y Zacatecas. Hizo todos sus estudios en México, mas la muerte de su padre le obligó a cortar su carrera de abogado que estaba próximo a terminar, y a

pasar a San Luis Potosí a hacerse cargo de la
testamentaría. Terminada su liquidación regresó
a la Capital, donde fué socio capitalista de D.
Victoriano Agüeros en la fundación del diario
católico *El Tiempo,* en 1883. Años después se
trasladó a Guadalajara con el carácter de secretario particular del Gobernador Curiel, y allí
desempeñó además los cargos de Director de la
Escuela de Artes y Oficios, Subdirector del Liceo de Varones y profesor de psicología, lengua
nacional, francés, literatura y teneduría de libros
en ese plantel. En 1906 emprendió un viaje a
Europa, habiendo visitado las principales capitales, el cual lo repitió tres años después. Poseía
no escasos conocimientos artísticos y literarios,
y su crítica sobre estas materias era bastante
atinada, pero lo que más le caracterizaba era su
chispeante ingenio, que hacía de él un verdadero
causeur. Falleció en Guadalajara, el 23 de agosto
de 1911.

BIBLIOGRAFÍA:

1.—*Natalia.* Leyenda. A mi querido amigo y
compañero J. L. A.—México. Imprenta de N.
Chávez, a cargo de M. Lara (hijo). Calle de
Cordobanes núm. 8. 1872.

En 8º, de 23 p. Subscrita en México, en 1872.

LEDUC, ALBERTO

Hijo de padre francés y de madre mexicana,
nació en la ciudad de Querétaro el 5 de diciem-

bre de 1867. Hizo sus estudios en el Colegio
Josefino de dicha población, y a los catorce años
de edad y con la intención de seguir la carrera
de marino, ingresó a la armada nacional, y en
calidad de grumete prestó sus servicios durante
veinte meses en el cañonero "Independencia."
Ignoramos qué motivos le obligaron a abandonar
la marinería, pues años después lo encontramos
en la Capital consagrado a las letras y tomando
parte en la redacción de varios periódicos. Fué
colaborador de *El Universal, El Nacional, El No-
ticioso, El País, Arte y Letras* y de otras publicaciones metropolitanas. En la librería de la Vda.
de Bouret desempeñó por largo tiempo el cargo
de traductor, y son muchas las obras de carácter
diverso que vertió del francés al castellano. Escribió, como adelante lo veremos, varias novelas
y colaboró además en la formación del *Diccionario de geografía, historia y biografía mexicanas*, editado por la referida casa. Falleció en
México el 4 de octubre de 1908.

BIBLIOGRAFÍA:

1.—*María del Consuelo*. Novela escrita por
Alberto Leduc.—México. Tip. de "El Nacional,"
Avenida Juárez 11, 1894.

En 8º, de 39 p. Subscrita en México, en octubre de 1891.

Alberto Leduc. *María del Consuelo*. Segundo
millar.—México. Librería Madrileña, Esquina
del Coliseo y Callejón del Espíritu Santo.
MDCCCXCVIII.

2.—*Un Calvario*. (Memorias de una exclaustrada) por Alberto Leduc. Novela premiada en el concurso literario abierto por "El Universal." —México. Tip. de "El Nacional," Avenida Juárez 11. 1894.

En 8º, de 68 p. Subscrita en México, en octubre de 1893.

Biblioteca del Hogar. *Un Calvario*. (Memorias de una exclaustrada) por Alberto Leduc. Novela premiada en el Concurso Literario abierto por "El Universal".—México. Tipografía T. González, Sucesores. Betlemitas número 2. 1900.

En 4º, de 31 p.

3.—Alberto Leduc. *Para Mamá en el Cielo*. (Cuentos de Navidad).—México. Oficina tipográfica de "El Nacional." 1895.

En 8º, de 64 p.

4.—*Angela Lorenzana*. Por Alberto Leduc.— México. Tip. de "El Nacional." Mariscala, 5. 1896.

En 8º, de 128 p.

5.—Alberto Leduc. *Fragatita*.— México. Tip. El Fénix, Aguila núm. 12. 1896.

En 8º, de 68 p.

6.—Alberto Leduc. *En Torno de Una Muerta*. —México. Tipografía de "El Nacional." Mariscala, 5. 1897.

En 8º, de (4), 124 p.

7.—Alberto Leduc. *Biografías Sentimentales*. —México. Tipografía de "El Nacional." Mariscala, 5. 1898.

En 8º, de 63 p.

LEON, PEDRO DE

BIBLIOGRAFÍA:

1.—*Seda y Sol.* Cuentos Taurinos joco-serios por Pedro de León. Precio del Ejemplar, 20 centavos.—Tip. de Adolfo Montes de Oca. 4ª de Tacuba 34. México, D. F.

En 8º, de 48 p.

LOMBARDO, ALBERTO

BIBLIOGRAFÍA:

1.—Edición de "La Patria." *Episodios de la Guerra de Independencia.* Novelas históricas por Alberto Lombardo.—México. Imp., Lit. y Encuadernación de I. Paz. (2ª del Relox, 4), calle Norte 7, núm. 127. 1893.

2 v. en 8º, de 175 y 274 p. El primero se refiere a Hidalgo y el segundo a Morelos.

LOPEZ Y FUENTES, GREGORIO

BIBLIOGRAFÍA:

1.—La Novela Semanal de "El Universal Ilustrado." *El Vagabundo* por Gregorio López y Fuentes.

En 16º, de (2), 32 p. ilustrada.

191

LOPEZ DE HEREDIA, MIGUEL

BIBLIOGRAFÍA:

1.—Miguel López de Heredia. *Junto a la Hoguera Crepitante*. Cuentos y apólogos. (Portada y viñetas de Gedovious).— Editores Herrero Hnos. Sucs. México. *(A la v.:)* Talleres de los Editores. Av. Rep. de Chile, 55.

En 8º, de 121 p.

LOPEZ ITUARTE, ALFONSO

BIBLIOGRAFÍA:

1.—Alfonso López Ituarte. *Satanás*. Novela histórica con el relato de la Invasión de Veracruz y el conflicto con la Casa Blanca.—México. Tip. 1ª del Puente de Alvarado núm. 20. 1914.

En 4º, de 88 p. ilustrada.

LOPEZ-PORTILLO Y ROJAS, JOSE

Nació en Guadalajara (Jal.), el 26 de mayo de 1850. Hizo sus estudios preparatorios en dicha ciudad y en México, y los profesionales en la primera, donde obtuvo en 1871 el título de abogado. El año siguiente recorrió parte de los Estados Unidos, Europa, Egipto y Palestina, cuyas impresiones de viaje publicó a su regreso. Desde luego se consagró al ejercicio de su profesión y al periodismo, y desde muy joven ingresó a la vida pública, habiendo desempeñado entre otros cargos y en distintas épocas, los de Diputado al Congreso de la Unión y a la Legislatura de Jalisco, Senador, Magistrado del Tribunal de Justicia de Guadalajara, Subsecretario de Instrucción Pública y Bellas Artes y de Relaciones Exteriores, y Gobernador de su Estado natal. Tuvo igualmente a su cargo, en distintos planteles, las cátedras de economía política, derecho mercantil, penal y minero y de otras materias. Su fecunda y atildada pluma produjo no pocos escritos de carácter jurídico, social, político, histórico y literario, en los cuales reveló su vasta instrucción y los diversos matices de sus conocimientos, siendo sus novelas las que principalmente le acarrearon el prestigio de que con justicia goza en el mundo de las letras. Perteneció a varias agrupaciones científicas y literarias, y falleció en México, el 22 de mayo de 1923, ocupando el cargo de Director de la Academia Mexicana correspondiente de la Española.

D. Victoriano Salado Alvarez al analizar la mejor obra de López Portillo dice: «*La Parcela* es obra naturalista cuyos elementos están tomados pura y solamente de la verdad; pero no es realista a la manera francesa, sino que se parece más bien a las obras inglesas, y de las obras inglesas a las de Dickens. Esa serenidad de Espíritu, esa longanimidad en los personajes, esa benevolencia al tratar de los malos, ese delicado gracejo al describir a los ridículos, son procedimientos de la cepa del novelista de Porstmouth. Existen caudros que tienen el relieve de la realidad que podrían pintarse como si se hubieran visto y tocado. La pendencia de los dos rancheros, en que ambos peleantes hacen ostentación de la "cavallería rusticana" propia de nuestras gentes de campo: la aplicación de la ley fuga al desgraciado Roque; la diligencia de apeo en el monte y la ruptura de la presa son buena muestra de ello. Las descripciones son pocas, pero oportunas y excelentes; sólo aparecen cuando los objetos inanimados pueden ser, según la expresión de Zolá, a manera de personajes que influyan sobre el asunto directa o indirectamente. Hay algo que del nuevo libro me encanta: el amor que en él se respira. Pero al hablar de amor no me refiero a la intriga amorosa, base de la innúmera caterva de fábulas, sino al calor de humanidad, al cariño por las personas y las cosas, a la fe en la vida, en el progreso, en el cumplimiento de todo lo grande y todo lo bueno que animan y compenetran al autor. Claro que no hace éste ostentación de esa impersonalidad predicada como supremo don del novelista Flaubert y los que siguen sus pasos de cerca. A menudo toma la palabra para censurar a los malos, alabar a los buenos, dolerse de los desgraciados y alentar a los irresolutos; pero para esto tiene en su abono ejemplos y jurisprudencia respetabilímos; el ejemplo de Balzac (como quien nada dice) y la jurisprudencia de sus obras maestras, verbigratia *Eugenia Graundet*. Bien sé que se hará un reparo a la obra del Sr. López Portillo diciéndose que no hay entre los suyos un personaje aborrecible porque aún a los malos los ha pintado buenos; pero ¿acaso la bondad será como las provincias, "materia no novelable? ¿Acaso el primer precepto del arte no consiste en ver la vida a través de un temperamento? ¿O es acaso obligatorio en las obras de ficción, como en las causas ante la Santa Sede, la presencia de un "advocatus diáboli?" Si así pasara habría que declarar fuera de la ley artística al "pere" Goriot, a Paulina Quénu, a la mujer de Maheu, a Jacinta Santa Cruz y a la mitad de los personajes de la novela moderna. En suma, para mí *La Parcela* es una de las novelas mejores que en la República se han producido, pues compite —¡cómo que compite!— con *La Calandria*, con *La Bola* y con *La Rumba*. Si tiene defectos búsqueselos quien no sepa lo que es hinchar un perro; yo me limito a enviar al autor mi felicitación calurosa y mi admiración honda y sincera.»

BIBLIOGRAFÍA:

1.—*Seis Leyendas* por José López-Portillo y Rojas. Edición de "Un Periódico."— Guadalajara. 1883. Tip. de Francisco Arroyo de Anda, calle de Belén, núm. 18.

En 8º.

2.—Biblioteca de autores Mexicanos. 11. Obras del Lic. D. J. López-Portillo y Rojas, Miembro correspondiente de la Academia Mexicana. Tomo I. *La Parcela* (Novela).—México. Imp. de V. Agüeros, Editor. Cerca de Sto. Domingo. No. 4. 1898.

En 8º, de XXVI, 543, (2) p., más el retrato

del autor. Precedida de una biografía anónima del mismo.

La Parcela. Novela de costumbres mexicanas por el Sr. Lic. D. José López-Portillo y Rojas.— México. Imprenta de "El Tiempo." 1ª de Mesones núm. 18. 1904.

En 4º, de (4), XIII, 302 p. con láminas.

3.—Biblioteca de Autores Mexicanos. 27. Obras del Lic. J. López-Portillo y Rojas Miembro correspondiente de la Academia Mexicana. Tomo II. *Novelas cortas*. I.—México. Imp. de V. Agüeros, Editor, Cerca de Sto. Domingo No. 4. 1900.

2 v. en 8º, de VI, 590 y (4), 609 p. El segundo es el t. 49 de la *Biblioteca*.

4.—*Sucesos* y *Novelas Cortas* por José López-Portillo y Rojas Miembro correspondiente de la Real Academia Española e individuo de número de la Mexicana. — México. Tipografía de "El Tiempo." Primera de Mesones Número 18. 1903.

En 8º, de IV, 609 p.

5.—Biblioteca de Autores Mexicanos. 69. Obras del Lic. José López-Portillo y Rojas. Tomo IV. *Los Precursores*. (Novela)—México. Imprenta de V. Agüeros, Editor. Primera Calle de Mesones No. 18. 1909.

En 8º, de XI, 722, II p.

6.—*Historias, Historietas y Cuentecillos* por José López-Portillo y Rojas.— Librería de la Vda. de Ch. Bouret. París. 23, Rue Visconti, 23. México. 45, Av. Cinco de Mayo, 45. 1918. *(A? frente:)* Imprenta Francesa. Jardín Carlos Pacheco 1 y 3.

En 8º, de 448 p.

7.—*Fuertes y Débiles*. Novela por José López-Portillo y Rojas.—Editada por la "Librería Española." Avenida 5 de Mayo, 43. Teléfono Eric. 7355. Apartado Postal 1445. México, D. F.

En 8º, de (8), 527 p.

La Novela Semanal de El Universal Ilustrado. Se publica cada jueves como suplemento de este Semanario. Año 1. & de junio de 1923. Núm. 32. Número dedicado a la memoria del novelista José López-Portillo y Rojas. *Sor María Margarita* y *La Horma de su Zapato*. Sus mejores novelas cortas.—Publicaciones Literarias de El Universal Ilustrado. México, D. F.

En 16º, de 32 p.

LOPEZ DE LA SERNA, RAFAEL

BIBLIOGRAFÍA:

1.—*Costumbres de Mineros Mexicanos. Curiosa Venganza*. Por Ricardo Colt, Ingeniero de Minas.—Ramón de S. N. Araluce. México. Callejón de Santa Inés, 5. Barcelona. Calle de Bailén, 135.

En 4º, de 172 p. Comprende sólo la primera parte.

LOYOLA, BERNABE

BIBLIOGRAFÍA:

1.—*Doce Episodios de la Vida de Bernabé*

197

Loyola, escritos por él mismo y dedicados a sus queridos hijos. Primera Edición.—Imprenta de Juriquilla. Año de 1876.

En 8º, de (4), III, 201 p.

LUQUIN, EDUARDO

BIBLIOGRAFÍA:

1.—Eduardo Luquín. *El Indio.* Novela.—México. Herrero Hermanos Sucesores. Despacho: Avenida Cinco de Mayo, 39. Almacenes: Plaza de la Concepción, 5 y 7. 1923. *(A la v.:)* Talleres de Herrero Hnos. Sucs. Rep. de Chile, 55.

En 8º, de 87 p.

2.—*Agosto.* Por Eduardo Luquín. (De "Anuario Sentimental") y otros cuentos.—Publicaciones Literarias Exclusivas de "El Universal Ilustrado."

En 16º, de (2), 32 p.

LLANAS, PEDRO L.

Unicamente sabemos, acerca de este escritor, que por 1880 desempeñaba el cargo de Inspector General de Instrucción Pública en el Estado de Morelos, y que dió a luz un tratado elemental de lógica.

BIBLIOGRAFÍA:

1.—*Caridad y Recompensa.* Novela histórica

y original de Pedro L. Llanas. Tomo I. *(Al fren-te:)* Propiedad del autor. México. Imprenta del Cinco·de Mayo, Callejón de Sta. Clara número 9. 1874.

En 4º, de (2), 272, III, (5) p. más 10 láminas. Con prólogo del Ing. José Joaquín Arriaga, carta del Gral. Manuel M. Escobar a D. Mariano Villanueva y Francesconi y prólogo del autor. Subscrita en Veracruz, a 29 de junio de 1874.

MACIAS, FRANCISCO

BIBLIOGRAFÍA:

1.—Biblioteca Zacatecana. *Amparo.* Leyenda escrita por Francisco Macías. Edición de "El Estado Libre."—Zacatecas. Imprenta Económica de Mariano Ruíz Esparza. Callejón de Prieto. 1880.

En 8º, de 104 p.

MALDA, JOSE GABRIEL

BIBLIOGRAFÍA:

1.—*"Recuerdos de la vida bohemia* (1869), que contiene dos novelas intituladas: *Amor por partida doble* y *La Gota de Agua."*

González Obregón, *Novelistas mex.,* México, 1889, p. 28.

2.—Edición de "La Patria." *Noches de Vivac*

por J. Gabriel Malda.—México. Imprenta, Lito
grafía y Encuadernación de Ireneo Paz. 2ª del
Relox, núm. 4, calle Norte núm. 127. 1897.

En 8º, de 315 p.

MALDONADO, ALFONSO M.

Nació en Puebla el 21 de noviembre de
1849. A la edad de nueve años comenzó sus
estudios en el Seminario Palafoxiano de la propia ciudad, e hizo en él toda su carrera con
excepción de los años tercero y cuarto de leyes,
que los cursó en el Colegio del Estado. Su
examen profesional lo sustentó en la Escuela
Nacional de Jurisprudencia de la Capital, donde
obtuvo el título de abogado en 1871. Seis años
después comenzó a prestar sus servicios en la
administración de justicia, y ha desempeñado
diversos cargos en varias de las poblaciones de
la República. En 1886 fué nombrado miembro
de la comisión encargada de fijar los límites entre su Estado natal y el de Tlaxcala, y formó
parte de la que redactó los códigos de la segunda
de dichas entidades, cuyo código civil fué obra
suya. Es socio fundador de la Academia de Legislación y Jurisprudencia de Puebla y correspondiente de la Real de Madrid.

BIBLIOGRAFÍA:

1.—Biblioteca de Autores Mexicanos. 62.
Obras del Licenciado Alfonso M. Maldonado.

Tomo I. *Cuentos y Narraciones.*—México. Imp. de V. Agüeros, Editor. Primera Calle de Mesones No. 18. 1908.

2 v. en 8º, de VII, 238, 226, II p. más el retrato del autor y (2), 440, II p. con una biografía anónima del mismo.

2.—Biblioteca de Autores Mexicanos. 64. Obras del Lic. Alfonso M. Maldonado. Tomo II. *Nobles y Plebeyos.* (Novela histórica).— México. Imp. de V. Agüeros, Editor. Primera Calle de Mesones No. 18. 1910.

En 8º, de (4), 684, (3) p.

MANCERA, OCTAVIO

BIBLIOGRAFÍA:

1.—Octavio Mancera. *Cuentos Diáfanos.* Primera edición. México. Tipografía de "La Revista Militar Mexicana." 1ª Calle de la Pila Seca, número 318. 1896.

En 4º, de (6), XVI, 214 p. más el retrato del autor. Prologada por D. Heriberto Frías.

MANZANILLA, ANASTASIO

Nació en Mérida, capital del Estado de Yucatán, el 27 de diciembre de 1892, y allí hizo sus estudios en el Instituto Literario y la Escuela Preparatoria. Desde sus tiempos de estudiante comenzó a escribir versos y a colaborar en varios periódicos juveniles, y después figuró entre los fundadores de *Revista Azul, Excelsior* y *Don Quijote*, los tres de índole literaria. Posteriormente se dedicó al periodismo político y en 1916 fundó *El Hombre Libre*, diario por el que combatió al gobierno del Gral. Alvarado, quien por ese motivo le persiguió hasta verse obligado a trasladar su periódico a México, donde lo siguió publicando algunos meses más. Partidario de la revolución, ocupa actualmente una curul en la Cámara de Diputados. Su pluma ha producido varias obras, tanto en prosa como en verso, calzadas casi todas con el seudónimo de "Hugo Sol."

BIBLIOGRAFÍA:

1.—Hugo Sol. *Los Rostros de la Nada*. Novelas. Primera edición.—Mérida, Yucatán, México. Imp. Gamboa Guzmán de Luis Rosado Vega. Calle 58 núm. 503. 1913.

En 4º, de 181 p. más el retrato del autor.

MAQUEO CASTELLANOS, ESTEBAN

BIBLIOGRAFÍA:

1.—*La Ruina de la Casona*. Novela de la Revolución Mexicana por E. Maqueo Castellanos. Parte primera. La Comedia. De la hipoteca al temblor.—Talleres de "Revista Mexicana." San Antonio, Texas.

2 v. en 8º, t. I, de (2), 109 p. El t. 2 de esta edición parece que no llegó a publicarse.

La Ruina de la Casona. Novela de la Revolución Mexicana por E. Maqueo Castellanos.—México. Eusebio Gómez de la Puente, Editor, Apartado Postal, núm. 59 bis. 1921.

En 4º, de 661, II p. Subscrita en La Habana, en marzo-noviembre de 1917.

MARAÑON, GREGORIO

BIBLIOGRAFÍA:

1.—*Biología de Don Juan.* Por Gregorio Marañón.—Publicaciones Literarias Exclusivas de "El Universal Ilustrado." 1924.

En 16º, de 22 p.

MARCOS, AGUSTIN

BIBLIOGRAFÍA:

Pura. Novela inédita especial para "Orthos por Agustín Marcos.—México. 1923.

En 16º, de (2), 16 p. Subscrita en México, en julio de 1923.

MARIN LOYA, LUIS

BIBLIOGRAFÍA:

1.—La Novela Semanal de "El Universal Ilustrado." *El Son del Amor.* Por Luis Marín Loya.

En 8º, de (2), 24 p.

MARTINEZ, ONOFRE ANGEL

Nació en el Valle de Santiago (Gto.) el 12 de junio de 1867. A la edad de once años comenzó los estudios de latinidad en el Colegio del Espíritu Santo de Maravatío, de donde pasó al de San Pablo de Yuriria a terminar los preparatorios, que concluyó en el Convento de San Agustín de Cuitzeo (Mich.). Los cursos de teología y demás ciencias eclesiásticas los hizo en el Convento de San Agustín de Morelia, y después de haber profesado como religioso agustiniano, recibió las sagradas órdenes en 1891. A fines del año inmediato fué nombrado prior de este último convento y secretario de la Provincia de San Nicolás Tolentino de Michoacán, cargos que desempeñó por espacio de seis años, al cabo de los cuales se dirigió a Roma a perfeccionar sus estudios. A su regreso se consagró al ejercicio de su ministerio, y actualmente radica en el pueblo de La Magdalena de la jurisdicción del Valle de Santiago. Entre las obras que ha escrito y dado a la estampa mencionaremos su *Biografía de Fray Diego Basalenque* y su *Colección de cartas o documentos útiles acerca del valor fonético de la u precedida de la q en el idioma latino.*

BIBLIOGRAFÍA:

1.—"Teodolinda. 1918. Valle de Santiago. Imp. de Ismael Pastor."

204

MARTINEZ, GONZALO

BIBLIOGRAFÍA:

1.—*Gabriel y María.* Novela corta.— Culiacán.

MARTINEZ, GUILLERMO

BIBLIOGRAFÍA:

1.—*Pancho Villa.* Por Guillermo Martínez.— Taller Tipográfico de El Mundo. México, D. F. En 8⁰, de 440 p.

MARTINEZ DE CASTRO, MANUEL

BIBLIOGRAFÍA:

1.—*Julia.* Novela de costumbres mexicanas. Edición de "La Iberia."—México. Imp. de F. Díaz de León y Santiago White. Segunda de la Monterilla núm. 12 1868.

2 v. en 8⁰, de 402, (2) y 458, (2) p.

Julia. Novela histórica i de costumbres orijinal de M. Martínez de Castro. Tomo I.—México. Tipografía del Comercio, de Nabor Chávez. Calle de Cordobanes núm. 8. 1874.

2 v. en 4⁰,

2.—M. Martínez de Castro. *Una Madre i una hija. (Epígrafe de Moore).* Edición de "La Ibería."— México. Imprenta de Ignacio Escalante, Bajos de San Agustín, núm. 1. 1875.

En 4º, de 142 p.

3.—M. M. de Castro. Eva. *Memorias de Dos Huérfanos.*—México. Tipografía Literaria de Filomeno Mata. San Andrés y Betlemitas 8 y 9. 1885.

3 v. en 8º, T. I, de 355, (3) p.; t. II, de 576, (4) p.; y t. III, de 474, (4) p.

4.—M. M. de Castro. *Elvira.* Fragmentos arrancados a las memorias de un solterón para el "Diario del Hogar."—México. Tipografía Literaria de Filomeno Mata. San Andrés y Betlemitas 8, 9 y esquina. 1889.

En 8º, de 166 p.

MARTINEZ Y CORTES, ELISEO

BIBLIOGRAFÍA:

1.—*El Cristo.* Por Eliseo Martínez i Cortés. —México. 1924. (La Novela de "Orthos.")

En 16º, de 15 p. Subscrita en México, en 1924.

MARTINEZ LAZZERI, EUGENIO

BIBLIOGRAFÍA:

1.—Eugenio Martínez Lázzeri. *Abnegación.*

Cuentos y Episodios Militares.— Imprenta de "El Día." Orizaba. 1913.

En 8º, de (4), 61 p. Con prólogo de D. Diego Bringas.

MARTINEZ NOLASCO, GUSTAVO

BIBLIOGRAFÍA:

1.—La Novela Semanal de "El Universal Ilustrado." *La Comedianta*. Por Martínez Nolasco.

En 16º, de 42 p.

2.—La Novela Semanal de "El Universal Ilustrado." *El Amigo de la Metrópoli*. Por Gustavo Martínez Nolasco.

En 16º, de (2), 32 p.

MARTINEZ RIESTRA, CEFERINO

BIBLIOGRAFÍA:

1.—*Los Dos Huérfanos*. Novela.

2.—*Productos de la Afición*. Cuentos y crónicas literarias.

3.—*A la Vera de la Muerte*. Novela corta.

4.—C. Martínez Riestra. *El Poder de una Carta*. Novela. Primera edición.—Editores: J. R. Díaz y Cía. El Paso, Texas. E. U. de A. (*Al frente:*) Imprenta Simón Alarcón. El Paso, Texas. U. S. de A.

En 8º, de 179 p., con el retrato del autor.

5.—C. Martínez Riestra. *Amor y Dolor*.

Cuentos y Crónicas. Primera edición.—Editores:
J. R. Díaz y Cía. El Paso, Tex. E. U. de A.
En 8º, de 185 p., con el retrato del autor.

MARROQUI, JOSE MARIA

Nació en México el 6 de febrero de 1824.
Después de haber hecho sus estudios elementales en el Hospicio de Pobres y los secundarios
en el Seminario Conciliar, pasó en 1841 a cursar
los profesionales a la Escuela Nacional de Medicina, habiendo obtenido seis años después el
título de doctor en dicha facultad. Desempeñó
en distintas épocas los cargos de Regidor del
Ayuntamiento de la Capital, Secretario particular
del Presidente Comonfort, Juez del Registro Civil, Cónsul de México en Barcelona, Diputado al
Congreso de la Unión y profesor de lengua castellana y literatura en la Escuela Nacional Preparatoria. Dió a luz diversos estudios de carácter
político, literario y filológico, pero su obra capital, que tardó veinte años en escribir y que no
tuvo la suerte de ver impresa, es la intitulada *La
Ciudad de México*, en tres gruesos volúmenes y
en la que relata con grande erudición y acopio
de datos originales, la historia de sus principales
calles, iglesias y edificios, tanto públicos como
privados. Falleció en su ciudad natal el 24 de
abril de 1898.

BIBLIOGRAFÍA:

1.—*La Llorona*. Cuento histórico mexicano

por José M. Marroqui.—México. Imprenta de I.
Cumplido, Hospital Real N. 3. 1887.

En 4º, de 143 p. más 4 láminas.

MATAMOROS, LINO

BIBLIOGRAFÍA:

1.—"*El Terror!...*" Novela histórica original
por Lino Matamoros.—México, D. F. Junio de
1920. Talleres Gráficos de "Revolución." 1ª de
Belisario Domínguez, 18.

En 4º, de 342 p. Relata los acontecimientos
de la decena trágica y caída del Presidente Madero. Tomo I.

2.—Lino Matamoros. *El Paso de Lerma*. Novela histórica contemporánea. Ediciones Gra-
phos.—México. 1925.

En 8º, de 104 p.

MATEOS, JUAN A.

Nació en la ciudad de México el 24 de junio
de 1831. Hizo sus estudios en el Colegio de San
Gregorio, de donde vino a sacarlo la invasión
norteamericana, que le obligó a pasar al Instituto de Toluca (Méx.), y allí fué discípulo de D.
Ignacio Ramírez, de quien bebió las ideas que
profesó en el resto de su vida. Volvió a la Capital
en 1853 a seguir los cursos de Jurisprudencia
en el Colegio de San Juan de Letrán, mas la

revolución de Ayutla le hizo dejar las aulas y afiliarse al ejército como partidario activo de ella, y una vez triunfante, obtuvo el título de abogado en 1857. Al declararse la guerra de Reforma volvió a tomar las armas en su defensa, y lo propio hizo contra la Intervención francesa, aunque después reconoció el Imperio y fué Regidor del Ayuntamiento de México. Más tarde atacó a Maximiliano por la prensa, motivo por el cual fué aprehendido y deportado al Castillo de San Juan de Ulúa. Al lograr su libertad se incorporó al Ejército de Oriente, y al restablecimiento de la República fué nombrado Secretario de la Suprema Corte de Justicia, de donde poco tiempo después pasó al Congreso de la Unión con el carácter de diputado. Largos años conservó este cargo, que al fin tuvo que dejar casi en vísperas de morir, habiéndosele dado en compensación el de bibliotecario de la misma Cámara. En la tribuna parlamentaria se señaló siempre por su intransigencia jacobina, de la que descarada y sistemáticamente hacía gala en todos sus discursos. Colaboró en los principales periódicos liberales y dió a luz numerosas obras de carácter político y literario. La muerte le sobrecogió en su ciudad natal el 29 de diciembre de 1913.

«Mateos—dice un autor—es el decano de los novelistas y de los poetas dramáticos mexicanos. Sus novelas históricas y en primer término el *Cerro de las Campanas*, han gozado de envidiable popularidad, y algunas de ellas se han reproducido en la vecina república americana. Sus obras dramáticas pasan de cincuenta. Son incontables sus poesías, entre las cuales descuellan los pequeños poemas que llevan por título la *Campana de Dolores*, los *Perfiles de la Conquista* y las *Batallas de Oriente*. Ha sido redactor del *Monitor Republicano* y del *Siglo XIX*, ilustres mantenedores de las instituciones democráticas, y actualmente dirige la *Historia de los Congresos Mexicanos*. Bajo el punto de vista literario, Mateos adolece de dos achaques que servirán sin duda para irritar la severidad de los doctos: su *precipitación* y su *incuria*. Puede decirse que sus obras todas son un rasgo continuo de improvisación. Jamás revisa ni corrige, y a veces ha compuesto dictando una novela que ha pasado a la prensa, cargada con visibles faltas de ignorantísimos amanuenses. Como era de esperarse, esta insignificancia a que reduce el valor y el éxito de sus propias obras, ha dado fácil ocasión para que algunos pobres ensayen con entusiasmo candoroso sus felices disposiciones para la crítica.»

BIBLIOGRAFÍA:

1.—*El Cerro de las Campanas*. (Memorias de un Guerrillero.) Novela histórica por Juan A. Mateos.—México. Mprenta *(sic)* de Ignacio Cumplido, Calle de los Rebeldes núm. 2. 1868.

En 4º, de VII, 757 p. con láminas. Prologada por D. José Rivera y Río.

Juan A. Mateos. *El Cerro de las Campanas*. Novela histórica. Novísima edición adornada con numerosos fotograbados intercalados en el texto.

—Casas Editoriales de Maucci Hermanos. México. Primera del Relox. 1. Maucci Hermanos e Hijos. Buenos Aires. Calle de Rivadavia, 1435.

En 4º, de 499 p.

2.—*El Sol de Mayo*. (Memorias de la Intervención.) Novela histórica por Juan A. Mateos. —México. Imprenta de Ignacio Cumplido, Calle de los Rebeldes núm. 2. 1868.

En 4º, de (4), 755, V p., con láminas. Prologada por D. Hilarión Fías y Soto.

Juan A. Mateos. *El Sol de Mayo*. Memorias de la Intervención. Novela histórica. Novísima edición adornada de numerosos fotograbados intercalados en el texto.—Casas Editoriales Maucci Hermanos. México. Primera del Relox. 1. Maucci Hermanos e Hijos. Buenos Aires. Calle de Rivadavia, 1435.

En 8º, de 458 p.

3.—"Mateos, Juan A.—*Sacerdote y caudillo*. Episodios de la Independencia. México, 1869, en 4º, con láminas."

Porrúa. *Catálogo*, enero de 1911, p. 1908.

"Mateos, Juan A.—*Sacerdote y caudillo*. Memorias de la insurrección. Novela histórica mexicana.—México, 1902. Seis tomos tres volúmenes en 4º."

Ibid. *Catálogo*, febrero de 1909, p. 39.

Sacerdote y Caudillo. Memorias de la insurrección. Novela histórica Mexicana por Juan A. Mateos. Novísima edición Ilustrada por espléndidos fotograbados.— México. Maucci Hermanos. Primera del Relox, N. 1. Buenos Aires.

212

Maucci. Hermanos e Hijos. Calle Rivadavia, N. 1435.

En 4º, de 448 p. con láminas.

4.—*Los Insurgentes*, continuación de Sacerdote y Caudillo. Novela histórica por Juan A. Mateos.—México: 1869. Imprenta del Comercio, de N. Chávez, a cargo de J. Moreno, Cordobanes núm. 8.

En 4º, de 604 p. con láminas. Advierte el autor en nota final: "Mi distinguido amigo Vicente Riva Palacio, ha honrado este libro escribiendo el Prólogo y Epílogo; así es que los párrafos de esos capítulos que se hallan entre comillas, son obra de su elegante pluma."

Abrahan Sánchez Arce, Editor. *Los Insurgentes*. Novela histórica mexicana por Juan A. Mateos. Tomo I.—México. Tipografía "Diamante," del Editor. 2ª de San Lorenzo núm. 10. 1902.

4 v. en 8º, T. I, de 160 p.; t. II, de 160 p.; t. III, de 158 p. y t. IV, de 143 p.

Independencia Mexicana. *Los Insurgentes*. Continuación de Sacerdote y Caudillo. Novela Histórica Mexicana por Juan A. Mateos. Novísima Edición adornada de espléndidos fotograbados.—México. Maucci Hermanos. Primera del Relox, N. 1. Buenos Aires. Maucci Hermanos e Hijos. Calle Rivadavia. N. 1495.

En 4º, de 359 p. con láminas.

5.—*Sor Angélica*. Memorias de una Hermana de la Caridad. Novela original por Juan A. Mateos.—México. Imprenta de la "Revista Universal." Primera de San Francisco núm. 13. 1875.

En 4º, de 316, 2 p. más una lámina.

6.—Casa Editorial de J. Vicente Villada. *Los Dramas de México*. Novela original de Juan A. Mateos.—México. Tip. del editor, Callejón de Santa Clara núm. 10. 1887.

En 8º, de 590 p.

7.—Biblioteca de "El Mundo." *Memorias de un Guerrillero*. *La Reforma*. Novela original de Juan A. Mateos, escrita expresamente para "El Mundo."—México. Impreso en los Talleres de "El Mundo," S. A. 1897.

2 v. en 8º, de 260 y 372 p. La 2ª parte lleva por título *La Guerra de tres años*.

"Mateos, Juan A.—*Memorias de un guerrillero*. Novela original. (Novísima edición). México. Maucci hnos. e hijos. 1 vol. 8º, pta."

Biblioteca Nacional. *Catálogo de obras mexicanas*, p. 35.

8.—Biblioteca de "El Mundo." *Las Olas Altas*. Novela original de Don Juan A. Mateos.—México. Tipografía de "El Mundo." Tiburcio número 20. 1899.

En 8º, de 285 p.

9.—Biblioteca de "El Mundo." *La Baja Marea*. (Continuación de "Las Olas Altas.") Novela original de D. Juan A. Mateos.— México. Tipografía de "El Mundo." Tiburcio número 20. 1899.

En 8º, de 229 p.

10.—Biblioteca de "El Mundo." *El Vendedor de Periódicos*. (Tercera parte de "Las Olas Altas.") Novela original de D. Juan A. Mateos.— México. Tipografía de "El Mundo." Tiburcio número 20. 1899.

En 8º, de 294 p.

11.— Biblioteca de "El Mundo." *Las Olas Muertas*. (Cuarta parte de "Las Olas Altas.") Novela original por Don Juan A. Mateos.—México. Tipografía de "El Mundo." Tiburcio núm. 20. 1899.

En 8º, de 314 p.

12.—*Sangre de Niños*. (Una página de Chapultepec.) Novela histórica por Juan A. Mateos. Primer año del siglo XX.—México. Linotipía de "El Mundo" y "El Imparcial." 1901.

En 4º, de 134 p.

13.—Abraham Sánchez Arce, Editor. *Sepulcros Blanqueados*. Novela original de Juan A. Mateos.—México. Tipografía Económica. Calle Sur A. 5, núm. 30. Antes Cazuela 10. 1902.

En 8º, de 320 p.

14.—*La Magestad Caída o la Revolución Mexicana* por Juan A. Mateos. Primera edición ilustrada.—Casas Editoriales Maucci Hermanos e Hijos Buenos Aires. Calle Rivadavia 1435. México. Cuarta de Tacuba, 40. José López Rodríguez. Habana. Calle Obispo, 129 a 135.

En 8º, de 159 p. más el retrato del autor.

MEJIA, DEMETRIO

Fué hijo del Estado de Oaxaca, donde hizo sus estudios elementales y preparatorios, terminados los cuales vino a la Capital a hacer los profesionales en la Escuela Nacional de Medi-

cina. Una vez que recibió el título respectivo e.
1872, se opuso a la plaza de jefe de clínica interna, que obtuvo y conservó hasta su muerte; después a la de profesor adjunto de la misma, que también ganó, y posteriormente, creada una nueva cátedra de ese ramo, se encargó interinamente de ella. En 1873 ingresó a la Academia Nacional de Medicina en calidad de socio titular, y después de haber desempeñado diversos cargos en dicha institución, fué electo presidente respectivamente en 1890 y 1891. En 1892 abrió un curso libre de obstetricia teórico práctico para señoras. Fué autor de diversos e interesantes estudios sobre materias médicas, los cuales le dieron, principalmente en el extranjero, un lugar muy distinguido entre los intelectuales mexicanos. Falleció en México, el 11 de noviembre de 1913.

BIBLIOGRAFÍA:

1.—Dr. Demetrio Mejía. *Entre el Amor y la Patria*. Novela histórica mexicana.—México. Tipografía de "El Partido Liberal." 3ª de la Independencia núm. 3. 1889.

En 8º, de 530, (11) p. más un plano de la ciudad de Cuautla.

Entre el Amor y la Patria. Novela Histórica Mexicana. Por el Dr. D. Demetrio Mejía. Edición de "La Ciudad de Dios."—México. Imprenta de "La Voz de México," Hospicio de San Nicolás, 10. 1900.

En 4º, de 573, VIII p.

MELENDEZ Y MUÑOZ, MARIANO

Acerca de este antiguo novelista no tenemos más noticias que radicaba en Guadalajara, en 1836, y acerca de su novela hace D. Luis González Obregón la siguiente crítica:

«Sirven de argumento a esta obra los tenebrosos sucesos del reinado de Felipe II, con motivo de la muerte de su hijo D. Carlos. Este príncipe desempeña el papel de protagonista, el de heroína *una hija suya,* y figuran como principales personajes Hernán Cortés, Pánfilo de Narváez y el Conde de Elba. Pasan las escenas unas veces en España y otras en Yucatán y en Tabasco. Incestos, suicidios y parricidios, son los crímenes con que pretendió el autor darle interés. Tiene la novela sus pretensiones de histórica, pero en esa parte el autor asienta hechos falsos, como el de afirmar que los sacerdotes aztecas sacrificaban a sus víctimas enclavándoles en el pecho un puñal de oro (?). Hernán Cortés aparece en *El Misterioso* con una nueva hazaña: manda quemar viva a una madre con todos sus hijos, porque ésta no quiso corresponder a sus lúbricos deseos. En resumen: *El Misterioso* es el ejemplo mejor que puede presentarse de los pésimos frutos que produjo la escuela romántica exagerada.»

BIBLIOGRAFÍA:

1.—*El Misterioso.* Por Mariano M. de Muñoz. Guadalajara. 1836. *(A la v.:)* Impreso por Teodosio Cruz-Aedo.

En 8º, de (2), XVI, 318 p. más una lámina.

MELLADO, GUILLERMO

BIBLIOGRAFÍA:

1.—La Novela Semanal de "El Universal Ilustrado." *El Terruño.* Por Guillermo Mellado. En 16º, de (2), 30 p.

MENDEZ DE CUENCA, LAURA

Nació en la hacienda de Tamariz, inmediata al pueblo de Amecameca (Méx.) el 18 de agosto de 1853, y contrajo matrimonio con el celebrado poeta D. Agustín F. Cuenca. En el curso de su vida ha prestado importantes servicios en el ramo de instrucción pública, como profesora de la Escuela de Artes y Oficios para Mujeres, de la Normal para Profesoras, así como en los diversos colegios para niñas que tuvo a su cargo en la Capital y en la Escuela Normal para Profesoras de Toluca, de la que fué directora. El Gobierno la comisionó para que hiciese en Europa y los Estados Unidos estudios especiales sobre la organización de la enseñanza y para que representara a la nación en los congresos internacionales de educación reunidos en París, Berlín, Milán, Bruselas, Francfort, Le Maine y Londres.

Ha prestado su colaboración en *El Universal, El Imparcial, El Correo Español, El Pueblo* y otros periódicos metropolitanos, y durante su permanencia en San Francisco, California, fundó la *Revista Hispano Americana*. Sus méritos literarios le han abierto las puertas de varias asociaciones científicas y literarias.

BIBLIOGRAFÍA:

1.— Biblioteca de "El Mundo." *El Espejo de Amarilis*. Novela de costumbres mexicanas escrita para "El Mundo" por Laura Méndez de Cuenca.—México. Linotipía de "El Mundo" y "El Imparcial." Segunda de las Damas y Puente Quebrado números 3 y 4. 1902.
2 v. en 4º, de 164 y 179 p.
2.—Laura Méndez de Cuenca. *Simplezas. La Venta del Chivo Prieto. Un Rayo de Luna. El Ridículo Santelices, etc.* . . .—Sociedad de Ediciones Literarias y Artísticas. Librería Paul Ollendorff. 50, Chaussée d'Autin, 50. París.
En 8º, de (4), 270 p. más el retrato de la autora.

MENDEZ RIVAS, FEDERICO

BIBLIOGRAFÍA:

1.—*Ana*. Impresiones de un Viaje por Federico Méndez Rivas. 1888.— México. Imprenta del Gobierno Federal, en el ex-Arzobispado. Dirigida por Sabás A. y Munguía. 1888.

En 4º, de 112 p. más 9 láminas.

2.—*María o Un Amor Contrariado*. Por Federico Méndez Rivas. Publicada en la Isla del Carmen en 1874.—México. Imprenta del Gobierno, en el ex-Arzobispado. Dirigida por Sabás A. y Munguía. 1888.

En 4º, de 46 p.

MERINO, MANUEL

Poeta y escritor tabasqueño, muerto en 1917.

BIBLIOGRAFÍA:

1.—*La Gruta del Madrigal*.—San Juan Bautista. 1886.

Biblioteca de Autores Tabasqueños. *Celestina*. Novela Histórica de Tabasco por Manuel Merino. Segunda edición.—Tabasco. Tip., Lit., Encuadernación y Rayados de M. Gabucio M. Constitución 6. 1902.

En 4º, de 275 p. más los retratos del autor y del prologuista. 2ª edición de la anterior, aunque con diverso título. Con una carta a guisa de prólogo, del Lic. Manuel Sánchez Mármol.

2.—Biblioteca de Autores Tabasqueños. *Juana Santa Anna*. Novela histórica de Tabasco por Manuel Merino.—San Juan Bautista. Talleres de Litografía, Tipografía, Encuadernación y Rayados de M. Gabucio M. 1901.   En 4º, de IX, 242 p.

3.— Bliblioteca de Autores Tabasqueños. *Ruta.* Novela histórica por Manuel Merino. 1906. —Talleres de Tipografía, Litografía, Encuadernación y Rayados de Ramón González. San Juan Bautista. Tabasco. 1907.

En 4º, de (4), 194 p. Prologada por D. Felipe A Margalli.

MICHEL, ALBERTO

Nació en Sombrerete (Zac.), el 3 de mayo de 1867. Niño aún vino a México, donde hizo todos sus estudios, y en 1885 se vió obligado a abandonar las aulas y a ingresar en calidad de escribiente, en la Secretaría de Hacienda. Posteriormente ha desempeñado entre otros cargos, los de Tesorero Municipal de Tacuba (D. F.), Ayudante de libros de la Tesorería de la Beneficencia Pública, Jefe de la Sección de Correspondencia en la Carcel de Belén, Secretario de la Junta Consultora de la Dirección General de Correos, y actualmente el de Glosador de la Contraloría General de la Nación. Ha sido además profesor de comedia en el Conservatorio Nacional de Música y director de escena en diversos teatros de la Capital. Como periodista ha colaborado en *El Nacional, El Universal* de D. Rafael Reyes Spíndola, *La Ilustración Semanal, El Mundo Ilustrado* y actualmente en *Excelsior,* con el carácter de cronista teatral. Su pluma ha producido cerca de trescientas piezas dramáticas, algunas de las cuales han sido premiadas en distintos concursos. Es socio activo de varias agrupaciones científicas y literarias y correspondiente del Ateneo de Lima.

BIBLIOGRAFÍA:

1.—*Narraciones y Confidencias.* (Memorias de un Naturalista). Artículos científico-literarios sobre zoología por Alberto Michel, Miembro correspondiente de la Sociedad Mexicana de Geografía y Estadística, activo del Liceo Mexicano, etc.—México. Oficina Tip. de la Secretaría de Fomento. Calle de San Andrés núm. 15. 1889.

En 4º, de 145 p. Prologadas por D. Luis González Obregón.

MONTALVO, ANGEL T.

BIBLIOGRAFÍA:

1.—*El Crimen de un Comisario de Policía.* Novela histórica por Angel T. Montalvo (Monsieur Chambon)—México. Talleres Tipográficos de "La Tribuna." 1914.

En 4º, de 32 p.

MONTERDE GARCIA ICAZBALCETA, FRANCISCO

Nació en la ciudad de México el 9 de agosto de 1894. En la propia Capital hizo su educación primaria en colegios particulares, de los que pasó a hacer los superiores a la Escuela Nacional Preparatoria, y la Superior de Comercio. Al dejar las aulas fué nombrado secretario y profesor de la Escuela N. Primaria de Comercio, después secretario de la de Odontología y actualmente desempeña el cargo de auxiliar de publicaciones de la Biblioteca Nacional y tiene a su cargo una cátedra de literatura en la Escuela Nacional Preparatoria. Muy joven, casi niño, sus aficiones literarias le abrieron las puertas de las redacciones de varios periódicos, en los que dió a conocer sus primeros ensayos, y posteriormente ha colaborado en *El Nacional, El Universal, Tricolor, Album Salón, Revista de Revistas, Zig Zag* y en otras publicaciones. Diversos de sus trabajos han sido premiados en certámenes literarios, y dada la índole y calidad de sus producciones, está llamado a ocupar con el tiempo un distinguido lugar entre nuestros hombres de letras.

Analizando su obra, dice D. Jesús Villalpando: «Las dos prosas coloniales del libro de Icazbalceta, fueron hechas con piadoso amor, manteniendo un sostenido equilibrio del estilo y del ambiente, sin amaneramientos tortuosos y alambicados, sin rebuscamientos de parche, ni falsas imitaciones del decir, que siempre resultan, aun en la propia habla, como ridículos tanteos del que empieza a iniciarse en el aprendizage de un nuevo idioma. La prosa de Icazbalceta, no perdiendo su elegante ductilidad sonora, tiende muchas veces, para dar más colorido al ambiente y mayor propiedad a los personajes, al empleo de

ciertos giros y arcaísmos, con donosura y gracia
siempre bien empleados, al modo como lo hicie-
ra en su "Gloria de don Ramiro," hace algunos
años, el gran escritor argentino Larreta. No se
buscará en la obra argumento de gran emoción y
movimiento interesante de acciones inesperadas
y novelescas; un suave velo del alma colonial
flota en torno de edificios y gentes, y si acaso
el misterio y el destino juglaresco intervienen a
veces para darnos un rápido estremecimiento,
como cuando entra a una estancia quieta, en una
racha fría, una mariposa negra que estingue mo-
mentáneamente la luz... La virtuosidad del
artista definido, ya se advierte en el esencial
dibujo de los personajes, en el delicado matiz
de los colores de un gris de patina sobre piedra
antigua, y si mucho persiste en el desentraña-
miento cuidadoso y reverente de la disección
del alma de los personajes, hace tiempo vividos,
y sabe amalgamar su alma con los paisajes y las
ciudades en que vivieron, para que armónica-
mente sean inseparables, en buena hora que ya
estamos dispuestos a esperar la obra grandiosa
de un animador artista, arquitecto, literato o
escultor, que nos entregue, para que no se pierda
jamás, la vida exacta de aquel tiempo, de donde
venimos y en donde se empezó a formar la
inconfundible alma mexicana.»

BIBLIOGRAFÍA:

1.—*El Madrigal de Cetina y El Secreto de
la Escala.* Son narraciones de lejanos tiempos en

las qve figuran visorreyes y visitadores fijosdalgos y conqvistadores frailes e inqvisidores de la Nveva España. Las escribió y pvblica Don Francisco M. García Icazbalceta con vna prosa inicial de Don Manvel Horta y varios dibvjos de Don Jesvs Chavarría.—Año de 1918. En México: por la "Imprenta Victoria" a cargo de Don Juan Quero. *(Colofón:)* A gloria y honra de Nvestro Señor Jesu-Cristo, aqui se acaba la presente obra de prosas coloniales. La cual fué impresa en la Muy Noble, Insigne y Leal Ciudad de México, a costa del autor. Y acabóse a los diez días del mes de junio de mil novecientos dieciocho años.

En 8º, de 70 p.

2.—La Novela Semanal de "El Universal Ilustrado." Alma de Niño. Novela mexicana inédita por Francisco Monterde García Icazbalceta.

En 16º, de (2), 32 p.

3.—La Novela Semanal de "El Universal Ilustrado." *Danton.* Por Francisco Monterde García Icazbalceta.

En 16º, de (2), 32 p.

4.—*La Hermana Pobreza.* Novela Mexicana Inédita por Francisco Monterde García Icazbalceta.— Publicaciones Literarias Exclusivas de "El Universal Ilustrado." 1925.

En 16º, de 32 p.

5.— F. Monterde García Icazbalceta. *Un autor novel.*—"Virtvs." Lima, 625. Bs. Aires.

En 4º, de 148 p.

MONTES DE OCA, JOSE G

BIBLIOGRAFÍA:

1.—José G. Montes de Oca. *A Través de la Melancolía.* Cuentos. *(En la foja anterior:)* Se comenzó a imprimir este libro el 1º de julio de 1822 en la imprenta de "El Dragón," de la ciudad de Colima. Dibujó la portada interior Félix Parra, y las ilustraciones del Prólogo y Cuentos las hizo Carlos Stahl.

En 8º, de (6), 135 p. Prologados por el Dr. D. Miguel Galindo.

MORAL, SALVADOR L.

BIBLIOGRAFÍA:

1.—*El Mártir de la Orfandad.* Por Salvador L. Moral.—México. Talleres Litográficos y Tipográficos Internacionales. 1908.

En 4º, de 152 p.

MORALES, VICENTE

Acerca de su labor literaria decía en 1877 D. Juan de Dios Peza: «Actualmente encargado de la gacetilla del *Monitor,* ha publicado varias novelas, entre ellas *Ernestina, Silveria d'Epinay, Gentes de Historia, Historia de un Jugador,* y próximamente dará a luz pública con prólogo de D. Ignacio M. Altamirano, su última obra *El*

Escéptico, que nos dicen es muy buena. Muy
conocedor de nuestras costumbres y de los males
que devoran a nuestra sociedad, tiene en todos
sus escritos un fondo filosófico, útil y bello.
Ha dado al teatro un drama titulado *Patria y
Honra,* que le valió grandes aplausos; y ha escrito otro que se llama *Sofía,* que se represen-
tará dentro de poco. Como periodista, tiene ese
tacto especial, que hace a un escritor digno del
aprecio de todos.»

BIBLIOGRAFÍA:

1.—Biblioteca de El Eco de Ambos Mundos.
Silveria de Epinay. Novela original escrita expre-
samente para este periódico por Vicente Mora-
les.—México. 1872. Imprenta y Litografía de la
Bohemia Literaria, Portal del Coliseo Viejo núm.
8.
En 4º, de XII, 131 p. Con prólogo de D. Juan
de Dios Peza.
2.—Biblioteca del "Eco de Ambos Mundos."
Ernestina. Leyenda original escrita por Vicente
Morales.— México. 1873. Imprenta de Ignacio
Cumplido, calle de los Rebeldes número 2.
En 8º, de 36 p.
3.—Biblioteca de El Eco de Ambos Mundos.
Gentes de Historia, novela original escrita por
Vicente Morales.—México.— 1873. Imprenta y
litografía de la Bohemia Literaria, Portal del
Coliseo Viejo número 8.
En 4º, de 296 p. Con prólogo de D. Manuel
de Olaguíbel.

Gentes de Historia. Novela original escrita por Vicente Morales. Nueva edición corregida por su autor.—México. Imprenta del Comercio, de N. Chávez. Calle de Cordobanes número 8. 1874.

En 8º, de 345 p.

4.—Biblioteca del Eco de Ambos Mundos. *Angela*. Leyenda por Vicente Morales.—México. Imprenta del "Eco," calle de Victoria número 10. 1874.

En 8º, de 40 p.

5.—*Gerardo*.—(Historia de un jugador.) Novela original por Vicente Morales.— México. 1874. Imprenta de I. Cumplido, calle de los Rebeldes núm. 2.

En 4º, de 308 p. Prologada por D. Manuel Acuña.

6.—*Artículos, Cuentos y Leyendas* escritos por Virginia y Víctor. (Vicente Morales.) Publicadas en el periódico la "Abeja."—México. Imp. de El Porvenir, Calle del Calvario núm. 7. 1876.

En 8º

7.—*El Escéptico*. Novela original de Vicente Morales.—México. Imprenta de Ignacio Cumplido, Calle de los Rebeldes núm. 2. 1880.

En 8º, de 427 p. Con prólogo de D. Ignacio M. Altamirano.

MORENO, ANTONIO DE P.

Hijo de padre español y de madre mexicana, nació en la villa de Amozoc (Pueb.), el 19 de septiembre de 1848. Después de haber aprendido las primeras letras en su tierra natal, vino a la Capital en 1854, a cursar la instrucción primaria y superior y la contabilidad mercantil. Desde joven se consagró al comercio y en el curso de su vida prestó sus servicios en importantes negociaciones. Su inclinación a las bellas letras la manifestó desde su época de estudiante, y sus primeras composiciones las dió a conocer en la *Revista Universal*. Fué constante colaborador de la prensa nacional, como *La Voz de México*, el *Album de la Mujer*, *El Tiempo*, *El País*, *La Nación* y otros periódicos. Fué además redactor de *La Voz de México* en las postrimerías de esta publicación, y fundó y dirigió en Guadalupe Hidalgo (D. F.), las intituladas *El Centinela Católico*, *La Voz de Guadalupe* y el *Boletín Mariano*. Su pluma produjo diversas obras de carácter literario y social, y en 1907 presentó al concurso literario de la "Biblioteca Patria" de Madrid, su novela *Un corazón en un libro*, la cual formó parte de las cinco únicas que se sortearon para la adjudicación del premio. Falleció en Guadalalupe Hidalgo, el 11 de noviembre de 1920.

BIBLIOGRAFÍA:

1.—*Un Corazón en un Libro*. Novela por Antonio de P. Moreno. Presentada en 1907 al concurso literario de la "Biblioteca Patria" de Madrid, y que formó parte de las únicas cinco obras que se sortearon para el premio.—Edición de "El Correo de Chihuahua," 1909.

En 8º, de 111 p.

2.—Biblioteca de "La Voz de Guadalupe."
Ecos de Ultratumba o Epílogo de un Drama. Pequeña novela por Antonio de P. Moreno. Revisada y aprobada por el censor de "La Voz de Guadalupe."—Artes Gráficas, S. A. 6ª Donceles 151. México, D. F.

En 8º, de 44 p.

MORENO CANTON, DELIO

Fué originario de la ciudad de Valladolid en Yucatán, en cuyo Liceo Hidalgo hizo los estudios primarios. Hacia 1876 pasó a la capital del Estado con el objeto de iniciar los preparatorios, y habiendo optado por la carrera de abogado, cursó jurisprudencia hasta alcanzar el título correspondiente. Las horas que le dejaban libres sus estudios profesionales las consagraba al cultivo de la literatura, y bien pronto dió a conocer en la prensa los frutos de esas labores. Sus viajes por Europa y los Estados Unidos acabaron de abrir los horizontes a su espíritu estudioso y observador. Después de haber legado a la posteridad brillantes trabajos de periodista, poeta, dramaturgo y novelista, falleció en México el 2 de enero de 1916 cuando aun se hallaba en la plenitud de la vida.

BIBLIOGRAFÍA:

1.—*El Ultimo Esfuerzo.* Por Delio Moreno

Cantón.—Mérida de Yucatán. Imprenta y Litografía de R. Caballero. Calle 63, núm. 495. 1896.
En 8º, de 193 p.

2.—*El Sargento Primero*. Por Delio Moreno
Cantón.—Juan Ausucua Alosso, Editor.—Méri-
da, Yuc., Méx. Imprenta de "La Revista de
Mérida." 1905.
En 8º, de 178 p.

MUNGUIA, FELIPE S.

BIBLIOGRAFÍA:

1.—*Estela*. Bosquejo de un cuadro natural
por Felipe S. Munguía.—México. Imprenta del
"Socialista," Escalerillas núm. 11. 1882.
En 8º, de 168 p.

MUZQUIZ BLANCO, MANUEL

BIBLIOGRAFÍA:

1.—*Vidas Ajenas*. Cuentos.—San Luis Potosí.
Tip. de la E. I. Militar dirigida por A. B. Cortés.
1905.
En 4º, de (4), 100 p.

NADIE *(Seud.)*

BIBLIOGRAFÍA:

1.—*Los Indios Bárbaros de Yucatán en 1853*.

Náti Pát. Episodio de la Guerra de Castas, por Nadie, miembro de la Sociedad Científica y Literaria "Tamaulipas." Con una introducción escrita por el Señor Lic. Guadalupe Maneiro Presidente de la Suprema Corte de Justicia del Estado de Tamaulipas.—Victoria. Imprenta del Gobierno del Estado Dirigida por Víctor Pérez Ortiz. 1893.

En 8º, de 79 p. Subscrita en Victoria, en septiembre de 1893.

Los Indios Bárbaros de Yucatán en 1853. Náti Pát. Episodio de la guerra de castas, por Nadie, Miembro de la Sociedad Científica y Literaria "Tamaulipas." Con una introducción escrita por el Sr. Lic. Guadalupe Maneiro, Presidente de la Suprema Corte de Justicia del Estado de Tamaulipas.— Campeche. Tip. "El Fénix" de José María Marcín. 1893.

En 8º, de 95 p.

NARANJO, J.

BIBLIOGRAFÍA:

1.—*Páginas Color de Rosa.* Memorias de Romualda. Por J. Naranjo.— México. Imprenta "La Luz," de Antonio B. de Lara a cargo de S. Andrade. Puente de Santo Domingo núm. 3. 1883.

NAVA DE RUI SANCHEZ, JULIA

Nació en Galeana, población del Estado de

Nuevo León, en dcnde hizo sus estudios elementales. De allí pasó a Monterrey a cursar los superiores en la Escuela Oficial y los profesionales en la Normal, hasta que obtuvo el título de profesora. Como maestra, ha ascendido por riguroso escalafón hasta los más altos puestos, y actualmente presta sus servicios en la Escuela de Enseñanza Doméstica de la Capital. Desde su juventud ha cultivado las letras, y sus producciones, caracterizadas por su estilo claro y sencillo y encaminadas a propugnar las ideas modernas y la emancipación de la mujer, se hallan dispersas en la prensa, en conferencias y discursos y en las obras que ha dado a la estampa sobre temas literarios y educativos.

BIBLIOGRAFÍA:

1.—Julia Nava de Rui Sánchez. *Mis Cuentos.* Editorial "Cvltvra." México. 1923.
En 8º, de 125 p. más el retrato de la autora.

NAVARRO VELARDE, FERNANDO

Nació en la ciudad de Guadalajara el 12 de enero de 1868, mas desde la edad de cuatro meses fué llevado a la Capital, donde hizo todos sus estudios; los primarios y preparatorios en el establecimiento de D. Emilio G. Baz y los superiores en el Colegio Militar de Chapultepec. En plena juventud inició su carrera periodística y prestó su colaboración en importantes publicaciones, primero como corrector de pruebas y encargado de informaciones de escasa importancia, denominadas en esa época gacetillas, y después como cronista de espectáculos y asuntos sociales. Por 1890 se radicó en su ciudad natal, y formó parte de la redacción del *Diario de Jalisco*, cuyos editoriales escribió largo tiempo. Más tarde fundó publicaciones periódicas de diverso género, como la revista *Cultura*, que tuvo gran éxito, y poco antes, asociado con D. Benjamín Padilla, el festivo *Kaskabel*. En 1916 se hizo cargo de la dirección de la Biblioteca Pública de Guadalajara, la cual logró reorganizar con los escasos elementos con que contó, y en 1920 volvió a trasladar su domicilio a la Capital, donde continua entregado a sus negocios y a sus aficiones literarias.

BIBLIOGRAFÍA:

1.—Fernando Navarro Velarde. *Corazones de Mujeres*.—Librería de la Vda. de Ch. Bouret. Guadalajara. México.

En 4⁹, de 271 p. 1ª edición. 1912.

Fernando Navarro Velarde. *Corazones de Mujeres*.—Librería de la Vda. de Ch. Bouret. Guadalajara. México. *(A la v.:)* Talleres Tipográficos de la Vda. de Ch. Bouret. Guadalajara, Jal. Méx.

En 4⁹, de 271 p. 2ª edición. 1914.

2.—Fernando Navarro Velarde. *El Ausente.*—Librería Font. Avenida Colón, 20. Guadalajara. 1920. *(Colofón:)* Quedó terminada la impresión de este libro, en los Talleres Tipográficos de la Librería y Casa Editora de Leopoldo Font, de la ciudad de Guadalajara (México), el día catorce de febrero del año MCMXX.

En 4º, de 464 p.

NEGRETE, JOSE

Nació en Bruselas, siendo su padre Ministro de México en esa corte, el 29 de enero de 1855. Allí y en Francia e Italia pasó los primeros años de su vida, y a los once de su edad vino a México, donde ingresó al Colegio de San Ildefonso y más tarde a la Escuela Nacional de Jurisprudencia, planteles en los que hizo sus estudios, hasta recibir en 1876 el título de abogado. Su estro poético y la vida de bohemio que siempre llevó no le permitieron permanecer dentro de las paredes de un bufete, sino que se lanzó al periodismo, habiendo formado parte de la redacción de *La Revista,* y después de haber defendido con vigor la política de Lerdo de Tejada, se afilió al ejército que al mando del Gral. Alatorre fué derrotado en Tecoac por los enemigos de esa administración. Triunfante la revolución de Tuxtepec, la combatió por la prensa durante algunos años, hasta que el antiguo partido lerdista hubo de refundirse en el porfirista. En 1881 fué nombrado asesor de la 2ª Zona Militar, cargo que desempeñó hasta el siguiente año, en que fué electo diputado al Congreso de la Unión por el Estado de Sinaloa.

Después pasó a San Francisco, California, con una comisión oficial, y de regreso falleció en Tepic el 24 de agosto de 1883. Lástima que hubiese empleado su tiempo y sus dotes literarias en propugnar la inmortalidad por medio de las obras que, sobre temas harto escabrosos y obscenos, produjo su pluma.

BIBLIOGRAFÍA:

1.—*Memorias de Paulina.*—México. Imprenta Poliglota. Calle de Santa Clara, esquina al callejón. 1874.

En 4º, de 95 p.

2.—*Historias color de fuego.* Por José Negrete. México. Imprenta del Comercio, de Dublán y Comp. Calle de Cordobanes núm. 8. 1875.

En 4º, de 105 p. Con prólogo de D. Guillermo Prieto.

3.—*La Niña Mártir.* (Páginas de una causa célebre.) Novela original por José Negrete.— México. Imprenta y Litografía de Ireneo Paz. 1ª calle de S. Francisco núm. 13. 1878.

En 4º, de 129 p. más 4 láminas. Prologada por D. Ireneo Paz.

4.—*La Mujer Verdugo.* Segunda parte de La Niña Mártir. Novela original por José Negrete. Editor Ireneo Paz. Entrega 10ª—México, Imprenta y Litografía de Ireneo Paz. Primera de San Francisco 13. 1878.

En 4º, de 139 p. más una lámina.

5.—*Memorias de Merolico.* Páginas arrancadas a la historia de su vida por X. Y. Z.— México. Tip. Literaria de F. Mata. Calle de la Canoa Núm. 5.

En 8º, de 80 p. más una lámina.

NERVO, AMADO

Fué su cuna la ciudad de Tepic, donde nació el 27 de agosto de 1870. Comenzó sus estudios en el Colegio de Jacona (Mich.), con intención de segir la carerra eclesiástica, mas la muerte de su padre le obligó a dejarlos y ponerse al frente de su familia. Desde su infancia reveló sus facultades poéticas, mas no fué sino hasta 1892 cuando dió a luz primeras composiciones literarias en *El Correo de la Tarde* de Mazatlán (Sin.). Dos años después pasó a radicarse a México, donde abrió un comercio y prestó su colaboración en *Revista Azul* y *El Universal*. Pronto se dió a conocer como una esperanza literaria, principalmente al publicar su novela *El Bachiller*, que por lo escabroso de su tema, como el mismo Nervo lo dice, "ocasionó en América tal escándalo, que me sirvió admirablemente para que me conocieran." Más tarde ingresó en la redacción de *El Mundo Ilustrado*, y en 1900 partió para Europa como corresponsal de dicha publicación. A su regreso fundó con D. Jesús E. Valenzuela la *Revista Moderna*. En 1905 volvió al viejo mundo como Secretario de la Legación mexicana en Madrid, donde permaneció catorce años y escribió la mayor parte de sus obras. A raiz de su retorno a la patria fué nombrado Ministro de México en la Argentina y el Uruguay, y a principios de 1919 partió para esos países al desempeño de su misión, mas en Montevideo le sobrecogió la muerte el 24 de de mayo del propio año. Sus restos mortales fueron traídos con gran solemnidad y actualmente reposan en el panteón de Dolores. Poco tiempo después de su fallecimiento se publicaron en Madrid sus *Obras completas*.

BIBLIOGRAFÍA:

1.—Amado Nervo. *El Bachiller.*— México. Impreso en las Oficinas de "El Mundo." Segunda de las Damas número 4. 1895.

En 4°, de (2), 16 p.

Amado Nervo. *El Bachiller.* Con algunos juicios críticos. Segunda edición.—México. Tip. de "El Nacional." Mariscala, 5. 1896.

En 8°, de (4), 77, 56 p.

Amado Nervo. *Origene.* (El Bachiller). Nouvelle Mexicaine.—París. Librairie Léon Vanier, Editeur. 19, Quai Saint-Michel, 19. 1901.

En 8°, de 79 p.

Otras Vidas. Pascual Aguilera. Costumbres regionales. El Bachiller. El Donador de Almas. Novelas cortas por Amado Nervo. Dibujos de Passos.—J. Ballescá y Ca., Sucesores, Editores. México: San Felipe de Jesús, 572. Barcelona: Santa Teresa, 8 (Gracia). *(A la v.:)* Imprenta Moderna de Guinart y Pujolar, Cortes, 645, Barcelona.

En 4°, de 222 p.

Obras Completas de Amado Nervo. Volumen XIII. *El Bachiller. Un Sueño. Amnesia. El Sexto*

Sentido.—Biblioteca Nueva. Madrid. *(Colofón:)* Se acabó de imprimir este libro en Madrid en la Imprenta de Juan Pueyo el día XVIII de agosto del año MCMXX.

En 8º, de 219 p. ilustrado.

2.—Novelas del *"Cómico." El Donador de Almas.* Amado Nervo.—Tip. de "El Mundo."

En 8º, de 79 p. Subscrita en México, en 1899.

El Donador de Almas. Por Amado Nervo. Ilustraciones de Antonio Gómez, cornizas, remates y capitulares de Alfonso Garduño.—Ediciones México Moderno. La Novela Quincenal. Tomo III.

En 4º, de 80 p. 1920.

Obras Completas de Amado Nervo. Volumen VI. *Pascual Aguilera. El Donador de Almas.*—Biblioteca Nueva. Madrid. *(Colofón:)* Se acabó de imprimir este libro en Madrid en la Imprenta de Juan Pueyo el día XXVII de abril del año MCMXX.

En 8º, de 248 p. ilustrado.

3.—*El Sexto Sentido.* Novela inédita por Amado Nervo.—México. 1918.

En 4º, de (2), 27 p. Publicada en *La Novela Semanal,* editada por D. Fidel Solís y dirigida por D. Eugenio Suárez.

4.—*Almas que pasan.* Ultimas prosas de Amado Nervo.—Madrid. Tipografía de la Revista de Archivos. Infantes 42, bajo izq. 1906.

En 8º, de 145 p.

Obras copletas de Amado Nervo. Volumen V. *Almas que Pasan.*—Biblioteca Nueva. Madrid. *(Colofón:)* Se acabó de imprimir este libro

en Madrid en la Imprenta de Juan Pueyo el día
XXX de marzo del año MCMXX.

En 8º, de 239 p. Con introducción de D. Enrique Díaz-Canedo.

5.—Amado Nervo. *Soledad* (Cuentos).—Editorial "Sol." Montevideo.

En 4º de 64 p.

6.—Amado Nervo. *El Diamante de la Inquietud.* (Novelas.) Prólogo de Alfonso Reyes.—Biblioteca Nueva. Lista, 66. Madrid. *(A la v.:)* S. L. de Artes Gráficas. Cartagena-Madrid.

En 8º, de (6), 259 p.

Obras Completas de Amado Nervo. Volumen XIV. *El Diamante de la Inquietud. El Diablo Desinteresado. Una Mentira.*—Biblioteca Nueva. Madrid. *(Colofón:)* Se acabó de imprimir este libro en Madrid en la Imprenta de Juan Pueyo el día XXV de septiembre del año MCMXX.

En 8º, de 216 p. ilustrado. Con prólogo de D. Alfonso Reyes.

7.—Obras Completas de Amado Nervo. Volumen XX. *Cuentos Misteriosos.*—Biblioteca Nueva. Madrid. *(Colofón:)* Se acabó de imprimir este libro en Madrid, en la Imprenta de Juan Pueyo, el día XXIX de junio del año MCMXXI.

En 8º, de 203 p. ilustrado.

NORIEGA HOPE, CARLOS

BIBLIOGRAFÍA:

1.—La Novela Semanal de "El Universal

Ilustrado." *La Grande Ilusión*. Por Carlos Noriega Hope.

En 16º, de (2), 34 p. ilustrado.

2.—Carlos Noriega Hope. *La Inútil Curiosidad*. (Cuentos mexicanos). Con un colofón lírico de F. Monterde García Icazbalceta.—México, D. F. Talleres de "El Universal Ilustrado." 1923.

En 8º, de 159 p.

3.—Carlos Noriega Hope. *El Honor del Ridículo*. Novelas. Prólogo de Salvador Novo.—Talleres Gráficos de "El Universal Ilustrado." 1924.

En 8º, de 175 p.

NUÑEZ Y DOMINGUEZ, JOSE DE JESUS

Es originario de Papantla, población perteneciente al Estado de Veracruz, donde nació el 27 de abril de 1887. «Muy joven—dice D. Genaro Estrada—vino a las escuelas de la ciudad de México y muy joven también entró al periodismo y desarrolló en éste sus aficiones literarias. Los hombres de letras lo conocieron por algunos poemas que publicó en la *Revista Moderna*, y poco después, en *El Imparcial*, reemplazaba a menudo a Luis G. Urbina en la labor de las crónicas teatrales, que suscribía con el seudónimo de "El Cronista de Hogaño." Fué diputado al Congreso de la Unión (1912), electo por su distrito natal, y en 1913 tomó a su cargo la dirección de *Revista de Revistas*, que mantiene hasta ahora. En este periódico ha publicado crónicas, poemas y artículos de actualidad.» Además ha dado a luz varias obras de diversos géneros literarios, y es miembro de la Academia Mexicana de la Historia, de la Sociedad Mexicana de Geografía y Estadística y de otras agrupaciones literarias.

BIBLIOGRAFÍA:

1.—"*La Ojitos.*" Novela Inédita por J. de J. Núñez y Domínguez.—México. 1918.

En 4º, de 31 p. Publicada en *La Novela Semanal,* dirigida por D. Eugenio Suárez y editada por D. Fidel Solís.

2.—*Cuentos Mexicanos* por José de J. Núñez y Domínguez. (Ilustraciones de Ernesto García Cabral.)—México. Herrero Hermanos Sucesores. Despacho: Avenida Cinco de Mayo, 39. Almacenes: Plaza de la Concepción, 5 y 7. Apartado 671. 1925. *(A la v.:)* Imprenta de los Editores, Comonfort, 44. México.

En 8º, de 113 p.

OLAGUIBEL, FRANCISCO M. DE

Nació en México el 6 de noviembre de 1874, e hizo sus primeros estudios en la misma Capital los que continuó en la ciudad de Toluca, hasta obtener el título de abogado en 1900. Temporalmente se consagró al ejercicio de su profesión, ejerciendo al mismo tiempo el magisterio en diversos planteles de enseñanza, como son el Instituto Científico y Literario del Estado y la Escuela Normal para Señoritas. Más tarde fué electo diputado al Congreso local del Estado de México, durante varias legislaturas con beneplácito de sus electores, posteriormente al Congreso de la Unión por dicha Entidad y el Distrito Federal. Habiendo trasladado su resistencia a la Capital desempeñó igualmente diversas cátedras en la Escuela Superior de Comercio y Administración y en la Nacional Preparatoria, y algunos puestos públicos de importancia, hasta llegar a ser Subsecretario de Relaciones Exteriores y Procurador de la República. Desde su juventud se dedicó al periodismo, y colaboró en importantes publicaciones del país y del extranjero. Su pluma produjo algunas obras literarias de importancia y varias agrupaciones científicas y literarias le contaron en el número de sus miembros. Murió en México, el 14 de diciembre de 1924.

BIBLIOGRAFÍA:

1.—Biblioteca de "El Universal." F. M. de Olaguíbel. *¡Pobre Bebé!* Novela premiada en el concurso literario convocado por "El Universal." —México. Imp. de "El Universal." San José el Real núm. 9. 1894.

En 8º, de 97 p.

Biblioteca "Fin de Siglo." *¡Pobre Bebé!* Novela original por F. M. de Olaguíbel.—México. Oficinas de "Fin de Siglo." Puente Quebrado núm. 19. 1901.

En 4º, de 95 p.

OLMEDO, ADOLFO

Nació en Toluca, capital del Estado de México, el 22 de junio de 1865. En la misma población hizo sus estudios primarios, y al terminarlos
ingresó al Instituto Científico y Literario del
Estado, donde cursó los preparatorios. Después
se inscribió como alumno de farmacia en la
Escuela Nacional de Medicina de México, habiendo obtenido el título de profesor de esa
facultad. En 1903 fué nombrado catedrático de
química en la Escuela Normal para Maestros, en
1912 de química general en la de Ingenieros
Mecánicos y Electricistas, y en 1916 de química
industrial en el propio plantel. Posteriormente
prestó sus servicios en el Archivo de la Contraloría General de la Nación, oficina en la que
desempeñó el cargo de inspector químico. En
sus aficiones literarias no fué constante, sino
que tan sólo les consagró el tiempo libre que le
dejaban sus ocupaciones. Murió en Tlalpam (D.
F.), el 30 de enero de 1922.

BIBLIOGRAFÍA:

1.—A. Olmedo. *Frijolillo.*—México. Tip. de
Rocha y Unda. Mesones 9. 1908.

En 8º, de 204 p.

2.—A. Olmedo. *Emanaciones. Hágase justicia aun cuando se desplomen los cielos.*—México. Talleres Tipográficos de "The Mexican Fi-
nancier." Callejón de la Igualdad, 2010. 1909.

En 4º, de 94 p.

3.—D. Eloy Falopio Mañod. *Hasta la Igno-
minia.* Novela.— México. Talleres Tipográficos
de "El Hogar." 2ª Victoria No. 48. 1917.

En 4º, de 245 p.

ORIA Y SENTIES, ENRIQUE DE

BIBLIOGRAFÍA:

1.—*Premonición.* Por Enrique de Oria y Sen-
ties.—Publicaciones Exclusivas Literarias de "El
Universal Ilustrado." 1924.

En 16º, de (2), 32 p. Subscrita en México,
en septiembre de 1924.

OROZCO Y BERRA, FERNANDO

Nació en San Felipe del Obraje (Méx.), el
3 de junio de 1822. Siendo aun niño se trasladó
con su familia a la Capital, en cuyo Seminario
Conciliar estudió latinidad y filosofía. Inclinado
a los estudios médicos ingresó a la Escuela de
esta facultad, mas la muerte del autor de sus
días le obligó a interrumpir su carrera y pasar
a terminarla a Puebla, donde obtuvo el título
respectivo en 1845. Desde luego comenzó a ejercer su profesión con notable acierto y aceptación
general, mas sintiéndose fuertemente impulsado
a las bellas letras, al fin se consagró por entero
a éstas. En los años de 1848 y siguiente publicó
un semanario intitulado *El Entreacto,* en el que

dió a conocer sus primeras composiciones poéticas. Causas diversas le obligaron a volver a México, donde se dedicó al periodismo, habiendo formado parte de la redacción de *El Siglo XIX* y de *El Monitor Republicano*, y después de una vida de luchas, dudas y desengaños, falleció repentinamente el 15 de abril de 1851, dejando diversas obras dramáticas y literarias, algunas de las cuales aun permanecen inéditas.

Hablando de su novela, dice D. Ignacio M. Altamirano: «*La Guerra de treinta años* es la historia de un corazón enfermo; pero es también la historia de todos los corazones apasionados y no comprendidos. Fernando Orozco fué muy desgraciado, murió joven y repentinamente, poco después de la publicación de su novela, que es la historia de su vida. Los personajes que en ella retrata, vivían entonces, viven aún; y los jóvenes a quienes su narración interesó en alto grado, hacían romerías para ir a conocer aquella ingrata Serafina, que fué la negra deidad de los amores del autor. Fernando Orozco tiene una extraña semejanza con Alfonso Karr, y hasta la forma loca y original de la *Guerra de treinta años*, es la misma que la de *Bajo los tilos*, de aquel, que según la carta final, es también la historia de sus pesares. Leyendo ambas novelas, se sorprende uno de su analogía. Tenemos que hacer, con motivo de este párrafo, una rectificación o aclaración importante. Hemos calificado de escéptica la novela de nuestro poeta, hemos dicho que el corazón de éste se hallaba *corroído por la duda*. Hicimos mal en emplear estas palabras que se

prestan a varias interpretaciones. No hemos querido hablar de escepticismo religioso..... Nuestra intención, y la expresamos mal, fué decir
que el autor de la *Guerra de treinta años* dudaba
de muchas cosas, como del amor, de la dicha, del
desinterés, porque así aparece en su leyenda;
de modo que es escéptico, pero no en todo, pues
en principios religiosos hubiera sido temerario
de nuestra parte asegurarlo. Fernando Orozco
era creyente y en sus composiciones y en sus
hechos lo demostró de una manera clara y terminante..... Por lo demás aun en medio de
esas dudas dolorosas que anublaron su espíritu,
había algunos relámpagos de fe y de ternura.
Supo amar, creyó alguna vez a la mujer, acarició
sus ilusiones de joven, y si llegó a desesperarse,
fué cansado en ese trabajo de Sísifo que acabó
por desalentarle y por hacerle ver en la mujer
un monstruo de corrupción y de perfidia.»

BIBLIOGRAFÍA:

1.—*La Guerra de 30 años*. Por Fernando
Orozco. Tomo I.—México. Imprenta de Vicente
García Torres, a cargo de Luis Vidaurri. 1850.
2 v. en 4º, de 343 y 338 p.

ORTIZ, LUIS G.

Nació en la ciudad de México el 14 de abril
de 1832. Terminado que hubo su instrucción
primaria y secundaria bajo la dirección de sus
padres, ingresó al Colegio de Minería y después

al de San Juan de Letrán, a cuya academia de bellas artes perteneció hasta la extinción de este instituto. Muy joven comenzó a desempeñar un empleo en la Secretaría de Hacienda, y en 1865 emprendió un viaje al viejo mundo, habiéndosele encomendado a su regreso, la dirección del *Diario Oficial*. Al cabo de algún tiempo retornó a sus antiguas tareas hacendarias, dedicando las horas libres al cultivo y estudio de las bellas letras, particularmente de la poesía erótica, género en el que llegó a alcanzar verdaderos triunfos. Escribió mucho y tradujo al castellano varias obras extranjeras, lo que le valió que el Liceo Hidalgo y otras agrupaciones científicas y literarias lo inscribieran en el número de sus miembros. Falleció en su ciudad natal el 28 de mayo de 1894.

«Entre los poetas mexicanos—dice D. Francisco Sosa—cuyo nombre es conocido en el extranjero, por haber figurado en varias obras allí publicadas, Ortiz es uno de los primeros. El ha sido antes de Manuel Flores, el que ha consagrado sus producciones casi exclusivamente a la poesía erótica, y puede decirse que en sus obras ha bebido la inspiración la juventud literaria que cultiva ese género entre nosotros. Sus sonetos pueden citarse como modelos, compitiendo con los mejor acabados de Carpio y de Pesado; sus leyendas, como la intitulada *Heberto*, son dignas de los buenos tiempos de Zorrilla. En todos sus versos hay fluidez y sonoridad, y rebosan ternura exquisita; muchos son ardientes como si hubieran sido escritos bajo el sol de los trópicos, que no es por cierto el que alumbró la cuna del "bardo de los amores," como bien puede llamarse a Ortiz. Muchas y muy felices traducciones ha hecho Ortiz de los poetas italianos. Ni podía ser de otra manera, porque sus cantos propios son dulces como el idioma del Tasso, y porque él es apasionado como lo fué el Petrarca. En las novelas originales que Ortiz ha publicado, el amor juega un papel principal; el estilo es galano y poético el lenguaje. Sus artículos literarios revelan al punto que el autor es un poeta, y tan marcado es el estilo de Ortiz, que no han menester sus obras su firma, para saberse a quién pertenecen.»

BIBLIOGRAFÍA:

1.—*Angélica*. Recuerdos de un viaje a Italia. Por Luis G. Ortiz.—México. Imp. en la calle cerrada de Santa Teresa núm. 3. 1871.

En 8º, de 305 p. Subscritos en 1866.

2.—*El Vizconde de Muhldorf*. Recuerdos de un viaje a Italia. Por Luis G. Ortiz.--México. Imprenta en la calle cerrada de Santa Teresa, núm. 3. 1871.

En 8º, de (4), 114 p. Subscritos en 1866.

3.—«*Detrás de la nube un angel* (1887).»

González Obregón. *Novelistas mex.*, México, 1889, p. 32.

PALACIO, MANUEL A. DE

BIBLIOGRAFÍA:

1.—*Crímen y Castigo*. Episodio histórico por

Manuel A. de Palacio. Primera edición.—Pachuca. Tip. "El Hijo del Trabajo," Zaragoza núm. 4. 1894.

En 4º, de 157 p.

2.—Manuel A. de Palacio. *Los Hijos de los Porteros*. Novela original.—Ramón de S. N. Araluce. México. Callejón de Santa Inés, 5. Barcelona. Calle de Bailén, 135.

En 4º, de 162 p. y el retrato del autor.

PALACIOS, FLORENCIO D.

BIBLIOGRAFÍA:

1.—*La Púrpura de mi Sangre*. Novela política por Blasillo Cosío (Florencio D. Palacios.) Editor Mariano Ceballos.—México. Tipografía Artística. 1ª de Revillagigedo núm. 2. 1905.

En 8º, de 93 p.

PALMA Y PALMA, EULOGIO

Es originario de Motul, población de la península yucateca, donde nació el 14 de marzo de 1851. A la edad de once años fué enviado a Mérida a hacer sus estudios; mas quebrantos de fortuna obligaron a su padre a hacerlo volver a su ciudad natal, donde primero bajo la dirección de su hermano D. José, y a la muerte de éste bajo la del sabio humanista Pbro. D. Domingo Escalante, cura del lugar, terminó con aprovechamiento su instrucción preparatoria. Por consejo del referido sacerdote comenzó a publicar sus primeros artículos literarios en la *Revista de Mérida* y a colaborar en otros periódicos. Ha desempeñado varios puestos públicos, entre otros los de regidor del Ayuntamiento de Motul, jefe político de Temax y diputado a la Legislatura de Yucatán. Su pluma no ha cesado de producir artículos literarios, arqueológicos e históricos, la mayor parte de los cuales han visto la luz en la prensa.

BIBLIOGRAFÍA:

1.—*La Hija de Tutul Xiu.* Novela Yucateca por Don Eulogio Palma y Palma.—Mérida. Imprenta de la Revista de Mérida. 2ª Calle de los Rosados, número 10. 1884.

En 4º, de 462, (2) p.

2.—Biblioteca Peninsular. *Aventuras de Un Derrotado.* Novela original por D. Eulogio Palma y Palma.—Motul. Imprenta de "La Gaceta de la Costa," a cargo de Marcos Valencia Plá. 1886.

En 4º, de (2), 136 p.

PALOMO, FRANCISCO DE P.

BIBLIOGRAFÍA:

1.—*Luisa o San Luis Potosí desde 1858 hasta 1860.* Novela histórica original de D. Francisco

de P. Palomo.—San Luis Potosí. Tip. de Dávalos, segunda calle de la Concepción núm. 2. 1865.
En 4º, de 352 p.

PANES, MANUEL M.

Unicamente sabemos acerca de este escritor, que falleció en la ciudad de México el 5 de noviembre de 1903 cuando apenas contaba unos treinta y tres años de edad. Empleó gran parte de su vida en las tareas periodísticas. Fué redactor de *El Mundo* y *El Imparcial*, y colaborador de *El Mundo Ilustrado* y de otras publicaciones, en las cuales calzaba sus artículos con el seudónimo de "Pedro Ponce." Escribió no pocos cuentos, de los cuales, parte coleccionó en un volumen y el resto quedó disperso en periódicos y revistas.

BIBLIOGRAFÍA:

1.—*Cuentos Místicos* por Manuel M. Panes. Prefacio de Manuel Mateos Cejudo.—México. Tip. Literaria de Filomeno Mata, Betlemitas 8. 1903.
En 8º, de 69 p.

PANIAGUA, FLAVIO A.

Fué su cuna la ciudad de San Cristóbal Las Casas, antigua capital del estado de Chiapas, donde nació el 21 de enero de 1844. Hizo sus estudios en el Seminario Conciliar de dicha población y allí mismo recibió el título de abogado en 1866. Desempeñó entre otros cargos públicos el de Procurador de Justicia y dió a luz diversos opúsculos y obras de carácter histórico y literario. Falleció en su ciudad natal el 24 de marzo de 1911.

BIBLIOGRAFÍA:

1.—*Lágrimas del Corazón*. Ensayo de novela histórica. Por Flavio A Paniagua. Editores: Juan B. Tielemans y Wenceslao Paniagua.—San Cristóbal. Imprenta del Porvenir, a cargo de Manuel M. Trujillo. Año de 1873.

En 4º, de (4), 512 p.

2.—«*Una Rosa y dos espinas*. Memorias del Imperio en Chiapas, con el retrato del autor. 1876.»

Andrade. *Mi Excursión a Chiapas*. México, 1914, p. 33.

3.—«*Florinda*. Novela sobre la guerra de castas de 1869-1889.»

Ibid. *Op. cit.*, p. 33.

4.—«*La Cruz de San Andrés*. Novela sobre sucesos de 1846 a 50 en Chiapas.—1890.»

Ibid. *Op. cit.*, p. 34.

5.—«*Salvador Guzmán*. Novela sobre la guerra de tres años.—1891.»

Ibid. *Op. cit.*, p. 34.

PARDO, LEONARDO R.

BIBLIOGRAFÍA:

1.—Biblioteca Topacio. *La Carcel por Dentro o Secretos del Antro.* Por Leonardo R. Pardo. Primera novela de la serie. Fausto Beltrán, Editor. — México. Tipografía "Beltrán." Escalerillas núm. 20. 1905.

En 8º, de 128 p. más el retrato del autor.

PARDO, MARIA ESPERANZA

BIBLIOGRAFÍA:

1.—*La Soñadora y otros Cuentos* por María Esperanza Pardo. Publicaciones Literarias Exclusivas de "El Universal Ilustrado." 1924.

En 16º, de 31 p. Con "etiqueta literaria" de Arqueles Vela.

PARRA, MANUEL DE LA

Es originario de Sombrerete, mineral del Estado de Zacatecas, donde nació el 29 de marzo de 1878. Allí hizo sus primeros estudios, y más tarde, habiéndose radicado su familia en León (Gto.), los prosiguió en esta ciudad. En 1902 vino a México, y después de dar a conocer sus escritos en algunas revistas literarias, entró a formar parte del grupo del Ateneo, al cual perteneció la mayoría de los poetas de esa época.

Ha desempeñado varios cargos en diversas dependencias de la Secretaría de Instrucción Pública y Bellas Artes, y se le han encomendado diversas cátedras en algunos de los planteles oficiales de educación. Más conocido como poeta que como novelista, ha seguido la escuela de Verlaine y los modernistas le consideran como uno de los más prestigiados representantes de la poesía mexicana.

BIBLIOGRAFÍA:

1.—Número extraordinario de la Novela Semanal de "El Universal Ilustrado." *En las Ruinas*. Por Manuel de la Parra.

En 16°, de (2), 62 p. Subscrita en México, el 23 de noviembre de 1922.

PARRA, PORFIRIO

Fué su cuna la ciudad de Chihuahua, donde nació el 26 de febrero de 1856. Pensionado por el gobierno de su Estado natal vino a México a terminar sus estudios en la Escuela Nacional Preparatoria, donde fué discípulo de Barreda, a quien con el tiempo sucedió en la jefatura de la escuela positivista en la República. De allí pasó a la Escuela Nacional de Medicina, y en 1878 recibió el título de doctor en dicha facultad. Aun no terminaba su carrera, cuando obtuvo por oposición la cátedra de higiene y medicina de urgencia en el Conservatorio Nacional de Música, y el referido año de 1878 fué nombrado en substitución de Barreda, profesor de lógica de la Preparatoria. Más tarde lo fué de distintas asignaturas en diversos planteles de la Capital. Entre otros cargos desempeñó los de director de la expresada Escuela Preparatoria y diputado al Congreso de la Unión. Su pluma produjo no pocas obras, tanto literarias como científicas, entre las que se señala por su trascendencia, su *Nuevo sistema de lógica inductiva y deductiva*. Fué socio de número de la Academia Nacional de Medicina, correspondiente de la Real Española, y activo de otras agrupaciones científicas y literarias. Falleció en México el 5 de julio de 1912.

BIBLIOGRAFÍA:

1.—*Pacotillas*. Novela Mexicana por Porfirio Parra C. de la Real Academia Española.—Barcelona. Tipolitografía de Salvat e hijo. 294, calle de Mallorca, 294. 1900.

En 4º, de 558 p.

PASTOR, J. MIGUEL

BIBLIOGRAFÍA:

1.—*Miseria y Opulencia*. Novela histórica sobre los acontecimientos presentes por J. Miguel Pastor, Miembro de la Sociedad de Geografía y Estadística de la República.—Puebla. Imprenta del Editor, calle de Sto. Domingo núm. 12, 1876.

En 4º, de 334 p. más 8 láminas.

Miseria y Opulencia. Novela histórica sobre los acontecimientos presentes por J. Miguel Pastor, Miembro de la Sociedad de Geografía y Estadística de la República. Segunda edición.— Puebla. Imprenta del Editor, Calle de Sto. Domingo núm. 12. 1877.

En 4º, de 344 p. con láminas.

PASTRANA, PRUDENCIO

BIBLIOGRAFÍA:

1.—*El Laberinto Social.* (Narraciones Mexicanas) por Prudencio Pastrana (h.). Primera edición.—México. Tipografía de Aguilar e Hijos. Santa Catalina y la Encarnación. 1903.

En 4º, de 286 p.

PAYNO MANUEL

Nació en la Capital de la República el 21 de junio de 1810. Muy joven entró en calidad de meritorio a la Aduana, y después de haber desempeñado diversos empleos de carácter hacendario, fué nombrado en 1842 secretario de la Legación Mexicana en la América del Sur. Con este motivo tuvo oportunidad de pasar a Europa y conocer Francia e Inglaterra, y a su regreso fué enviado a los Estados Unidos a estudiar el sistema penitenciario de esa nación. En 1850 se le encomendó el Ministerio de Hacienda, y cin-

co años después volvió a desempeñar la misma
cartera en el gabinete de Comonfort. Partidario
de la revolución de Ayutla, fué después uno de
los que incitaron a Comonfort a dar el golpe de
estado que derogó la Constitución de 1857. A la
caída del Imperio fué electo diputado al Congreso de la Unión y senador, y en 1886 pasó
a España, donde desempeñó los cargos de cónsul de Santander y Barcelona. Su fecunda pluma
produjo numerosas obras sobre asuntos hacen-
darios, políticos, económicos, históricos y literarios, y fué por otra parte colaborador constante
de la prensa nacional. Falleció en San Angel
(D. F.), el 4 de noviembre de 1894.

«Hasta Manuel Payno— dice D. Federico
Gamboa—que en 1860 sacó su *Fistol del Diablo*,
en 1871 su colección de cuentos *Tardes Nubladas*, y más adelante, tras el pseudónimo de "Un
Ingenio de la Corte," sus *Bandidos de Río Frío*,
no había vuelto a laborarse con resolución y
franqueza en la novela mexicana. En el libro
Los Ceros, que se atribuye a Vicente Riva Palacio, leese acerca de Payno: "....Manuel Payno
es uno de los veteranos de nuestra literatura; se
atrevió a escribir novelas en México cuando esto
se tenía por una obra de romanos..... en su
juventud se dedicó a la poesía, pero poco a poco
fué abandonando a las musas.... así como una
vaga reminiscencia, conservo la idea de que él
y Guillermo Prieto escribieron para el teatro...
como novelista se hizo famoso por su *Fistol del
Diablo;* tengo la creencia de que Manuel no formó un plan para escribir esa novela, sin duda

porque siendo hombre honrado, juzga que no es bueno tener un plan preconcebido, y una *arriére pensée* no cuadra a sus buenas intenciones; de aquí es que la novela creció por acumulación... en el periodismo ha hecho un papel digno: jamás ha insultado a nadie, a pesar de que no ha faltado quien le insulte.... Manuel Payno es el mismo en la conversación, en la tribuna, en el libro y en el artículo de periódico.... "*Los Bandidos de Río Frío* son, con mucho, superiores a aquel *Fistol del Diablo* que tanta boga diérale, según sus contemporáneos, y a *El Hombre de la Situación*, novela de costumbres escrita más tarde: es obra mexicana por sus cuatro costados, sí obedece a plan preconcebido, luce unidad de acción y orientación recta, acrece, con sabiduría y arte, el léxico nuestro, incalculable es el número de mexicanismos que se registran en sus muchas páginas. Deja harto atrás al *Periquillo*, en todo y por todo a *Astucia, el jefe de los hermanos de la Hoja, o los charros contrabandistas de la Rama*, de Luis G. Inclán.»

BIBLIOGRAFÍA:

1.—*El Fistol del Diablo*, por Manuel Payno, ciudadano mexicano.—México. Imprenta de Ignacio Cumplido, calle de los Rebeldes núm. 2. 1859.

v. de

Manuel Payno. *El Fistol del Diablo*. Novela de Costumbres Mexicanas. Segunda edición, corregida por el autor. Tomo I.—México. Imprenta de F. Díaz de León y Santiago White, Segunda de la Monterilla núm. 12. 1871.

4 v. en 4º, t. I, de 443 p.; t. II, de 407 p.; t. III, de 419 p.; y t. IV, de 383 p.

Biblioteca de "El Demócrata." *El Fistol del Diablo*. Humorística, de costumbres Mexicanas por Manuel Payno.—México. Talleres Tipográficos de "El Demócrata." 2ª Humboldt 15. 1917.

En 4º mayor.

Regalo de "El Imparcial." *El Fistol del Diablo*. Humorística, de costumbres mexicanas por Manuel Payno.—México. Tip. de "El Imparcial," Puente Quebrado Nº 4, 1906.

2 v. en 4º mayor, de 251 y 268 p. respectivamente.

2.—*El Hombre de la Situación*. Novela de costumbres por M. Payno: ciudadano mexicano. —México. Imp. de Juan Abadiano, Escalerillas número 13. 1861.

En 8º, de (2), IV, 249 p. Sólo apareció el tomo primero.

3.—*Tardes Nubladas*. Colección de novelas por Manuel Payno.— México. Imprenta de F. Díaz de León y Santiago White, Segunda de la Monterilla núm. 12. 1871.

En 8º, de 480 p.

4.—J. F. Parres y Compa. Editores. *Los Bandidos de Río Frío*. Novela naturalista humorística, de costumbres, de crímenes y de horrores por Un Ingenio de la Corte. Tomo I.—Barcelona. Consejo de Ciento, 301 y 303. México. Calle de

Chiquis, 11. *(A la v.:)* Tipografía "La Academia," Ronda de la Universidad, 6; Barcelona.

2 v. en 4º, de 840 y 1151 p. con láminas.

Los Bandidos de Río Frío. Novela naturalista humorística, de costumbres, de crímenes y de horrores por Manuel Payno. Con un estudio final descifrando el incógnito que encierran los personajes por Don Luis González Obregón.—Ediciones México Moderno. México. 1919.

2 v. en 4º mayor, de 312 y 448, (6) p.

5.—Biblioteca de Autores Mexicanos. 36. Obras de Don Manuel Payno. Tomo I. Novelas cortas.— México. Imp. de V. Agüeros, Editor. Cerca de Santo Domingo Nº 4. 1901.

En 8º, de XVII, 541 p. más el retrato del autor. Precedidas de la biografía del autor por D. Alejandro Villaseñor y Villaseñor.

6.—Las Mil y una Semanas de El Universal Ilustrado. Año 1. 13 de Septiembre de 1923. Núm. 10. Los Mejores Cuentos de la literatura nacional. Tomo X. *La Esposa del Insurgente y Un Doctor*, por Don Manuel Payno.—Publicaciones Literarias de El Universal Ilustrado. México, D. F.

En 16º, de 32 p.

PAZ, ARTURO

Nació en el puerto de Mazatlán (Sin.), el 22 de junio de 1867. De muy tierna edad le llevaron sus padres a la Capital de la República, donde hizo sus estudios primarios en el Liceo Fournier, los superiores en la Escuela Nacional Preparatoria y los profesionales en la Nacional de Jurisprudencia, los que concluyó en 1888, año en que obtuvo el título de abogado. Desde su juventud reveló sus aficiones literarias y en compañía de otros compañeros de colegio fundó un periódico intitulado *El Colegial*, y más tarde *Las Novedades, La Juventud Literaria* y la *Revista de México*; además, tuvo a su cargo, en varias épocas, la dirección de *La Patria* y *La Patria Ilustrada*. Sus primeros trabajos literarios fueron algunas traducciones del francés, y posteriormente dió a luz diversas novelas, y trató en la prensa cuestiones de importancia, que le valieron su ingreso al extinguido Liceo Mexicano. Desempeñó entre otros cargos, los de diputado al Congreso de la Unión y defensor en la Suprema Corte de Justicia de la Nación. Falleció en Mixcoac (D. F.), el 16 de noviembre de 1915.

BIBLIOGRAFÍA:

1.—Biblioteca de la "Revista de México." *Sofía*. Por Arturo Paz. Edición de Lujo.—México. Imprenta, Litografía y Encuadernación de Ireneo Paz. Callejón de Santa Clara, núm. 6. 1889.

En 4º, mayor, de 34 p. ilustrado.

2.—Biblioteca de "La Revista de México." *Cuentos Sociales* por Arturo Paz.—México. Imprenta, Litografía y Encuadernación de Ireneo Paz. Callejón de Santa Clara núm. 6. 1890.

En 4º mayor, de (4), III, 106, III p. ilustrados.

3.—Revista de México. *Consecuencias*. No vela por Arturo Paz.—Imprenta, Litografía y Encuadernación de Ireneo Paz. Callejón de Santa Clara, núm. 6. México. 1891.

En 4º mayor, de 74 p. ilustrado.

4.—*Leyendas Históricas Romanas* por Arturo Paz. Ilustrada *(sic)* con grabados, litografías y cromolitografías. Edición de "La Revista de México."—México. Imprenta, Litografía y Encuadernación de Ireneo Paz. Callejón de Santa Clara, 6. 1892.

4 v. en 4º mayor. T. I, *El rapto de las sabinas*, de 123, XLIX p.; t. II, *La Ninfa Egeria*, de 50, 17 p.; t. III, *La Destrucción de Alva*, de 84, IX p.; t. IV, *Tanaquil*, de 50 XII p.

5.—*Perjura*. Novela por Arturo Paz. Edición de "La Revista de México."—México. Imp. Lit. y Encuadernación de Irineo *(sic)* Paz. Segunda del Relox número 4. 1896.

En 4º, de 208 p.

PAZ, IRENEO

Nació en Guadalajara (Jal.), el 3 de julio de 1836. Huérfano de padre desde su infancia, comenzó a la edad de trece años sus estudios en el Seminario Conciliar de dicha ciudad, y terminados éstos, pasó a la Universidad, donde hizo los de jurisprudencia, hasta obtener en 1861 el título de abogado. Desde luego se consagró al ejercicio de su profesión y comenzó a colaborar en la prensa política. Al iniciarse la guerra de Reforma luchó por medio de la pluma en favor de los principios por ella proclamados, y durante el Imperio continuó su labor y tomó las armas en defensa de la República, hasta obtener el grado de coronel del ejército. En 1876 pasó a desempeñar la Secretaría del Gobierno del Estado de Sinaloa, y después tomó parte activa en los movimientos revolucionarios encaminados a lograr el triunfo del plan de Tuxtepec, según lo refiere él mismo en su obra *Algunas campañas*. Desempeñó, además, entre otros cargos públicos, los de regidor del Ayuntamiento de México y diputado al Congreso de la Unión. Fué presidente de la Prensa Asociada de México, y miembro de diversas agrupaciones científicas y literarias y fundó, entre otros periódicos, *El Padre Cobos* y *La Patria*, diario metropolitano que dirigió durante los treinta y ocho años que tuvo vida. Numerosas son las obras que dió a la estampa, tanto propias como de otros autores. Murió en Mixcoac (D. F.), el 4 de noviembre de 1924.

BIBLIOGRAFÍA:

1.—*La Piedra del Sacrificio*. Novela escrita por Ireneo Paz. Primera parte.— México. J. S. Ponce de León, impresor. Callejón de Sta. Clara núm. 6, letra A. 1871.

2 v. en 8º, de 311, (2) y 219 p.

La Piedra del Sacrificio. Novela escrita por Ireneo Paz. Primera parte. Segunda edición.— México. Imprenta y Litografía del "Padre Cobos." 2ª calle de Vanegas número 6. 1874.

En 4º, de 451 (4) p. más 20 láminas. Incluídas en el volúmen las dos partes de que consta la obra.

La Piedra del Sacrificio. Novela escrita por Ireneo Paz. Primera parte. Tercera edición.— México. Imprenta y Litografía de Ireneo Paz, Calle de las Escalerillas número 7. 1881.

2 v. en 4º, de 316 y 236 p. con láminas.

2.—*Amor y Suplicio.* Novela histórica escrita por Ireneo Paz. Tomo I.—México. 1873. Tipografía de J. Rivera, Hijo y Ca., calle del Coliseo viejo, bajos de la Gran Sociedad.

2 v. en 4º, de 236, II y 389, IV p. con láminas.

Amor y Suplicio. Novela Histórica escrita por Ireneo Paz. Tomo I.—México. Imprenta y Litografía de Ireneo Paz. Escalerillas núm. 7. 1881.

3. v. en 4º, ilutrados.

Amor y Suplicio. Novela Histórica por Ireneo Paz. Primer Tomo. Edición Estadounidense.— O. Paz y Compañía, Editores. Linotip. y Tipografía de C. G. Vincent y Compañía. 117 North Broadway. Los Angeles.

2 v. en 4º, de 182 y 303 p. con láminas.

3.—*Amor de Viejo.* Novela original escrita por Ireneo Paz.—México. Imprenta y Litografía del "Padre Cobos." Segunda calle de Vanegas número 6. 1874.

En 4º, de 76 p. más una lámina.

Amor de Viejo. Novela original escrita por Ireneo Paz. Tercera edición.—México. Imprenta y Litografía de Ireneo Paz, Calle de las Escalerillas número 7. 1882.

En 4º, de 91 p.

4.—*Guadalupe*. Novela original escrita por Ireneo Paz.—México. 1874.—Imprenta y Litografía del "Padre Cobos." 2ª calle de Vanegas número 6.

En 4º, de 151 p. más 3 láminas.

Guadalupe. Novela original escrita por Ireneo Paz. Tercera edición.—México. Imprenta y Litografía de Ireneo Paz, calle de las Escalerillas número 7. 1882.

En 4º

5.—*Doña Marina*. Novela histórica escrita por Ireneo Paz. Continuación de la novela del mismo autor que tiene por título Amor y Suplicio. Primera Edición.—México. Imprenta y Litografía de Ireneo Paz. 2ª de la Independencia número 2. 1883.

2 v. en 4º, de 391, II y 509, II, II, II, p., ilustrados.

6.—Leyendas Históricas de la Independencia, escritas por Ireneo Paz. Leyenda primera, *El Lic. Verdad*. Segunda edición. — México. Imprenta, Litografía y Encuadernación de Ireneo Paz. Callejón de Santa Clara número 6. 1886.

En 4º, de 300, III p. más 16 láminas.

7.—Leyendas Históricas de la Independencia, escritas por Ireneo Paz. Leyenda segunda. *La Corregidora*. Segunda edición.—México. Imprenta, Litografía y Encuadernación de Ireneo Paz. Callejón de Santa Clara núm. 6. 1887.

En 4º, de 456, (4) p. más 14 láminas.

8.—Leyendas Históricas de la Independencia, escritas por Ireneo Paz. Leyenda Tercera.

Hidalgo. Segunda edición.—México. Imprenta, Litografía y Encuadernación de Ireneo Paz. Callejón de Santa Clara núm. 6. 1887.

En 4º, de 532, III p. más 14 láminas.

9.—Leyendas Históricas de la Independencia, escritas por Ireneo Paz. Leyenda cuarta. *Morelos.* Segunda edición.—México. Imprenta, Litografía y Encuadernación de Ireneo Paz. Callejón de Santa Clara núm. 6..1889.

En 4º, de 679, IV p. más 18 láminas.

10.—Leyendas Históricas de la Independencia, escritas por Ireneo Paz. Leyenda quinta. *Mina.* Segunda edición.—México. Imprenta, Lit. y Encuadernación de Ireneo Paz. Callejón de Santa Clara número 6. 1890.

En 4º, de 663, IV p. más 18 láminas.

11.—Leyendas Históricas de la Independencia escritas por Ireneo Paz. Leyenda sexta. *Guerrero. Segunda edición.*—México. Imp., Lit. y Encuadernación de Ireneo Paz. Segunda del Relox número 4. 1894.

En 4º, de 703, IV p. más 18 láminas.

12.—Leyendas Históricas escritas por Ireneo Paz. Segunda serie. Leyenda primera. *Antonio Rojas.* Segunda edición. Propiedad reservada.— México. Imp., Lit. y Encuadernación de Ireneo Paz. Segunda del Relox, número 4. 1895.

En 4º, de 171 p. más 6 láminas.

13.—Leyendas Históricas escritas por Ireneo Paz. Segunda serie. Leyenda segunda. *Manuel Lozada (El Tigre de Álica.)* Segunda edición. Propiedad reservada.—México. Imp., Lit. y Encuadernación de Ireneo Paz. Segunda del Relox, número 4. 1895.

En 4º, de 213 p. más 8 láminas.

14.—Leyendas Históricas escritas por Ireneo Paz. Segunda serie. Leyenda tercera. *Su Alteza Serenísima*. Segunda edición. Propiedad reservada.—México. Imp., Lit. y Encuadernación de Ireneo Paz. Segunda del Relox, número 4. 1895.

En 4º, de 352, III p. más 10 láminas.

15.—Ireneo Paz. *Maximiliano*. 10ª leyenda histórica.—México. Imprenta, Litografía y Encuadernación de Ireneo Paz. Segunda calle del Reloj número 4. 1899.

En 4º, de 581, IV p. más 20 láminas.

16.—Yreneo Paz. *¡Juárez!* Undécima Leyenda Histórica.—México. Imprenta, Lit. y Encuadernación de I. Paz. 2ª del Relox número 4. 1902.

2 v. en 4º, de 466, (4) y 323, (4) p. con láminas. Con introducción de D. Ricardo Juan Durán.

17.—*Porfirio Díaz*. 12ª Leyenda histórica escrita por Ireneo Paz. Tomo I.—México. Imprenta y Encuadernación de Ireneo Paz. 3ª calle de Revillagigedo número 37. 1911.

2 v. en 4º, de IV, 218 y 359 p.

18.—*Madero*. Décima tercera leyenda histórica escrita por Ireneo Paz.—México. Imprenta de Ireneo Paz. 2ª de Allende núm. 42. 1914.

En 4º, de VIII, 136 p. hasta donde alcanza la parte impresa, habiendo quedado el resto inédito.

PENAGOS, RANULFO

Nació en la villa de Ococingo, antes Tula o Yabixhté, capital que fué del reino Tzeltal o Ztendal, en el actual estado de Chiapas. Recibió su instrucción primaria y superior en la ciudad de México, hasta terminar la carrera de Comercio. En 1907 se dedicó al periodismo; llegó a ser jefe de redacción de *La Patria*, director de la revista *Arte y Labor* fundada por conspicuos literatos yucatecos; colaboró en varios diarios, y durante el período revolucionario, fué corresponsal de guerra de *El Universal, El Demócrata, Excelsior* y *El Pueblo*; y fué además articulista de planta de este último y editorialista de *El Demócrata*. En su estado natal fundó el semanario *Soconusco* y dirigió el diario *Chiapas Nuevo*. Expatriado voluntariamente por efectos de la revolución, se radicó en Guatemala, donde desempeñó el cargo de jefe de redacción del diario *La República*. Ha escrito las siguientes obras: *Adela*, novela regional de la que adelante nos ocupamos; *Sangre y Fuego*, monografía histórica; *Flores de Ensueño*, colección de poesías y *Ensueño de Primavera*, zarzuela con música del maestro Fernando Soria, que por los años de 1907 se estrenó en el teatro Principal de México.

BIBLIOGRAFÍA:

1.—*Adela* Novela Regional de Arnulfo *(sic)* Penagos.— 1918. Talleres Linotipográficos de

"El Pueblo." Esquina de San Diego y Colón. México, D. F.

En 4º, de 44 p. Subscrita en Chiapas, en 1917 y prologada por D. Salvador Torres Berdón.

PENICHE, P.

BIBLIOGRAFÍA:

1.—*Dolores*. Por P. Peniche.—Progreso de Castro. Establecimiento Tipográfico de "El Faro." 1890.
En 8º, de 131 p.

PEÑA, IGNACIO A. DE LA

Nació en México el 20 de mayo de 1860. Hizo sus estudios superiores en el Seminario Conciliar y la Escuela Nacional Preparatoria, habiéndose visto precisado a cortar su carrera debido al fallecimiento del autor de sus días. Decidido a seguir los estudios mercantiles ingresó a la Escuela de Comercio, donde cursó las materias más indispensables, y de allí pasó a prestar sus servicios a un establecimiento comercial. En 1877 obtuvo un empleo en la Aduana de la Capital, y con el tiempo logró ascender por riguroso escalafón, hasta desempeñar importantes puestos en esa oficina. Desde su juventud se afilió a la masonería, en la que alcanzó los más elevados grados y fué uno de los más activos propagandistas de las sociedades secretas en México. Falleció en su ciudad natal el 28 de diciembre de 1916.

BIBLIOGRAFÍA:

1.—*Los Crucifilios. Episodios de color negro de la época roja* por Ignotus. Biblioteca de propaganda netamente religiosa.— Tipografía "El Fénix." Aguila 12. México. 1902.

En 16º, de (2), 96 p.

PEÑA Y TRONCOSO, GONZALO

BIBLIOGRAFÍA:

1.—Biblioteca de "La Patria." *Blanca, Hija de la luz*. Novela original. Por Gonzalo Peña y Troncoso. Segunda edición. Con un prólogo del Profesor José M. Silva.—México. Imp. Litografía y Encuadernación de I. Paz. Segunda del Relox núm. 4. 1903.

En 8º, de 351 p.

2.—Biblioteca de "La Patria." *Celeste*. (Nuevos ideales.) Por Gonzalo Peña y Troncoso. Tercera Edición.— México. Imp., Litografía y Encuadernación de I. Paz. Segunda del Relox núm. 4. 1904.

En 8º, de (2), 116 p. Precedida de juicios críticos de D. Ireneo Paz y otros escritores.

PEON Y CONTRERAS, JOSE

Nació en Mérida de Yucatán el 12 de enero de 1843, y en esa ciudad hizo sus estudios hasta recibir el título de médico en 1862. El año siguiente pasó a la Capital, donde obtuvo por oposición una plaza de practicante en el Hospital de Jesús, la cual sirvió dos años, al fin de los cuales se incorporó en la facultad de medicina de México. En 1867 logró en la misma forma que la anterior, el cargo de médico director del Hospital de Dementes de San Hipólito. Varias veces representó a su Estado natal en la Cámara de Diputados y en el Senado. Desde muy joven dió repetidas pruebas de sus facultades poéticas y demostró decidida afición por la literatura dramática. Como poeta ocupa un lugar muy distinguido en el parnaso mexicano, y como dramaturgo es quizás el que más se ha distinguido en los últimos tiempos. Su producción literaria fué muy fecunda y la mayor parte de sus composiciones, que existen recopiladas, aparecieron primeramente en la prensa. Fué miembro correspondiente de la Real Academia Española y de otras agrupaciones literarias, y falleció en Mérida el 18 de febrero de 1907.

BIBLIOGRAFÍA:

1.—*Taide*. Contornos de la vida ideal por José Mérida. Edición del "Diario del Hogar." —México. Tipografía Literaria. San Andrés y Betlemitas 8 y 9. 1885.

En 8º, de 126 p. Subscrita en Mérida, a 16 de marzo de 1884.

2.—*Veleidosa*. Por José Peón y Contreras.— México. Imprenta de Francisco Díaz de León, Avenida Oriente 6, Nº 163. 1891.

En 4º, de XVI, 128 p. más una lámina. Con prólogo de D. Manuel Gutiérrez Nájera.

PEON Y VARONA, ALICIA

BIBLIOGRAFÍA:

1.—Alicia Peón y Varona. *Sombra y Luz*. (Ensayo de novela).—Habana. Imprenta "El Siglo XX." Teniente Rey 27. 1919.

En 4º, de XII, 142 p. Subscrita en México, en mayo de 1917.

PEREDA, ENRIQUE

BIBLIOGRAFÍA:

1.—La Novela Semanal de "El Universal Ilustrado." Se publica cada jueves como Suplemento de este Semanario. Año I. 31 de mayo de 1923. Núm. 31. *Othón*. Novela inédita por Enrique Pereda.— Publicaciones Literarias de El Universal Ilustrado. México, D. F.

En 16º, de XXVI p.

2.—Novelas Cortas de "El Universal Ilustrado." *El Diario de Aquel* por Enrique Pereda.

Inédito para "El Universal Ilustrado." El Drama de Iraty por André Geiger.—Publicaciones Literarias de "El Universal Ilustrado." 1924.

En 16º, de 24 p.

PEREZ, FERNAN

En *El Monitor Republicano* de México, correspondiente al 15 de julio de 1861, según nos lo ha comunicado nuestro distinguido amigo el Dr. D. Manuel Mestre Ghigliazza, se lee el siguiente suelto: «*El Nuevo Abelardo*. Hemos tenido el gusto de recibir la primera entrega de esta novela, que ha tenido la bondad de enviarnos su autor Fernán Pérez, quien la dedica al Exmo. Sr. Don Jesús González Ortega, General en Jefe de las tropas liberales de la República Mexicana».

PEREZ, GREGORIO

BIBLIOGRAFÍA:

1.—*El Ahorcado de 1848*, novela histórica escrita por Gregorio Pérez.—Mérida. Imprenta de Manuel Aldana Rivas. 1865.

En 4º, de (4), 95 p.

PEREZ DE LEON, HERMINIA

BIBLIOGRAFÍA:

1.—*La Mejor Venganza*. (Novela corta) por

Mimí Derba.—Publicaciones Literarias Exclusivas de "El Universal Ilustrado." 1924.

En 16º, de 30 p. Subscrita en México, a 29 de julio de 1924.

2.—*La Implacable*. Novela corta por Mimí Derba.—Publicaciones Literarias Exclusivas de "El Universal Ilustrado." 1924.

En 16º, de 23 p. Subscrita en México, en agosto de 1924.

PEREZ Y SOTO, ATENOJENES

Nació el 16 de julio de 1886 en el pueblo de Ayacuan del Estado de Veracruz. Hizo sus estudios en las Escuelas Preparatoria y Normal de Jalapa, hasta obtener en 1909 el título de profesor de instrucción primaria y superior. Posteriormente cursó clases especiales de psicología, gimnasia sueca y trabajos manuales en la Escuela Normal de Maestros de México. Ha sido profesor de psicología, literatura y gramática general en la Escuela Normal de Veracruz y de diversas materias en las de Jalapa, de Maestras de México, Nacional Preparatoria y en el Colegio Militar. Ha desempeñado los cargos de ayudante de la dirección de la mencionada Escuela Normal de Jalapa, y en 1917 el de jefe de educación en su Estado natal. Desde su infancia ha cultivado las bellas letras, y con especialidad la crítica literaria, habiendo dado a conocer su producciones en las columnas de *El Imparcial, El Orden*, de Jalapa, *El Universal, La Re-*

vista Mexicana de Educación, de la que actualmente es director, y en otros periódicos y revistas. También ha dado a luz diversos estudios, entre los que se cuentan las novelas cortas que a continuación catalogamos.

BIBLIOGRAFÍA:

1.—*Cuentos de año Nuevo.* — Jalapa. 1906. Imp. de Lara.

2.—*Cuentos psicológicos.*—Jalapa. 1913. Imp. de Lara.

3.—*¿Tienen ellas la culpa?*—Jalapa. 1908.

PINARES, LUCIO

BIBLIOGRAFÍA:

1.—*De Sangre Azul.* Novela original por Lucio Pinares.—Nueva York. Imprenta de John Keeping. 337 E. 88 Street. 1892.

En 8º, de 216 p.

PIZARRO, NICOLAS

Al hablar D. Ignacio M. Altamirano del estado de nuestra literatura hacia 1867, dice acerca de este escritor: «La novela, sin embargo, volvió a aparecer con su color de actualidad y con su estudio contemporáneo. Un escritor instruído, fuera ya de la edad de la juventud y con una larga experiencia del mundo fué el nuevo autor. D. Nicolás Pizarro Suárez había concluído y rejuvenecido su *Monedero*, y había escrito nuevamente su *Coqueta*, dos novelas que llamaron mucho la atención y que se leyeron con avidez. Decimos que había rejuvenecido su *Monedero*, porque recordamos que cuando muy jóvenes y haciendo todavía nuestros estudios de latinidad, esta novela apenas comenzada, nos produjo agradable distracción en los ratos de ocio del colegio. Pero Pizarro no la concluyó entonces o no la popularizó, y nosotros no leímos su desenlace; de modo que en 1862, cuando su autor tuvo la bondad de regalarnos sus obras, nos pareció nueva enteramente. Su novela *La Coqueta* es de menor importancia. Es un cuento de amores; pero también es la fisiología del corazón de la mujer casquivana de nuestro país. Esta leyenda es un cuadro lleno de frescura y de sentimiento en que las situaciones interesan, el colorido seduce y en que la virtud resplandece siempre con el brillo de la victoria.»

BIBLIOGRAFÍA:

1.—*El Monedero*. Novela escrita por Nicolás Pizarro.—Méjico. Imprenta de Nicolás Pizarro. Calle del Aguila núm. 4½. 1861.

En 4º, de 627 p.

2.—*La Coqueta*. Novela escrita por Nicolás Pizarro.—México. 1861. Imprenta de Ana Echeverría de Pizarro e hijas, calle del Aguila.

En 8º, de 283 p.

3.—*Leyendas y Fábulas para los niños*, escritas por Nicolás Pizarro.—México. Imprenta de Castañeda y Rodríguez. 1ª calle de Necatitlán Nº 1. 1872.

En 8º, de 61 p.

PORTILLO, ANDRES

BIBLIOGRAFÍA:

1.—*María Luisa*. Leyenda histórica por Andrés Portillo.— Oaxaca. Imprenta de Lorenzo San-Germán. Avenida Independencia, núm. 50. 1896.

En 4º, de 139 p.

PORTILLO, MIGUEL

Fué su cuna la ciudad de México, donde nació el año de 1856. Al morir el autor de sus días se vió en la necesidad de abandonar sus estudios y dedicarse al comercio, mas por influjo de una persona de su familia, que conoció sus dotes artísticas, pudo ingresar más tarde a la Academia Nacional de Bellas Artes, donde cursó las clases de dibujo, pintura y grabado. En el concurso bienal de 1885 obtuvo el primer premio por sus trabajos presentados, y en atención a este triunfo, se le dió el nombramiento de profesor de dibujo y grabado en la propia Academia, materias que enseñó durante largos años, hasta obtener su jubilación. Desempeñó, además, el cargo de conservador de las galerías de grabado; en el Colegio Militar y en otros planteles ha sido profesor de dibujo, y en la Oficina Impresora del Timbre, grabador. Desde su juventud demostró su vocación a las bellas letras, y sus primeras composiciones las dió a conocer por la prensa. Posteriormente ha escrito varios dramas, algunos de los cuales han sido representados en los teatros de la Capital, así como diversas novelas y cuentos que ha dado a la estampa.

BIBLIOGRAFÍA:

1.—*El Hombre de los Cuernos de Oro*. Novela Original por Miguel Portillo.—México. Imprenta de E. D. Orozco. Escalerillas núm. 13. 1886.

2.—Biblioteca Popular. Publicación Semanaria. 1ª Novela de la Serie: *El Alma en Pena*. Escrita por el Sr. Miguel Portillo. — México. Imp. de "El Eco Pedagógico." 2ª de Mesones núm. 14. 1895.

En 4º, de (2), 29 p.

3.—*Ave María y Salve Regina*. Cuento original por Miguel Portillo.—México. Imp. La Española, Escalerillas 20. 1895.

En 16º, de 42 p.

4.—*La Divina Madona de Guadalupe*. Novela histórica, fantástica y religiosa por Miguel Portillo. Ilustrada por Jesús Martínez Carrión. —México. Imp. "La Española," Escalerillas 20. 1895.

En 4º, Sólo conocemos hasta la p. 128. No llegó a terminarse.

5.—*Batallas de Amor*. Novela por Miguel Portillo.—México. 1910.

En 8°, de (2), 255 p.

6.—*"La Ley del Talión."* Novela original por Miguel Portillo.— México. "Tipografía Mexicana," 5ª de Nezahualcóyotl, 161. 1912.

En 8°, de 200 p.

PORTO DE FERNANDEZ, GUADALUPE

Profesora de hipnotismo, residente en Tacuba, en el Distrito Federal, y autora de numerosas obras sobre diversos temas.

BIBLIOGRAFÍA:

1.—G. Porto de Fernández. *Un Cuerpo sin Alma*. (Leyenda mexicana).—Tomo N° 1 de la Editorial Hispano-Mexicana. Dirija sus pedidos a Ave. Moctezuma, 60. Tacuba, D. F. Apartado Postal, 2028, México, D. F. Teléfono Eric. 118. De Tacuba. 1924.

En 4°, de 221 p.

2.—*Cuatro cuentos de hadas*.

3.—G. Porto de Fernández. *Las Casas de Kikiriki*.—Tomo VIII de la Editorial Hispano-Mexicana. Dirija sus pedidos a Avenida Moctezuma, 60. Tacuba, D. F. Apartado Postal 2028. México, D. F. Teléfono Ericsson 118 de Tacuba. 1924.

En 4°, de 160 p. ilustr.

4.—*Fatal equivocación* (novela).

5.—*¡Cosas de la Vida!* (novela).

6.—*Rosa blanca y Blanca rosa* (novela).

7.—*Ignorancias de mujer* (novela).

8.—*Las Fases de una vida* (novela).

9.—*Suerte y mortaja* (novela).

10.—*Suplantación* (leyenda).

11.—*Error irreparable* (novela).

12.—*Una hoja al viento (novela).*

13.—G. Porto de Fernández. *Una Tarde de Ensueños.* Tomo LVI de la Editorial Hispano-Mexicana, De venta en Moctezuma, 60. Tacuba, D. F. Apartado postal, 2028, México, D. F. Teléfono Ericsson, 118. De Tacuba. 1924.

En 8º, de 63 p.

PROVINS, MIGUEL

BIBLIOGRAFÍA:

1.—*Cuentos varios. Clara.*—*(Al fin:)* Miguel Provins.

En 8º, de 16 p. S. p. i.

PUIG CASAURANC, JOSE MANUEL

Nació en Laguna del Carmen, Campeche, el 31 de enero de 1888. Comenzó sus estudios en Mimiatlán, población del Estado de Veracruz hizo los superiores en las escuelas preparatorias de Orizaba y Jalapa y los profesionales en la Nacional de Medicina de México, hasta obtener el título de médico en 1911. El año siguiente fué electo Diputado por Veracruz al Congreso de la Unión, nuevamente en 1922, y en 1924 Senador por el de Campeche. En los años de 1915 a 1918 viajó por los Estados Unidos del Norte ejerciendo su profesión en distintos lugares, y mezclado en la política del país, al tomar posesión de la Presidencia en 1924 el Gral. Calles, lo nombró Secretario de Educación Pública, cargo que desempeña hasta la fecha. Como periodista se dió a conocer en *El Imparcial*, desde su época de estudiante, más tarde en *El Universal* y en otros órganos, y posteriormente en *El Demócrata*, cuya gerencia tuvo algún tiempo a su cargo.

BIBLIOGRAFÍA:

1.—*De la vida. (Cuentos crueles.)* J. M. Puig Casauranc. *(En el forro:)* Imprenta Nacional. México. 1922.

En 4º, de X, 94 p.

QUEVEDO Y ZUBIETA, SALVADOR

El 20 de noviembre de 1859, nació en Guadalajara, capital del Estado de Jalisco. Sus primeros estudios los hizo en el Seminario Conciliar de esa ciudad, y muy joven le fué encomendada la cátedra de gramática general en el Liceo de Varones. Por 1880, apenas recibido de abogado, se trasladó a México, donde inició una vida periodística de actividad y fundó *El Lunes,* semanario de oposición, lo cual le obligó a salir del país en 1882. Radicóse primeramente en Madrid, y allí colaboró en varios periódicos y dió a luz sus *Recuerdos de un emigrado;* después pasó a Londres, y su permanencia en esa metrópoli le dió asunto para su libro *Un año en Londres.* Vuelto a la patria en 1884, publicó su obra *Manuel González y su gobierno en México,* y el año siguiente regresó a Europa para radicarse en París, donde vivió varios años consagrado a las letras y al estudio de la medicina, hasta lograr en 1894 el título de doctor en esa facultad. Tres años después fué nombrado cónsul de México en Santander y en 1908 en Saint Nazaire. Ha desempeñado diversas comisiones científicas y los cargos de médico en varios hospitales de la Capital. Su labor científica y literaria ha sido intensa, y ha dado a la estampa varias obras de distinto carácter.

BIBLIOGRAFÍA:

1.—*L'Estudiante. Notes d'un carabin* par Salvador Quevedo.—Paris. C. Marpon et E. Flammarión Editeurs. 26, rue Racine, pres l'Odéon. Tous droits réservés.

En 8º, de (4), 304 p.

La Estudiante. Notas de un "Carabin" por *Salvador Quevedo y Zubieta,* Traducidos expresamente para el "Diario del Hogar," por José P. Rivera. Edición del "Diario del Hogar."—

México. Tip. Literaria de Filomeno Mata. San. Andrés y Betlemitas 8 y 9, esquina. 1889.

En 16º, de (2), VII, 181 p.

2.—*Récits Mexicaines* par Salvador Quevedo y Zubieta. Suivi de Dialogues Parisiens.—Paris. Nouvelle Librairie Parisienne. Albert Savine, Editeur. 18, rue Drout, 18. 1888.

En 8º, de VIII, 274 p.

3.—*Psicología Social. La Camada.* Novela histórica mexicana por Salvador Quevedo y Zubieta.—México. Librería de Ch. Bouret. Avenida del Cinco de Mayo número 45.

En 4º, de 502 p.

4.—*Psicología Social. En Tierra de Sangre y Broma.* Novela histórica contemporánea por Salvador Quevedo y Zubieta.—G. Sisniega y Hno., Editores. 5 de Mayo 49. México. 1821. *(A la v:)* Imprimió H. Barrales, Sucr. Donceles 63. Méxi-co, D. F.

En 4º, de 433 p.

QUIROZ, BERNARDINO DE JESUS

BIBLIOGRAFÍA:

1.—*Siempre el Bien y la Virtud.* Hechos de Historia más que novela. Por el Coronel Bernardino de Jesús Quiroz.—Cuernavaca. Imprenta del Gobierno en el Instituto a cargo de Luis G. Miranda. 1876.

En 8º, de 36 p.

RABASA, EMILIO

Fué su cuna el pueblo de Ocozautla, en el Estado de Chiapas, donde nació el 22 de mayo de 1856. Después de haber hecho sus estudios en Oaxaca, obtuvo en 1878 el título de abogado, y al poco tiempo fué electo diputado al Congreso de su Estado natal y director del Instituto de San Cristóbal Las Casas. De regreso en Oaxaca desempeñó los cargos de juez del Registro Civil, diputado a la Legislatura local y secretario del gobernador Mier y Terán. En 1886 pasó a radicarse a México, donde dos años más tarde fundó con D. Rafael Reyes Spíndola *El Universal*, y en 1891 volvió a Chiapas, investido con el carácter de gobernador, cargo que desempeñó durante cuatro años. Al terminar su período gubernamental fué electo senador, lo que le obligó a volver a la Capital. Ha sido además profesor de las Escuelas Nacional y Libre de Jurisprudencia, y se le han confiado otros cargos de importancia, entre ellos el de representante del Gobierno en las Conferencias de Niágara Falls en 1914. Es correspondiente de las Reales Academias Española y de Jurisprudencia, y miembro de varias agrupaciones científicas y literarias. Ha colaborado con gran éxito en el periodismo nacional, y ha dado a luz varias obras de carácter social, jurídico, histórico y literario. En sus novelas, ha pintado, como pocos, las costumbres regionales. *Murió 25 de a*

de 1930.

BIBLIOGRAFÍA:

1.—López y Comp., Editores. *La Bola*. Novela original de Sancho Polo.—México. Tipografía de Alfonso E. López y Compañía, Escalerillas número 12. 1887.

En 8º, de 230 p. más el retrato del autor.

O. R. Spíndola & Comp., Editores. *La Bola*. Por Emilio Rabasa (Sancho Polo). Segunda Edición.—México. Tipografía de O. R. Spíndola & Comp. Ex-Seminario 2. 1888.

En 8º, de 243 p.

Novelas Mexicanas. *La Bola*. Original de Sancho Polo (Emilio Rabasa). Primera de la serie. Tercera edición. Prólogo de Enrique González Martínez.—Librería de la Vda. de Ch. Bouret. París. 23, Rue Visconti, 23. México. 45, Av. Cinco de Mayo, 45. 1919. *(Al frente:)* Imprenta Francesa. Jardín Carlos Pacheco, 1 y 3. México.

En 8º, de XV, 211 p.

2.—López y Comp., Editores. *La Gran Ciencia*. Novela original de Sancho Polo.— México. Tipografía de Alfonso E. López y Compañía. Escalerillas número 21. 1887.

En 8º, de 256 p.

Novelas Mexicanas. *La Gran Ciencia*. Original de Sancho Polo (Emilio Rabasa). Segunda de la serie. Tercera edición.—Librería de la Vda. de Ch. Bouret. París. 23, Rue Visconti, 23.— México. 45, Av. Cinco de Mayo, 45. 1919. *(Al frente:)* Imprenta Francesa. Jardín Carlos Pacheco, 1 y 3. México.

En 8º, de 224 p.

3.—O. R. Spíndola y Cía., Editores. *El Cuarto Poder*. Novela original de Sancho Polo.—México. Tip. de la Casa Editorial O. R. Spíndola y Cía. Ex-Seminario 2. 1888.

En 8º, de 253 p.

Novelas Mexicanas. *El Cuarto Poder*. Original de Sancho Polo (Emilio Rabasa). Tercera de la serie. Tercera edición.— Librería de la Vda. de Ch. Bouret. París. 23, Rue Visconti, 23. México. 45, Av. Cinco de Mayo, 45. 1919. *(Al frente:)* Imprenta Francesa. Jardín Carlos Pacheco, 1 y 3. México.

En 8º, de 224 p.

4.—O. R. Spíndola & Comp., Editores. *Moneda Falsa* (2ª Parte de El Cuarto Poder), por Emilio Rabasa (Sancho Polo).—México. Tipografía de O. R. Spíndola y Compañía. Ex-Seminario 2. 1888.

En 8º, de 307 p.

Novelas Mexicanas. *Moneda Falsa*. Original de Sancho Polo (Emilio Rabasa). Cuarta de la serie. Tercera edición.—Librería de la Vda. de Ch. Bouret. París. 23, Rue Visconti, 23. México. 45, Av. Cinco de Mayo, 45. 1919. *(Al frente:)* Imprenta Francesa. Jardín Carlos Pacheco, 1 y 3. México.

En 8º, de 269 p.

RAMIREZ, JOSE MARIA

Fué originario de la Capital de la República, donde nació el 24 de abril de 1834. Hizo sus estudios de filosofía y humanidades en el Colegio de San Ildefonso, habiéndolos continuado en el Seminario Palafoxiano de Puebla y terminado en el plantel antes citado. En 1861 su elección de diputado al Congreso le hizo abandonar la carrera de abogado, en vísperas de obtener el título profesional, y consagrarse por entero al periodismo y a las letras. Colaboró en *El Crepúsculo, El Horóscopo, El Diario de Avisos* y en otros periódicos metropolitanos, y durante algún tiempo tuvo a su cargo la dirección de *La Orquesta,* famosa publicación satírica de caricaturas. Combatió con las armas la Intervención francesa, mas a poco regresó a la Capital, donde desempeñó diversos cargos públicos. Dió a luz varias novelas y poesías y perteneció a algunas agrupaciones científicas y literarias. Retirado en sus postreros años a la vida privada, falleció por los de 1892.

«José María Ramírez—dice D. Ignacio M. Altamirano—comenzó a formar su reputación desde que era estudiante, en el colegio de San Ildefonso, y todos sus jóvenes amigos le dieron el apodo cariñoso de *Viejo,* quizás a causa de su circunspección precoz, o de su aspecto, que no revela juventud. El caso es que con todo este aspecto y esta seriedad, Ramírez empezó a escribir versos eróticos llenos de ternura y de vehemencia, y leyendas sentimentales, erizadas de pensamientos filosóficos y nuevos. La atención pública se empezó a fijar en ese joven pálido, encorvado y nervioso que veía pasar con su libro debajo del brazo, componiéndose a cada minuto los anteojos, y sumido siempre en profundas distracciones. En esta cabeza despeinada, en ese semblante de anacoreta antiguo, en esa mirada vaga, se adivinan las chispas del talento, porque en efecto, Ramírez lo tiene, y sólo una negligencia suma, que es como el fondo de su carácter, ha podido impedir que ascienda a una posición mejor, y se haya quedado retratando a Pedro Gringorius, el delicioso tipo dibujado por Víctor Hugo.

«Ramírez lee todo con avidez y tiene un gran caudal de instrucción; pero sus estudios son raros, y en ellos tiene, como todos los hombres, sus predilecciones y sus singularidades. El autor a quien más quiere, estamos seguros, es a Alfonso Karr. La manera nueva de decir de este novelista le encanta, su independencia de carácter le sirve de modelo, su estilo lleno de color, nervioso y elevado a veces y a veces familiar, ha acabado por saturar, digámoslo así el de nuestro novelista. Aquellas ideas de Karr que a veces alumbran el mundo con la dorada luz del sol naciente, y a veces con la azulada luz del relámpago en una noche obscura; que tienen, ora la profundidad de la ciencia, ora el candor simple del niño; que enternecen con un gemido de amor o espantan como una blasfemia; la seducen, la han hecho detenerse al bordo de los abismos de la meditación; y también él a su vez, ha encontrado en ellos un manantial de líneas nuevas. Como Karr es un excéntrico y no parece sino que escribe en ocasiones, sentado en el umbral de un hospital de locos, nuestro

Ramírez, que ha formado su imaginación en sus leyendas y que tiene por sus estudios la misma escuela literaria que ese Hoffman francés, ha acabado por producir obras que tienen una forma extraña, pero que dejan adivinar un fondo luminoso y magnífico. Ramírez diserta a cada paso y en un estilo burlón y sentimental que da lijereza a la frase; pero su obra está erizada de epigramas amargas y de burlas deliciosas, conteniendo no pocas verdades de una novedad sorprendente. Sólo en algunos puntos la vida personal de Ramírez no se parece a su modelo. Nuestro novelista no es botánico, ni ama el mar, ni busca las soledades de los bosques o la sombra de los parques, ni sabe nadar, ni se va a hacer observaciones zoológicas en una cabaña azotada por el océano, ni es capaz de trepar por los mástiles de un buque y de sentarse en las gavias a fumar su pipa, como Alfonso Karr, que se ha hecho notable por estas singularidades, y que hace poco estaba entretenido haciendo títeres en Saint Raphael. No: Ramírez es esencialmente *urbano,* ama las flores, pero se contenta con admirarlas en los tiestos de las casas de México. También es verdad que no tiene un rincón donde hacerse un pabellón de madreselvas, o un docel de zarzamoras, o un nido de violetas. Ramírez no ha visto el mar, y se ahogaría en la alberca Pane; menos tiene disposición para mastelero o gaviero, porque es débil y miope. Pero él suple todo esto en su imaginación, y si no puede disertar sobre flores o conchas, sí puede hacerlo admirablemente sobre historia, filosofía y literatura, sorprendiendo verdaderamente con sus deducciones llenas de originalidad. Tal es el carácter del viejo Ramírez, a cuya pintura agregaremos un natural muy dulce y bondadoso, una humildad excesiva y un corazón maltratado por desventurados amores.»

BIBLIOGRAFÍA:

1.—«*Celeste*. México. 1861 in 8. d. rel.»
Andrade, *Catalogue*, París, 1869, p. 327.
Celeste. Novela y *Ellas y Nosotros*. Novela por D. J. M. Ramírez, antiguo alumno del Colegio de San Ildefonso de Méjico.—Paris. Librería de Rosa y Bouret. 1864.
En 8º, de 321 p.
2.—*Ellas y Nosotros*. Por J. M. Ramírez.—México. Tip. de V. G. Torres, calle de San Juan de Letrán núm. 3. 1862.
En 8º, de 122 p. Subscrita a 12 de agosto de 1861.
Ellas y Nosotros, novela por D. J. M. Ramírez, antiguo alumno del colegio de San Ildefonso en México.—Veracruz. Tip. del "Progreso" de R. Laine y Ca. Salinas 787. 1873.
En 8º, de 243 p.
3.—*Gabriela*. Por José María Ramírez. Edisión (*sic*) del Monitor.—México. Tip. de V. G. Torres, calle de San Juan de Letrán núm. 3. 1862.
En 8º, de (2), 128 p.
4.—*Avelina*. Novela y *Gabriela*. Novela. Por D. J. M. Ramírez antiguo alumno del Colegio de

San Ildefonso de Méjico.—París. Librería de Rosa y Bouret. 1864.

En 8º, de 140 p.

5.—*Mi Frac,* por José María Ramírez.—Morelia: 1868. Imprenta de Octaviano Ortiz, Plazuela de los Animas, núm. 2.

En 8º, de 21 p.

6.—*Una Rosa y Un Harapo.* Novela original escrita por José María Ramírez Antiguo alumno del Colegio de San Ildefonso.—México. Imp. de F. Díaz de León y Santiago White, Editores, Bajos de San Agustín número 1. 1868.

En 4º, de 438 p.

RAMIREZ DE AGUILAR, FERNANDO

Es oriundo de Oaxaca, en cuya capital nació el 4 de agosto de 1887. Sostenido y educado por su madre, conoció las primeras letras e hizo los estudios elementales en la Escuela Primaria anexa a la Normal de Profesores de aquel Estado. La situación difícil en que pasó la primera época de su vida no le permitió concurrir a ningún otro plantel, y los conocimientos que posee los ha adquirido por sí mismo, en las treguas momentáneas de la lucha diaria. Por su propio impulso y después de prestar servicios insignificantes en su Estado natal, vino a México y obtuvo una plaza de mecanógrafo en *El Imparcial,* en septiembre de 1907. Allí se inició en la vida del periodismo moderno, principiando a enterarse de las cualidades que caracterizan a un buen reportero. Conocido en la prensa por el seudónimo de "Jacobo Dalevuelta" demostró pronto, como lo dice un autor, tener aptitudes y talento suficientes para descollar en los trabajos reporteriles que se le encomendaron y fué paulatinamente distinguiéndose entre sus compañeros, dando a sus escritos un sello especial, un tinte de personalidad definida, a pesar de que el estilo periodístico, si existe, es amorfo y confuso. Ha escrito en *El País, El Independiente, El Demócrata* y en otros periódicos de la República y actualmente es jefe de redacción de *El Universal.* Ha dado a la estampa entre otras obras la intitulada *Oaxaca. De sus historias y leyendas.*

BIBLIOGRAFÍA:

1.—La Novela Semanal de El Universal Ilustrado. *La Pillita.* Por Fernando Ramírez de Aguilar. Jacobo Dalevuelta.
En 16°, de (2), 32 p.
2.—*Pinopiaa* (Diosa de piedra). Tradición zapoteca por Fernando Ramírez de Aguilar (Jacobo Delevuelta) *(sic).* Epocas, 1502 y 1609.— Publicaciones Literarias Exclusivas de "El Universal Ilustrado." 1924.
En 16°, de 24 p.
3.—*¡La Vida Canta!* (Cuento largo) por Jacobo Dalevuelta. Inédito para "El Universal Ilustrado."— Publicaciones Literarias de "El Universal Ilustrado."
En 16°, de (2), 31 p.

RAMIREZ APARICIO, MANUEL

Nació en Los Reyes de Acatzingo (Pue.), el 12 de marzo de 1831. Fué alumno del Seminario Palafoxiano de Puebla, de donde pasó, después de haber obtenido el grado de bachiller, al Colegio de San Ildefonso de México a cursar los estudios jurídicos. En 1856 se recibió de abogado, y desempeñó en la Secretaría de Hacienda los cargos de oficial primero de la Sección de Crédito Público y de jefe de la Desamortización. Durante la Intervención francesa siguió al Gobierno de Juárez en su peregrinación al Norte, y hallándose en Durango, se encargó en compañía de D. José Antonio Godoy de la redacción del periódico oficial de ese Estado. Al fundarse el Imperio de Maximiliano regresó a la Capital y sirvió los cargos de auditor del Consejo de Estado y de secretario de la Dirección de caminos. Desde muy joven dió muestras de su afición a la poesía, y a la edad de dieciséis años escribió sus primeras composiciones. Por 1859 fué redactor de la *Gaceta de los Tribunales,* y en el curso de su vida fué asíduo colaborador de la prensa metropolitana. Dió a luz diversas obras literarias e históricas, entre las que se cuentan la más conocida, y que lleva por título *Los Conventos suprimidos de México.* Falleció en la Capital el 10 de diciembre de 1867.

BIBLIOGRAFÍA:

1.—*Agustín o la Cura de Almas.* Novela por

Manuel Ramírez Aparicio.—México: 1856. Imprenta de Vicente García Torres, Calle de San Juan de Letrán Núm. 3.

En 8º, de 103 p.

RAMIREZ CABAÑAS, JOAQUIN

Es originario de Coatepec, ciudad del Estado de Veracruz, donde nació el 23 de agosto de 1886. Comenzó sus estudios en la Escuela Cantonal "Benito Juárez," de dicha población, y más tarde vino a México a continuarlos en el Licée Fournier y en la Escuela Nacional Preparatoria, de la que con el tiempo llegó a ser profesor de lengua castellana. Desde 1906 a la fecha ha sido redactor de *La Opinión*, de Veracruz, y en la Capital, de *El Diario*, *El Imparcial*, *El Independiente*, *Nueva Era*, *El Pueblo*, *El Universal* y *El Demócrata*. Además, ha colaborado en *El Mundo Ilustrado*, la *Revista Moderna* en su última época, la *Revista de Revistas* y en otras publicaciones mexicanas. En 1913 desempeñó el cargo de auxiliar del Departamento de Publicaciones del Museo Nacional de Arqueología, Historia y Etnología, y actualmente presta sus servicios en la Secretaría de Educación Pública. La mayor parte de sus estudios críticos y literarios se hallan diseminados en la prensa.

BIBLIOGRAFÍA:

1.—*La Fruta del Cercado Ajeno*. Por Joaquín Ramírez Cabañas. Obsequio de Don Quijote.—

(Al fin.:) Talleres Tipográficos de Don Quijote,
Belisario Domínguez, 43, México, D. F.
En 8º, de (2), 22 p.

REBOLLAR, JESUS MARIA

BIBLIOGRAFÍA:

1.—Jesús María Rebollar. *Clementina Soto-
mayor.* Novela mexicana.—Coyoacán, D. F. Tip.
Gante, San Mateo Churubusco. 1911.
En 8º, de 70 p. más el retrato del autor. Pre-
cedida de una carta crítica de D. Luis González
Obregón.

REBOLLEDO, EFREN

Nació en Actopan, población del Estado de
Hidalgo, el 9 de julio de 1877. A raíz de haber
obtenido el título de abogado, ingresó al cuerpo
diplomático, y ha desempeñado entre otras misiones las de secretario de nuestras legaciones
en Guatemala y el Japón, encargado de negocios en Noruega, introductor de embajadores de
la Secretaría de Relaciones, y consejero de las
Legaciones en Cuba y en Chile. Ha sido además
diputado al Congreso de la Unión y catedrático
de la Escuela Nacional Preparatoria. Desde muy
joven dió a conocer sus versos en la prensa, y
ha colaborado entre otros periódicos, en la *Revista Moderna, El Mundo Ilustrado,* la *Revista*

de Revistas y la *Vida Moderna.* Su pluma ha producido además varios volúmenes de poesías y de cuentos.

Su ya larga labor literaria—dice D. Genaro Estrada—se ha manifestado en libros de versos, novelas, cuentos y crónicas, hechos la mayor parte en el extranjero, en donde Rebolledo ha permanecido algunos años como diplomático. Dueño de una prosa cargada de colores laboriosamente combinados, sus cuentos son muy celebrados, y en sus versos hay una ámplia riqueza de matices verbales acuciosamente dispuestos por este maestro de la expresión rica y suntuosa.

BIBLIOGRAFÍA:

1.—Efrén Rebolledo. *El Enemigo.* Edición de la "Revista Moderna."—México. E. Dublán, Impresor. 1900.

En 8º, de 84 p. Subscrita en México, en 1889-1900.

2.—Efrén Rebolledo. *Nikko.*— México. Tip. de la Vda. de F. Díaz de León, Sucs., Avenida 5 de Mayo y 2ª Motolinía, 1910. *(Colofón:)* Este libro se imprimió en los talleres tipográficos de la Vda. de F. Díaz de León, Sucs., 1910.

En 8º, de 62 f. dobladas.

3.—Efrén Rebolledo. *El Desencanto de Dulcinea. (Epígrafe de Wilde).*—México. Imprenta de J. Ballescá. 3ª Regina, 88. 1916.

En 8º, de 131 p.

4.—Efrén Rebolledo. *Hojas de Bambú.*—México. Cía. Editora Nacional, S. A. 1910.

En 8º, de 51 p. Subscrita en San Francisco, California, en septiembre de 1910.

5.—*Salamandra*. Novela corta.

6.—*Saga de Sigrida la Blonda*. Por Efrén Rebolledo.— Kristianía. Det Mallingske Bogtrykkery. MCMXXII.

En 8º, de 118 p. Subscrita en Cristianía, en julio a diciembre de 1921.

REJON GARCIA, MANUEL

BIBLIOGRAFÍA:

1.—*Supersticiones y Leyendas Mayas* por Manuel Rejón García. (Marcos de Chimay).— Imprenta "La Revista de Mérida." 1905.

En 4º, de (6), 147 p.

REY, EMILIO

BIBLIOGRAFÍA:

1.—*¡Amor de Angel!* Novela original de Don Emilio Rey. (*Epígrafe de Gómez de Avellaneda.*) Edición del Omnibus.—México: Imprenta de Vicente Segura, Calle de Cadena núm. 10. 1854.

En 16º, de 65 p.

REYES, ALFONSO

Nació en Monterrey, capital del Estado de Nuevo León, el 17 de mayo de 1889. Allí hizo sus primeros estudios y más tarde pasó a México a hacer los superiores en la Escuela Nacional de Jurisprudencia. En 1913 obtuvo el título de abogado, y el año siguiente partió para Europa a desempeñar la segunda secretaría de la Legación Mexicana en París. Poco tiempo después se radicó en Madrid, con el carácter de primer secretario y encargado de la Legación Mexicana. Fué socio fundador del Ateneo Mexicano y secretario de la Escuela de Altos Estudios. Desde muy joven demostró sus inclinaciones literarias, y pronto logró que su nombre fuera respetado aun más allá de los confines de la República. Ha colaborado en nuestros mejores periódicos y revistas y en no pocos de los más acreditados de España y Francia. Su pluma ha vertido al castellano algunas de escritores extranjeros. Se le considera como el representante más conspícuo de la nueva generación literaria de México. Actualmente se encuentra en París, con el carácter de enviado extraordinario y ministro plenipotenciario de México.

BIBLIOGRAFÍA:

1.—Alfonso Reyes. *El Plano Oblicuo* (Cuentos y diálogos).—Madrid. Octubre de 1920. *(Al frente:)* Tipografía "Europa." Pizarro, 16, Madrid.

En 8º, de 129 p.

REYES, J. ASCENCION

BIBLIOGRAFÍA:

1.—*Heraclio Bernal (El Rayo de Sinaloa).*

Novela de costumbres mexicanas por J. Ascención Reyes.—1920. Casa Editorial Lozano. San Antonio, Texas.

En 8º, de 202 p.

RIBOT, HECTOR

BIBLIOGRAFÍA:

1.—*El Atila del Sur. O novela histórico-trágica, con narraciones, fantasías, anécdotas, sucedidos y documentos auténticos. Zapata de relieve en la pelea, en el hogar, en sus madrigueras y excursiones.* Por Héctor Ribot.—Imprenta 1ª de Humboldt 5. México, D. F.

En 4º, de 112 p. ilustrado.

RIOS, JUAN PABLO DE LOS

BIBLIOGRAFÍA:

1.—*El Oficial Mayor.* Novela de costumbres mejicanas original de Juan Pablo de los Ríos.— París. Librería de Rosa y Bouret. 1864.

En 8º, de 356 p.

RIVA PALACIO, VICENTE

Fué su cuna la ciudad de México, donde nació el 16 de octubre de 1832. En dicha Capital hizo su carrera literaria, hasta recibirse de abogado. Combatió con la pluma y con las armas la Intervención francesa y el Imperio de Maximiliano, hasta obtener el grado de general de brigada, más su decidida vocación a las letras le obligó más tarde a abandonar la carrera activa de la milicia. Al triunfo de la revolución de Tuxtepec, en 1876, fué nombrado ministro de Fomento, y aparte de este importante cargo desempeñó en distintas épocas los de gobernador de los Estados de México y Michoacán y magistrado de la Suprema Corte de Justicia de la Nación. En 1884 fué aprehendido e internado en la prisión militar de Santiago, por habérsele creído complicado en una conspiración militar, y dos años después fué enviado a Madrid con el carácter de enviado extraordinario y ministro plenipotenciario de México. En la corte española se conquistó gran popularidad y llegó a ocupar un alto sitio entre la intelectualidad. Fundó en México diversos periódicos políticos, como *El Ahuizote*, y colaboró en otros muchos; dió a luz varias obras literarias y críticas, tanto en prosa como en verso, y en colaboración con D. Juan A. Mateos escribió *Las Liras hermanas*, con D. Juan de Dios Peza las *Tradiciones y leyendas mexicanas*, con D. Manuel Payno, el mencionado Mateos y D. Rafael Martínez de la Torre *El Libro Rojo*, y con varios distinguidos historiadores *México a través de los siglos*. Fué miembro de diversas agrupaciones culturales, tanto nacionales como extranjeras, y falleció en Madrid el 22 de noviembre de 1896.

«En nuestra historia —escribe D. Manuel

Sánchez Mármol— halló Riva Palacio el filón de su tesoro novelesco, que es abundante y de crecidos quilates. La verdad y la ficción se encuentran en aquél felizmente consonadas, de modo que la parte meramente imaginaria resulta verosímil, sin falsear para nada los hechos establecidos o admitidos, sino sirviéndose del relato anedótico para hacerlos más interesantes. Tal parece que debe ser el criterio que informe la novela histórica, y Riva Palacio siempre se mantuvo dentro de él. Agréguese a esto la fácil donosura del estilo, y quedará explicado por qué su producción goza del favor del público. A raíz del triunfo de la República contra la invasión extranjera y el Imperio, editó su primera novela bajo el simbólico título de *Calvario y Tabor*, a la que sucedieron, acaso no en el orden en que van mencionadas, *Monja y Casada*, *Martín Garatuza*, *Los piratas del Golfo*, *Las dos emparedadas*, *La vuelta de los muertos* y *Don Guillén de Lampart*. Riva Palacio fué una personalidad gratamente conocida y gratamente estimada en la corte de España, donde alternó con lucimiento con ambas noblezas, la del talento y la hereditaria. En la casa de la calle de Valverde entraba como en la propia suya, y los académicos se disputaban el favor de su amistad. Allá dió a la estampa los *Cuentos del General*, postrimera muestra de su gracia de narrador y de la riqueza de su inventiva.»

BIBLIOGRAFÍA:

1.—*Calvario y Tabor*. Novela histórica y de

costumbres por el General Riva Palacio. Ilustraciones por C. Escalante.—México. Manuel C. de Villegas y Compañía, Editores. 1868. *(Al fin:)* Imprenta Literaria de la V. de Segura e hijos, segunda calle de Santo Domingo núm. 10.

En 4º, de 589, 7 p. con láminas. Prologada por D. Ignacio M. Altamirano.

Calvario y Tabor. Novela histórica y de costumbres por Vicente Riva Palacio. (2ª edición, corregida por el autor.) Edición de "El Diario del Hogar."— México. Tipografía Literaria de Filomeno Mata, San Andrés y Betlemitas, 8 y 9. 1883.

En 8º, de 710 p.

Novelas Mexicanas Escogidas del General D. Vicente Riva Palacio. *Calvario y Tabor*. Memorias de las luchas de la Intervención. Edición de lujo, profusamente ilustrada con magníficas láminas sueltas y grabados intercalados representando las más culminantes escenas del texto. —México. J. Ballescá y Ca., Sucesores, Editores. San Felipe de Jesús, 572. 1905. *(A la v.:)* Imprenta y Litografía de Henrich y Ca., Barcelona, calle de Córcega, 348.

En 4º, de 834 p. con láminas.

Vicente Riva Palacio. *Calvario y Tabor*. Novela histórica y de costumbres. Tomo I.—Ediciones León Sánchez. México, D. F., MCMXXIII. *(Colofón del t. II:)* Acabóse de imprimir esta obra en la imprenta de M. León Sánchez, en la ciudad de México, a 2 de agosto de 1923.

2. v. en 8º, T I, de 194, (4) p.; t. II, de 191 (3) p.

2.—*Martín Garatuza*. Memorias de la Inquisición. Por el General V. Riva Palacio. Editor, Manuel C. de Villegas.—México, Imprenta de "La Constitución Social." 4ª calle de la Providencia núm. 6. 1868.

En 4º, de 606 p. con láminas.

Novelas Mexicanas Escogidas del General D. Vicente Riva Palacio. *Martín Garatuza*. Memorias de la Inquisición. Edición de lujo, profusamente ilustrada con magníficas láminas sueltas y grabados intercalados representando las más culminantes escenas del texto. 3ª edición.— México. J. Ballescá y Ca., Sucesores, Editores. Librería: Cinco de Mayo, 16 (esquina a San José el Real.) Almacenes: San Felipe de Jesús, 572. 1908. *(Á la v.:)* Imprenta y Litografía de Henrich y Ca., Barcelona, calle de Córcega, 348.

En 4º, de 806 p. con láminas.

Martín Garatuza. Continuación de Monja y casada, virgen y mártir, por el Gral. Vicente Riva Palacio. Tomo primero.—México. Imp. Manuel León Sánchez. Misericordia 7.

2 v. en 8º, T. I, de 216, (2) p.; t. II, de 341, (3) p.

3.—*Monja y Casada, Virgen y Mártir*. Historia de los tiempos de la Inquisición, por el General Vicente Riva Palacio. Publicada por Manuel C. de Villegas.—México: Imprenta de "La Constitución Social." 4ª calle de la Providencia núm. 6. 1868.

En 4º, de 606 p. con láminas.

Monja y Casada Virgen y Mártir. Historia de los tiempos de la Inquisición por el General

Vicente Riva Palacio. Ilustraciones hechas en los talleres de "El Mundo."—México. Talleres de Tipografía y Fotograbado de "El Mundo." Calle de Tiburcio número 20. 1900.

En 4º, mayor, de 376 p.

Novelas Mexicanas Escogidas del General D. Vicente Riva Palacio. *Monja y Casada Virgen y Mártir.* Historia de los tiempos de la Inquisición. *Calvario y Tabor. Martín Garatuza. Los Piratas del Golfo. Las dos Emparedadas. Memorias de un Impostor.* Edición de lujo, profusamente ilustrada con magníficas láminas sueltas y grabados intercalados representando las más culminantes escenas del texto. 2ª edición.—México. J. Ballescá y Ca., Sucesores, Editores. Librería: Cinco de Mayo, 16 (esquina a San José el Real.) Almacenes: San Felipe de Jesús, 572. 1908. (*la v.:*) Imprenta y Litografía de Henrich y Ca., Barcelona, calle de Córcega, 348.

En 4º, de 855 p. con láminas.

Monja y Casada, Virgen y Mártir. Historia de los tiempos de la Inquisición, por el General Vicente Riva Palacio.— México. Imp. Manuel León Sánchez. Misericordia 7.

2 v. en 8º T. I, de 276 (3) p.; t. II, de 292, (2) p.

4.—*Las Dos Emparedadas.* (Memorias de los tiempos de la Inquisición), por Vicente Riva Palacio. Editor, Manuel C. de Villegas.—México. Establecimiento Tipográfico de Tomás F. Neve. Callejón de Santa Clara número 9. 1869.

En 4º, de 608 p. con láminas.

Novelas Mexicanas Escogidas del General

D. Vicente Riva Palacio. *Las Dos Emparedadas*.
Memorias de la Inquisición. Edición de lujo,
profusamente ilustrada con magníficas láminas
sueltas y grabados intercalados representando
las más culminantes escenas del texto.—México.
J. Ballescá y Ca., Sucesores, Editores. Librería:
Cinco de Mayo, 43 (esquina a San José el Real.)
Almacenes: San Felipe de Jesús, 272. 1909. (*A
la v.:*) Imprenta y Litografía de la Vda. de José
Cunill, Universidad, 7. Barcelona.

En 4º, de 720 p. con láminas.

5.—*Los Piratas del Golfo*. Novela histórica
por el General Vicente Riva Palacio. Editor,
Manuel C. de Villegas.—México. Imprenta de
la "Constitución Social." 4ª calle de la Providencia número 6. 1869.

En 4º, de 608 p. con láminas.

6.—Riva Palacio. *La Vuelta de los Muertos*.
Novela histórica. Manuel C. de Villegas, Editor.
V. R. P.—México. Imprenta de F. Díaz de León
y Santiago White, 2ª de la Monterilla Núm. 12.
1870.

En 4º, de 480 p.

7.—*Memorias de un Impostor. D. Guillén de
Lampart, Rey de México*. Novela histórica por
el General Riva Palacio.—México. Manuel C.
de Villegas, Editor. 1872. (*A la v.:*) Imprenta
de I. Escalante y Ca. Bajos de San Agustín
núm. 1.

En 4º, de VIII, 598, (2) p. con láminas.

8.—*Cuentos del General* por Vicente Riva
Palacio. Ilustraciones de F. Mas. Fotograbados
de Laporta.—Madrid. MDCCC XCVI. (*A la v.:*)

Madrid. Esto. Tipo. Sucesores de Rivadeneyra.
En 4º, de (4), 291 p. ilustrado.

9.—Biblioteca de "El Demócrata." Novelas de obsequio. Exíjanse a los papeleros. *Un Secreto que Mata.* Novela histórica por el General Vicente Riva Palacio.—Talleres de "El Demócrata." México, Agosto 22 de 1917.

En 4º, mayor, de 64 p. ilustrado.

RIVERA Y RIO, JOSE

«José Rivera y Río—dice D. Ignacio M. Altamirano—ya conocido por sus bellas composiciones poéticas, como Díaz Covarrubias, también publicó varias novelas sociales. Rivera y Río es tan original en su poesía como en su composición romanesca. Joven, precoz, apasionado, vehemente, con un gran corazón y una alma ávida de todas las emociones, con una naturaleza sensual y delicada, aspirando con voluptuosidad el perfume de las rosas de su juventud; pero irritándose al contacto de las espinas, este poeta es la expresión de esa juventud fogosa e impaciente, de esa falanje del porvenir para la que el reposo es la muerte, para la que el obstáculo es el imposible.

«Rivera y Río sueña con su ideal, sonríe acariciándolo en su imaginación; pero cuando baja los ojos hacia la prosa de la vida y lo encuentra irrealizable, se indigna, se entristece y se rompe la frente calenturienta contra el muro de la maldad o de la estupidez. De aquí ha venido que su carácter sea una rara mezcla de fe y de escepticismo, de ternura y de odio, de goce y de tormento. Su lira tiene transiciones increíbles ya suena dulce y melancólica como el laúd de un trovador de la edad media, ya cambiando de súbito, produce notas vibrantes, roncas y terribles, como la cítara de un profeta antiguo arrebatado por la cólera.

«Hay, además, que Rivera y Río abriga un fondo de honradez austera e intolerante. El no transige con el vicio, no puede ni siquiera disimular su indignación en su presencia; le persigue, le vapula, le maldice, y cuando le ve triunfante, no se da por vencido; lucha con él, le escupe, y derrama lágrimas de despecho por no poder aniquilarle. Tal es Rivera y Río como poeta; tal es también como novelista. Si sus versos salen de su boca como un rugido de la tempestad, su novela es una invectiva social. El nombre solo de una de sus leyendas indicará sus teorías. *Fatalidad y Providencia* se llama esa serie de cuadros llenos de sentimiento y de tristeza, pero que a veces aparecen iluminados por relámpagos de cólera y de duda. Su estilo es fluido y enérgico; a veces tierno hasta la dulzura, a veces incisivo hasta hacer mal; vehemente las más veces, elegante siempre. Si Rivera y Río nos perdona una libertad, le aconsejaríamos que se consagrase a la novela. El produciría obras que podrían rivalizar con las de Federico Soulié, porque tiene su mismo carácter.»

BIBLIOGRAFÍA:

1.—*Los Misterios de San Cosme*. Por José

308

Rivera y Río, quien los dedica a su amigo A. Quiroz.—México. 1851. Tip. de A. Campos de la Vega. Calle del Refugio núm. 17.

En 8º, de 88 p.

2.—*Fatalidad y Providencia*. Novela original de José Rivera y Río. Tomo primero.—México. Imp. de V. G. Torres, calle de San Juan de Letrán núm. 3. 1861.

2 v. en 8º, de 375 y 430 p.

3.—*Mártires y Verdugos*. Novela original de José Rivera y Río.—México: 1861. Tipografía de Nabor Chávez, Calle de Cordobanes núm. 8.

En 8º, de 243 p.

4.—*Las Tres Aventureras*. Novela original de José Rivera y Río. Tomo I.—México. 1861. Tipografía de Nabor Chávez, Calle de la Canoa núm. 5.

2. v. en 8º, de IV, 353 y 453 p.

5.—*Los Dramas de Nueva York*. Novela original de José Rivera y Río. Adornada con estampas litográficas. Tomo I.— México. Imprenta litografía y tipografía de J. Rivera, Hijo y Comp. Calle del Teatro Principal núm. 4. 1869.

2 v. en 4º, de 327 y 320 p. más 6 láminas cada uno.

6.—*El Hambre y el Oro*. Novela original de José Rivera y Río. Adornada con Estampas Litográficas.—Imprenta de J. Rivera, Hijo y Comp., Calle del Teatro Principal núm. 4. México. 1869.

En 8º, de 511 p. más 4 láminas.

7.—«Rivera y Río, José.—*Esqueletos sociales*. Novela. Con estampas litográficas.—México. 1870. En 4º»

Porrúa, *Catálogo*, México, 1911, p. 111.

Esqueletos Sociales. Novela original de J. Rivera y Río. Adornada con estampas litográficas y publicada por J. Rivera, Hijo y Compañía. (Nueva edición).—México. 1873. Imprenta Litográfica y Tipográfica de J. Rivera, Hijo y Ca., calle del Coliseo Viejo, bajos de la Gran Sociedad.

En 4º, de 383 p.

8.—*La Virgen del Niágara*. Novela original de José Rivera y Río. Adornada con estampas litográficas.— México. 1871. Imprenta Litográfica y Tipográfica de J. Rivera, Hijo y Comp. Calle del Coliseo Viejo, bajos de la Gran Sociedad.

En 4º, de 592 p.

9.—*Memorias de Unos Náufragos*. Novela original de J. Rivera y Río. 2ª edición.—México. 1872. Imprenta Litográfica y Tipográfica de J. Rivera, Hijo y Comp., calle del Coliseo Viejo, bajos de la Gran Sociedad.

En 4º, de 635 p.

10.—José Rivera y Río. *Pobres y Ricos de México*. Novela original adornada con estampas litográficas. Tercera edición.—México. Imprenta de la Librería Hispano-Mexicana. Calle de Zaragoza (antigua Acequia) núm. 5. 1884.

En 4º, de (4), 412 p.

«Rivera y Río, José.—*Pobres y Ricos de México.*—México. 1886. 1 vol. 4º, ilustrado.»

Porrúa. *Catálogo*, México septiembre de 1907, p. 14.

ROA BARCENA, JOSE MARIA

Vió la primera luz en Jalapa (Ver.), el 3 de
septiembre de 1827. Desde su juventud se dedicó al comercio, y sólo por afición y sin maestro
alguno se dió a la lectura y al estudio de las bellas letras. En 1853 abadonó su tierra natal para
dedicarse en México, donde a la sazón se libra-
ban arduas luchas entre los partidos conservador
y liberal, y afiliado al primero, lo defendió con
su pluma con el brío y la energía que siempre
le fueron característicos. Colaboró en *El Universal, La Cruz, El Eco Nacional* y *La Sociedad,*
habiendo redactado él solo este importante periódico durante largo tiempo. Apoyó la Intervención y el Imperio y fué miembro de la Junta de
Notables, mas al ver que Maximiliano se apar-
taba de los principios conservadores, cesó de
prestarle su ayuda y censuró muchos de los actos
de su gobierno. Al triunfo de la República volvió
a sus ocupaciones mercantiles, sin abandonar
por esto la pluma, como lo demuestran las diversas obras que produjo. Las más notables entre
éstas son sus *Recuerdos de la invasión norteamericana, Ensayo de una historia anecdótica de
México, Leyendas mexicanas, Catecismo de historia de México, Nuevas Poesías,* y los cuentos
y novelas que adelante catalogamos. Sus hijas
han publicado el primer volumen de sus obras
completas, y esperamos que no muy tarde quedará terminada tan importante recopilación. Fué
miembro correspondiente de la Real Academia
Española y socio de diversas agrupaciones cien-

tíficas y literarias. Falleció en México el 21 de septiembre de 1908.

Hablando de sus novelas cortas, dice D. Manuel G. Revilla, que «constituyen una serie de animados cuadros, de escenas familiares, de interiores, de perspectivas, de paisajes, en los que palpita un sincero y noble realismo, y que, por lo familiar de los asuntos, por lo bien manejado del colorido, por la maestría del claro obscuro, por el dibujo fino y acabado, por el primor, en fin, de la ejecución, recuerdan los característicos cuadros de la escuela holandesa. Allí aparecen llenos de verdad y de vida los tipos que han formado parte integrante de nuestro medio social; los vecinos mismos que hemos tenido al alcance de nuestra propia observación, los personajes entre bondadosos y cómicos con quienes hemos trabado por acaso algún conocimiento: el farmacéutico y el prendero de la esquina, el ranchero y el abogado con quienes más de una vez hemos tropezado en la vida, la venerable ama de su casa y esclava de su marido, confinada en las cuatro paredes del hogar doméstico, que no alcanza a ver a dos palmos más allá de sus narices y que ni siente agravios ni agradece beneficios, el militar retirado que conoció y trató a los jefes insurgentes, con su correspondiente arsenal de regocijadas anécdotas, etc., etc., moviéndose todos ellos en nuestro propio ambiente, y reflejando las tradicionales costumbres, aun no del todo desaparecidas, del Méjico de otros días. Nos interesan estos cuentos por su exacta interpretación de la realidad, por sus chistes urbanos, por el arte, en fin, que el autor puso en su desempeño.»

BIBLIOGRAFÍA:

1.—*Novelas* de Don José María Roa Bárcena originales y traducidas. Edición de "La Unión."—México. Imprenta de F. Díaz de León y Santiago White, Segunda de la Monterilla número 12. 1870.

En 4°, de 439 p. Precedidas de una introducción que, bajo el título de *Los editores al lector*, subscribe D. Gonzalo A. Esteva. Contiene las siguientes novelas originales: *Noche al raso, Una flor en su sepulcro, Aminta Rovero, Buodelmonti* y *La Quinta modelo*.

2.—*Lanchitas*. Cuento por José María Roa Bárcena.— México. Imp. de Ignacio Escalante. Bajos de S. Agustín núm. 1. 1878.

En 8°, de 19 p. Subscrito en México, en 1877.

3.—*Varios Cuentos* de José María Roa Bárcena. Edición de 60 ejemplares.—México. Imprenta de Ignacio Escalante. Bajos de S. Agustín n. 1. 1882.

En 4°, de 151 p. Contiene: *El Rey y el bufón, Noche al raso* y *Lanchitas*.

Varios Cuentos de José María Roa Bárcena. Edición de "El Nacional."—México, Tip. de Gonzalo A. Esteva. San Juan de Letrán núm. 6. 1883.

En 8°, de 111 p.

4.—Biblioteca de Autores Mexicanos. 10. Obras de D. J. María Roa Bárcena. Miembro correspondiente de la Real Academia Española. Tomo I. *Cuentos originales y traducidos.*—México. Imp. de V. Agüeros, Editor. Cerca de Sto. Domingo Nº 4. 1897.

En 8º, de XV, 467 p. más el retrato del autor. Precedidos de una biografía del mismo. Contiene: *El Rey y el bufón, Combates al aire, Noche al raso, Lanchitas, Buondelmonti* y cuatro cuentos traducidos.

5.—Biblioteca de Autores Mexicanos. 77. Obras del Sr. D. J. María Roa Bárcena. Tomo VI. *Novelas cortas.*—México. Imp. de V. Agüeros, Editor. Primera calle de Mesones Nº 18. 1910.

En 8º, de (2), 434 p. Contiene: *Una flor en su sepulcro, La Quinta modelo,* y Artículos sueltos.

ROBLEDA Y TRONCOSO, CAYETANO

BIBLIOGRAFÍA:

1.—*Mercurio. Lágrimas y Cenizas.*—México. Imprenta y Litografía de Juan Flores. Calle de Corchero número 2. 1892.

En 8º, de (6), 44 p.

ROBLES, PABLO

BIBLIOGRAFÍA:

1.—*Los Plateados de Tierra Caliente.* Episodios de la Guerra de Tres Años en el Estado de Morelos. Cuento semi-histórico por Perroblillos (*) (*). El autor usa de este seudónimo

como un recuerdo de gratitud y aprecio al Sr. Lic.
D. Manuel Dublán, quien cariñosamente le llamaba de esa manera.—México. Tipografía Literaria de Filomeno Mata. San Andrés y Betlemitas, Esquina.

En 8º, de 217 p.

RODRIGUEZ, MANUEL FILOMENO

Falleció en México el 14 de junio de 1884,
después de haber sido uno de los principales
redactores de *La Voz de México*, en cuyas columnas pueden verse numerosos artículos suyos,
tanto religiosos, como políticos y sociales, escritos con destreza, vigor y elegancia.

BIBLIOGRAFÍA:

1.— *Los Asesinos del Dongo*. Novela histórica, precedida de un prólogo. Y continuada en
dos tomos. Escrita por Manuel Filomeno Rodríguez. Tomo I.—México. 1876. Imprenta de J. R.
Barbedillo y compañía, Escalerillas núm. 21.

2 v. en 8º, de VI, 558 y 281 p

RODRIGUEZ BELTRAN CAYETANO

Fué su cuna la ciudad de Tlacotalpan (Ver.)
donde nació el 24 de septiembre de 1866. Allí
mismo hizo sus estudios y a la edad de veinti-
séis años comenzó a colaborar en los periódicos.
A partir de esa época ha consagrado su vida a las

combinaciones de la teneduría de libros, a la literatura, al periodismo y al magisterio, y actualmente desempeña el cargo de director de la Escuela Secundaria de Jalapa y la cátedra de literatura en el propio plantel. Su educación la debe a sus propios esfuerzos y tomó la senda literaria más en consonancia con sus aficiones artísticas, resentidas por el apartado rincón en que vegetó largos años. Ha publicado muchas de sus composiciones en la prensa local y metropolitana, y en 1898 dió a conocer a la celebrada poetiza tlacotalpense Josefa Murillo, en un libro en el que colaboraron los más connotados escritores del país. Tres años después lanzó a la publicidad su primera obra, un ensayo de cuentos que le dió merecida fama; después dió a la estampa *Perfiles del terruño*, interesante estudio gráfico de costumbres, tipos y paisajes de su tierra natal; a éste siguió *Atrevimientos... ¿Literarios?*, fruto de sus continuas vigilias y serias lecturas; en seguida *Cuentos costeños*; *Por mi heredad*, la novela *Pajarito*, y otras obras. Posee inéditos otros trabajos, que esperamos pronto dará a luz. La Academia Mexicana Correspondiente de la Real Española lo cuenta entre el número de sus correspondientes.

«El lenguaje—dice D. Manuel Carpio—, el estilo, la manera de discurrir y de pintar seres humanos y objetos, forman en Rodríguez Beltrán un todo ingénuo que no tiene por donde parecerse a la seductora artificialidad preconizada por Gautier, ni al *manerismo* de que se acusa a muchos poetas y escritores palpitantes de vida

316

nueva. Sus *Perfiles del Terruño* y sus cuentos costeños abundan en apacible facilidad de concepción. Pocas pinceladas y pocas combinaciones simples, le dan cuanto quiere para hacer un cuadro. No un cuadro que nos sorprenda con revelaciones desconocidas ni con relieves lamentables, ya lo creo! El ambiente de aquel risueño pueblecito, recostado junto al río que pasa fingiendo acuarelas y canciones en la fantasía de los que allí viven, no dan medios tonos enfermos ni crepúsculos de cobre. Dan colores afinados en la naturaleza joven, sana y riente; dan fisonomías sin afeite, músculos sin decrepitud, belleza sin contrastes débiles, pasiones agrestes, briosos movimientos. Rodríguez Beltrán ha copiado todo esto o bien ha valídose de su imagen sugestiva para componer cosas distintas. Dije *ha copiado* y parece que juzgo mal al artista atribuyéndole una acción de que los muy originales por un lado y los pedantes por el otro, gozan con apellidar insignificante, cuando no malintencionada y bellaca. Pero esa copia no es burda, ni tampoco es la calca. Lejos verdaderamente se encuentra semejante reproducción de imágenes de las fotografías realistas y de los esbozos aproximados.

«Interpretaciones fieles de los objetos observados, en las cuales el rasgo de la realidad sirve de documento al rasgo del arte, son fondo de esa paleta y alma de ese pincel, aptos, sí, *para dar el tono de la hora vivida,* y prolongarla en uno como lienzo ideal. Ahí está el tino de Rodríguez Beltrán y ahí radican su nombre de literato, su numen sencillo, su deliberación llana y sabro-

317

sa, su estilo sereno al modo del de los hablistas más puros, y la penetración de su retina que, sin abarcar múltiples y difusas coloraciones, comprende extensas zonas en lo visible y altas cumbres en lo imaginario. No es pues revelador, no un descubridor, no un reformador. Su verbo no anima tenebrosos Kamtchatkas ni "remordimientos que tiemblan y vuelven la cabeza al menor ruido." Y aunque no sea la ingenuidad lo que más admiran muchos en cuanto a los temas de poesía, tenémosla otros por un acierto y gustamos de verla sonreír en las tersas páginas de las obras sanas. Este es uno de los motivos porque la prensa ha traído y llevado las prosas de Onateyac por todos los polos de nuestra bohemia, es dulcemente ingenuo. Respira en atmósferas frescas y se inspira en los torrentes libres que dan sol y savia a su terruño. ¡Qué mejor satisfacción para él que la de mojar su pluma en aquellas lujosas tintas de auroras y crepúsculos, como lo han hecho los ingenios simples, los felices ingenios que no probaron la depravación ni entraron "en las fantasías oscuras que el día no comprende y que reproduce todo lo diforme y vagamente horrible que esconde el alma en el fondo su más profunda caverna.»

BIBLIOGRAFÍA:

1.—*Una Docena de Cuentos* por Onateyac. Con prólogo de Don Rafael Delgado, Correspondiente de la Real Academia Española e indi-

viduo de Número de la Academia Mexicana.—
México. Talleres: Ramón de S. N. Araluce. Callejón de Sta. Inés, núm. 5. 1900.

En 8º, de 128 p.

2.—*Perfiles del Terruño*. Por Cayetano Rodríguez Beltrán. Onateyac. Edición Profusamente Ilustrada.— 1902. Talleres Araluce, 2ª Salto
del Agua, 9. México.

En 8º, de 376 p.

3.—Cayetano Rodríguez Beltrán. *Cuentos
Costeños*. Prólogo de D. José López-Portillo y
Rojas, C. de la Academia Mexicana de la Lengua. Ilustraciones de Pedro de Rojas. Precio: un
peso.—Barcelona. Casa Editorial Sopena. Calle
de Valencia, 275 y 277. 1905. *(A la v.:)* Imp. y
estereotipía de la casa editorial Sopena. Barcelona.

En 8º, de 207 p. más el retrato del autor.

4.—Cayetano Rodríguez Beltrán (Onateyac).
"*Pajarito*." Novela.—México. Eusebio Gómez de
la Puente. Calle de Nuevo México, 1. Apartado
Postal, 59 bis. Teléfono, 900. 1908. *(A la v.:)*
Tip. y Lit. "La Europea," de J. Aguilar Vera y
Comp., S. en C.

En 8º, de 796, 11 p. mas el retrato del autor.

5.—*Un Ingenio*. Novela por Cayetano Rodríguez Beltrán, de la Academia Mejicana de la
Lengua, C. de la Real Española. Precio: Tres
pesos.—Jalapa-Enríquez, Ver. Oficina Tipográfica del Gobierno del Estado. 1923.

En 8º, de 421 p. más una lámina. Subscrita
en Jalapa, a 15 de abril de 1919.

RODRIGUEZ IGLESIA, EMILIO

BIBLIOGRAFÍA:

1.—Novela Histórico-Social. *El Crimen de los Tepames*. Por Emilio Rodríguez Iglesia.— 1909. (*A la v.:*) Talleres tipográficos de "El Correo Francés." San Felipe núm. 56 n. n. Guadalajara.

En 4º, de (2), 142 p. Subscrita en Guadalajara, a 18 de junio de 1909, y dedicada a los directores de varios periódicos de esa ciudad.

RODRIGUEZ RIVERA, RAMON

BIBLIOGRAFÍA:

1.—*La Llorona*. Cuento Popular por Ramón Rodríguez Rivera.— *S. p. i.*

En 16º, de 38 p.

La Llorona. Cuento popular por Ramón Rodríguez Rivera.—México. Tip. "El Gran Libro," de J. F. Parres y Comp. Tiburcio 13 y 18. 1883.

En 4º, de III, 33 p. Con un prólogo por D. Alberto G. Bianchi.

ROJAS, FRANCISCO M.

BIBLIOGRAFÍA:

1.—*Fray Sotana*. Novela escrita por Francisco M. Rojas. Primera edición.—Tixtla de Guerrero. 1892.

En 4º mayor, de (4), 183 p. Escrita, según lo manifiesta su autor, con el objeto de demostrar "que la secta Católica y Apostólica Romana, por su grandes heregías no es la verdadera religión cristiana."

ROJO, JOSE R.

BIBLIOGRAFÍA:

1.—Dr. José R. Rojo. *Los Vencidos. Infamia!* —México. A. Carranza y Comp., Impresores. Callejón de Cincuenta y Siete, Núm. 7. 1904.

En 8º, de 388 p.

2.—Dr. José R. Rojo. *Los Vencidos. Miseria.* —México. Imprenta de Eduardo Dublán. Callejón de Cincuenta y Siete, núm. 7. 1904.

En 8º, de 331 p. Subscrita en agosto de 1902. Seguida de *Margarita* por Domingo S. Trueba.

ROJO GARCIA, EMILIO

BIBLIOGRAFÍA:

1.—*Jovita.* Novela original de costumbres marítimas y terrestres por Emilio Rojo García. —México. A. Carranza y Comp., Impresores. Callejón de Cincuenta y Siete núm. 7. 1917.

En 8º, de 128 p. Subscrita en México, a 30 de abril de 1907.

ROLDAN, EUTIMIO

BIBLIOGRAFÍA:

1.—*Mefistófeles.* Por Delfino Ramírez. Primera parte.—México. Imprenta y Encuadernación de la Librería Madrileña. 1898.

2 v. en 4º, de 57 y 59 p.

2.—*Querida del Tío Toño.* Novela regional de costumbres surianas por Delfino Ramírez. 1899.—México. Imp. Universal. D. C. Smith. S. Juan de Letrán 4. 1900.

En 8º, de IV, 136 p. Prologada por D. G. González Mier.

3.—*Quetzal y Metztlixochitl.* Novela mitológica mexicana por Eutimio Roldán.— México. Imprenta, Litografía y Encuaderanción de I. Paz. 2ª calle del Relox número 4. 1902.

En 4º, de (4), 71 p. Con prólogo de D. Antonio Rivera G.

4.—Eutimio Roldán. *Rosaura Muñoz.* (Novela suriana.) Iguala 1902.—México. Tip. Artística, 1ª Revillagigedo 2. 1903.

En 4º, de 187 p.

ROMERO DE TERREROS Y VINENT, MANUEL

Nació el Marqués de San Francisco en la Capital de la República el 24 de marzo de 1880. Niño aún fué enviado a Inglaterra, donde hizo sus estudios en el Colegio de Stonyhurst hasta presentar los exámenes de sus cursos en las Universidades de Oxford y Cambridge. En 1900 regresó al país, trayendo un gran caudal de conocimientos, y siete años después, por muerte del Marqués de la Pedreguera y de San Francisco, su pariente inmediato, le sucedió en el segundo de sus títulos. Sus aficiones históricas le llevaron al Museo Nacional, donde desempeñó por algún tiempo el cargo de bibliotecario, y diversas agrupaciones científicas y literarias, tanto nacionales como extranjeras, lo inscribieron entre el número de sus miembros. Entre otras recordamos las Reales Academias Española, de la Historia y Bellas Artes de San Fernando. Su pluma nunca ha estado ociosa, y no ha cesado de producir escritos diversos referentes a sus estudios favoritos, como son la historia, la literatura y las bellas artes, siendo de mencionarse los intitulados: *Los Condes de Regla, Arte Colonial, La Casa de Parada en México, y Ex antiquis.* Es caballero de la Orden de Malta y ha sido condecorado con las cruces de las del Santo Sepulcro y del Tesoro Sagrado del Japón y con la encomienda de la de Isabel la Católica.

«Bien conocido y justamente celebrado por sus trabajos históricos—dice D. Carlos González Peña—es el Marqués de San Francisco. A él debemos hermosos estudios de Arte Colonial, sutiles evocaciones de figuras y escenarios del pasado, brillantes relatos de sucesos pretéritos y hasta búsquedas de documentos raros y curiosos. Pero no le conocíamos como cuentista. Y ahora por vez primera, nos presenta un rincón de su huerto en el que ha cultivado esa linda y delicada planta de las letras. "La Puerta de Bronce" contiene muy cerca de una docena de cuentos con asuntos de los más variados, personajes bien vistos, y todo escrito con una prosa galana, sin rebuscamientos. Sobrio en la descripción y en el diálogo, el Marqués de San Francisco como cuentista descuella en el arte de narrar, sin duda aprendido en graves disciplinas históricas que, para él y a fuer de artista, han tenido también mucho de novelescas.»

Y D. Rafael Heliodoro Valle agrega: «La mayoría de los trabajos publicados por el Marqués se refieren a sus investigaciones en archivos y bibliogrfías, y aunque en algunos, como en "La Casa Colonial," enseña sus dotes de estilista ameno, era preciso que desligando ese oro de todo el acero y plomo de la erudición que mucho le admiramos con creces, nos lo pusiera a lucir en un libro como éste donde no sabemos a quién encomiar más, si al delicioso compensador o al delicado ironista. Sus personajes tienen vigor humano, aunque muchos de ellos tengan nexos con lo misterioso; los ambientes en que ocurren los sucesos extraordinarios son aquellos que el Marqués prefiere en sus relatos; y la dicción es en extremo agradable a cuantos gustan del habla fina y las maneras pulcras. El primer cuento, que es el que da nombre a la colección, así como "Los Jugadores de Ajedrez" y "El Reportazgo" son indudablemente los más atrayentes. El único que ya nos era familiar, "El Papagayo de Huichilobos" es algo que cobra cada día caracteres lapidarios, ya pertenece a los mejores cuentos color de historia y él solo bastaría para dar notoriedad a quien no la tuviera como el Marqués. Hay también un encantador cuento para niños, "El Sombrero del Rey Tibotú" muy bien realizado.»

BIBLIOGRAFÍA:

1.—Manuel Romero de Terreros y Vinent, Marqués de San Francisco. C. de la Real Academia Española. *La Puerta de Bronce y otros cuentos.*—Guadalajara. Librería y Casa Editorial de Fortino Jaime. 1922 *(Colofón:)* Este libro se acabó de imprimir en la casa de Fortino Jaime, en Guadalajara de la Nueva Galicia, a los quince días del mes de febrero de 1922.

En 8º, de 116 p.

ROSADO VEGA, LUIS

Nació en Valladolid, población del Estado de Yucatán, el 21 de junio de 1876. Consagrado desde su juventud a las letras, ha logrado adquirir un lugar prominente entre los escritores peninsulares. Más bien conocido como poeta, ha sido elogiado por críticos nacionales y extranjeros, y sus obras son muy apreciadas por los amantes de ese género literario. Ha dado a la estampa las intituladas *Sensaciones, Alma y sangre, Libro de ensueños y de dolor y Vaso espiritual*, en las que ha recopilado sus mejores composiciones. Ha colaborado en *El Ateneo de Mérida, Arte,* de Mocorito, *Crónica,* de Guadalajara y en otras de nuestras más prestigiadas publicaciones periódicas. Desde hace tiempo se halla

radicado en el extranjero, donde continúa cultivando la literatura.

BIBLIOGRAFÍA:

1.—Luis Rosado Vega. *María Clemencia*.
(Novela).— Mérida. México. 1912. Imprenta
"Gamboa Guzmán." *(Colofón:)* Este libro fué
escrito en 1907 y se imprimió en 1912 en la
Imprenta "Gamboa Guzmán." Mérida, México.
En 4º, de 226 p.

ROSAS MORENO, JOSE

Fué su cuna la ciudad de Lagos, población del
Estado de Jalisco, donde nació el 14 de agosto
de 1838. A la edad de seis años se trasladó con
su familia a León (Gto.), y allí comenzó sus
estudios elementales, los que vino a terminar a
México, habiendo hecho los secundarios y preparatorios en el Colegio de San Gregorio y en la
Escuela Nacional de Minas. Sus opiniones liberales le acarrearon persecuciones políticas, mas
una vez triunfante su partido en 1867, fué electo
regidor del Ayuntamiento de León, diputado al
Congreso de la Unión en diversos períodos, y a
la Legislatura de Guanajuato. Su vida entera la
consagró a las letras, prestando su colaboración
en no pocos periódicos, confeccionando las no
pocas obras que dió a la estampa y traduciendo
al castellano algunas de autores extranjeros.
Perteneció a las principales agrupaciones cien-

tíficas y literarias del país, y cargado de enfermedades y sufrimientos falleció en su ciudad natal el 13 de julio de 1883.

«Rosas—dice D. Francisco Sosa—en todas sus producciones, como ha dicho muy bien un escritor, ha tratado de instruir y de moralizar. Tenía a la niñez profundísimo cariño; amaba tanto la virtud, que no hay página por él escrita que no encierre una lección saludable. Entre los autores mexicanos, podemos decirlo sin temor de incurrir en un error, ninguno como Rosas ha puesto su talento y los mejores sentimientos de su corazón al servicio de la sociedad mexicana. La dulzura de sus cantos, tan propia para el tema de ellos: la claridad de sus pensamientos, tan adecuada a la inteligencia de los niños, y el clasicismo de sus producciones, hacen que todas reunan las circunstancias apetecibles para ponerlas en manos de las nuevas generaciones. Por su encanto poético agradan sobremanera: por su sencillez, las comprenden todos: por su exquisito mérito literario, sirven para formar el buen gusto de los que las leen.»

BIBLIOGRAFÍA:

1.—*Excursiones por el Cielo y por la Tierra*. Leyendas científicas y recreativas, escritas por José Rosas.—México. Imprenta y Librería de los Niños, Esquina de la calle del Espíritu Santo. 1874.

En 8º, con láminas.

2.—*Un Viajero de Diez Años*. Relación curiosa e instructiva de una excursión infantil por diversos puntos de la República Mexicana, escrita por José Rosas. 2ª edición corregida por el autor y aumentada considerablemente.—Juan Buxó y Ca., Editores. México. Imprenta de Aguilar e Hijos, 1ª de Santo Domingo, 5 y 1ª del Relox 3. 1881.

En 8º, de 231 p. con láminas.

ROSS, MARIA LUISA

Hija de padre escocés y de madre española, nació en México en la penúltima década del siglo XIX. Hizo sus estudios en la Escuela Normal para Maestras de la propia Capital, hasta obtener el título de profesora. Cursó además literatura estética y otras materias en la Escuela Nacional de Altos Estudios. Ha sido profesora de lengua nacional y literatura en el plantel en que hizo su carrera, y de literatura y recitación en la Escuela Nacional de Música. Hizo un viaje de estudio por los Estados Unidos, y giras culturales por las principales poblaciones de la República y de España. Actualmente es presidenta de la Sociedad de Autores Didácticos Mexicanos y miembro de la Comisión permanente del Congreso Nacional de Educadores. Siendo aun colegiala inició su carrera periodística en *El Mundo Ilustrado*, y posteriormente ha colaborado en *Revista de Revistas*, *El Universal* y en otras publicaciones, habiendo estado durante ocho meses al frente de la dirección de *El Universal Ilustrado*.

Su pluma ha producido una serie de libros de lectura intitulados *Memorias de una niña*, que sirven de texto en muchas de las escuelas primarias del país; una recopilación literaria *Lecturas selectas*; un poema escénico *Rosas de amor*, y otras obras que conserva inéditas.

BIBLIOGRAFÍA:

1.—María Luisa Ross. *Cuentos Sentimentales.*—México. Tip. y Rayados "El Arte." 4ª calle de Carpio 82. Agustín Alvarez.
En 8º, de (8), 133 p.

RUANOVA, FRANCISCO DE P.

BIBLIOGRAFÍA:

1.—*El Reformador de México.* Novela histórico-política, compuesta por el Lic. Francisco de P. Ruanova, para entretenimiento e intrucción de sus queridos hijos. Tomo I.—Puebla. Tip. de B. Tamariz Mellado, a cargo de A. M. Angulo. Mesones núm. 10. 1874.
3 v. en 8º, T. I, de (6), XVI, 515 p.; t. II, de (2), 511 p. y t. III, de (2), 567 p. ilustrados.

RUBIN, LUIS G.

Nació en la ciudad de Querétaro el 9 de noviembre de 1837. A la edad de cinco años fué traído a México, donde aprendió las primeras letras y algunas nociones de instrucción elemental, en varios planteles particulares, única enseñanza que ha recibido en el curso de su vida. Con motivo de la invasión norte-americana regresó con su familia a su ciudad natal, y allí aprendió los oficios de tipógrafo y encuadernador. La publicación de algunas obras en el taller en que trabajaba despertó sus aficiones literarias, que con el tiempo se fueron desarrollando debido a la lectura y el estudio. Pasada la crisis política volvió a la Capital y comenzó desde luego a trabajar en la imprenta de D. Vicente Segura y más tarde en las de D. Ignacio Escalante, D. Francisco Díaz de León y otras de las más acreditadas. En 1876 fué nombrado profesor de tipografía en la Escuela de Artes y Oficios y después corrector de pruebas de la Imprenta de la Secretaría de Fomento, donde ascendió a director, cargo que desempeñó durante largos años. En 1872 inauguró sus tareas periodísticas como redactor de *El Socialista;* posteriormente fundó varias publicaciones y prestó su colaboración en otras. Fué miembro de la Sociedad Juan Díaz Covarrubias, el Liceo Hidalgo, el Ateneo Mexicano y de otras agrupaciones a la fecha extinguidas.

BIBLIOGRAFÍA:

1.—*Cuentos de mi Tía.* Por Luis G. Rubín. Edición publicada con el patrocinio del Señor Secretario de Fomento, General D. Carlos Pacheco. —México. Oficina Tip. de la Secretaría de Fomento, Calle de San Andrés número 15. 1890.

En 8º, de (4), 159 p. Prologados por D. Telesforo García.

2.—*Dos Epocas Memorables*. Cuadros de costumbres Escritos para el Liceo Mexicano por Luis G. Rubín, Socio honorario del mismo Liceo. —México. Oficina Tip. de la Secretaría de Fomento. Calle de San Andrés núm. 15. 1892.

En 8º, de 36 p.

3.—Luis G. Rubín. Leyendas históricas mexicanas. *La Leyenda de D. Juan Manuel*. Novela *histórica*.—México, Abril. 1915.

En 8º, Sólo alcanza lo publicado hasta la p. 176. Contiene: *La Leyenda de D. Juan Manuel, La Casa de los Azulejos, La Monja Alférez*, y *La Décima Musa*.

RUIZ, EDUARDO

Nació en el pueblo de Paracho, del Estado de Michoacán, el 22 de mayo de 1839. Hizo sus estudios en el Colegio de San Nicolás de Morelia y recibió el título de abogado a principios de 1864. Tomó las armas en defensa de la reforma y contra la Intervención francesa, hasta obtener el grado de coronel de caballería. Desempeñó diversos cargos de importancia en la administración pública, entre ellos los de diputado a la Legislatura de su Estado natal y representante del mismo en el Congreso de la Unión, y desde 1882 hasta su muerte, el de Procurador General de la Nación. Durante algunos años fué redactor en jefe del periódico oficial de

Michoacán, y posteriormente formó parte de la redacción de *El Siglo XIX*, diario liberal de la ciudad de México y prestó su colaboración en varios órganos de la prensa. Entre sus obras mencionaremos su *Tratado de derecho constitucional mexicano*, su *Michoacán, paisajes, tradiciones y leyendas* y su *Historia de la guerra de intervención en Michoacán*. Perteneció a varias agrupaciones científicas y literarias y falleció en Uruapan el 16 de noviembre de 1902.

BIBLIOGRAFÍA:

1.—*Un Idilio a través de la guerra*. Novela histórica por Eduardo Ruiz.—Librería de la Vda. de Ch. Bouret. París. 23, Rue Visconti, 23. México. 45, Avenida Cinco de Mayo, 45. 1923.

En 8º, de XIII, 393 p. Con prólogo de D. Julio Zárate. Obra póstuma que se refiere a la guerra de Intervención en Michoacán y Guerrero.

SALADO ALVAREZ, VICTORIANO

Es originario de Teocaltiche (Jal.), donde nació el 30 de septiembre de 1867. Hizo sus estudios preparatorios y profesionales en Guadalajara, y obtuvo en 1890 el título de abogado. Desde su juventud se consagró con fruto a las letras y al periodismo; fué director en dicha ciudad de *El Estado de Jalisco*, redactor de *El Mercurio Occidental*, el *Diario de Jalisco*, *El Debate* y de otros periódicos, y además ha colaborado en los más acreditados de la República. Entre los diversos cargos públicos que ha desempeñado, recordamos los de senador, diputado al Congreso de la Unión, secretario general del Gobierno de Chihuahua, y profesor de lengua castellana en la Escuela Nacional Preparatoria. En 1907 inició su carrera diplomática como segundo secretario de al Embajada mexicana en Wáshington; dos años después fué nombrado subsecretario interino de Relaciones Exteriores, y en 1911 enviado extraordinario y ministro plenipotenciario en Guatemala y El Salvador, de donde pasó el siguiente año con el mismo carácter a Río de Janeiro. Además le han sido encomendadas varias misiones diplomáticas y representó a la nación en la cuarta Conferencia Internacional Americana. Su pluma, fecunda y atildada ha producido diversas obras de distintas materias, y figura como uno de nuestros más conspícuos críticos literarios. Es miembro correspondiente de la Real Academia Española y pertenece a no pocas agrupaciones científicas y literarias.

«Don Victoriano Salado Alvarez—dice Juan de Linza—*homme sabidor* como aquellos que hacían profesión y culto de las buenas letras, antes del Sabio Dn. Alfonso, es de los pocos que cuenta la intelectualidad mexicana entre sus reconocidos varones de doctrina, que saben lo que proclaman y proclaman lo que saben. Rico en el hablar y ponderado en las ideas, salió del aula para entrar en la cátedra. Bien supo quiénes fueron y qué decían los grandes inspirados del siglo de oro, en cuyos apartados tronos de marfil, logró, con pródiga lectura, su amistad y conocimiento. Este humanista no es de los que una perseverancia de gabinete forja a martillazos. Su credo firme, sus antecedentes bizarros, y su estilo en que pueden admirarse los declivios armoniosos de una escultura griega, tienen blasón propio y hacen gala de abolengo. Por allá por el entonces en que la onda literaria francesa estalló con más brío sobre nuestros lares, y un nuevo espacio buscaban las ávidas pupilas de escritores y poetas, Salado Alvarez entró valientemente a la estacada, y no para volver, como suelen pensar los maliciosos sin letras, por el arquetipo barroco de los textos preceptistas. Entró para redargüir de enclenques y desmedrados, los esfuerzos literarios que no tienen por esencia una viva y alta manifestación del espíritu. Manifestación en que se hallen como pintadas con luces, las ideas originales, los entusiasmos valientes, las profesiones de fe incorruptibles y hasta los ímpetus perturbadores; pero todo enseñando la cara del individuo, y revelando el yo enérgico, de que están hambrientos y privados los que no tienen alas, ni estro.

«Salado Alvarez empezó por saber Crítica. No cursó romanticismo, y estoy por decir que al pasar los ojos sobre las meditaciones de Jocelyn, el enamorado "del mar en leche que brilla cual espejo donde refleja la luz del infinito," no tuvo mayores estremecimientos, que al penetrarse de los proloquios de Addison y de las graves sentencias de Boileau. Poetas místicos, poetas diabólicos, poetas sentimentales al modo de ver de la decadencia; poetas cortesanos y elegantes, y otros muchísimos poetas de la rodante nomenclatura, no son nada, no significan nada, no sirven para nada, si no traen el compás de sus versos, una precisión del ideal, un resumen de belleza, un espíritu convencido y fuerte capaz de aparejar, a la sensación del canto, el sentimiento de la idea y la claridad del principio... Tales conceptos de Salado Alvarez, que piden sin rodeos la espontaneidad y la pureza en el arte y en el amor de creer, como si ambas cosas pudieran escapar a los naufragios de la época, de esta época en que el hombre se conoce cada vez a sí mismo, con más horror cada vez, deben de ser comparados con los que expresa Teófilo Gautier, en su "noticia" sobre Baudelaire..... Don Victoriano Salado Alvarez, que conoce esto con toda su ciencia de crítico, no ha tomado por los senderos de la intransigencia ni se ha puesto en cobro echándose a la espalda el caudal de la rica lengua que hoy se tiene por enmohecida y *ratonada*. El ama su credo, sin perjuicio de rendirse a las bellezas raras que surgen, ya como flores de ciénega, ya como soles de otoño, ya como vírgenes impúdicas y contemplativas, al amor de los climas desconocidos. Después de todo, el artista *es irresponsable*, a condición de ser grande. Pero esto no impedirá que el insigne jalisciense, honra y orgullo de la literatura patria, mantenga en alto su lema y perpetúe con honra los primores del arte arcaico, así llegue al fin del viaje, "chorreando sangre el cuerpo, el corazón herido y el alma ensayada al fuego"...»

BIBLIOGRAFÍA:

1.—Victoriano Salado Alvarez. *De Autos.* (Cuentos y sucedidos.) Prólogo de Don José López-Portillo y Rojas.—Guadalajara. Casa Impresora de J. R. García y Hno. Calle de Santa Teresa 48½. 1901.

En 8º, de XI, 239 p.

2.—*De Santa Anna a la Reforma. Memorias de un veterano.* Relato anecdótico de nuestras luchas y de la vida nacional desde 1851 a 1861, recogido y puesto en forma amena e instructiva por el Lic. D. Victoriano Salado Alvarez. Dibujos de artistas notables. El despotismo de Santa Anna. Luchas por la libertad. Conspiraciones. Pronunciamiento. La anarquía. Los Constituyentes. La Reforma. Batallas y encuentros. La vida de los pueblos cortos. Fisonomías políticas, militares y literarias. Arista. Alvarez. Comonfort. Degollado. Doblado. Juárez. etc., etc. Ayutla. Veracruz. Puebla. Guadalajara. Tacubaya. Etc., Etc. — México. Establecimiento Editorial de J. Ballescá y Ca., Sucesor. 572, San Felipe de Jesús, 572. 1902. *(A la v.:)* Imprenta y Litografía de Henrich y Ca., Barcelona. Calle de Córcega.

3 v. en 4º, T. I, de 407 p. más 24 láminas; t. II, de 614 p. más 40 láminas; t. III, de 447 p. más 26 láminas.

3.—Episodios Nacionales Mexicanos. (Segunda serie.) *La Intervención y el Imperio*. (1861-1867). Por el Lic. D. Victoriano Salado Alvarez C. de la Academia Mexicana de la Lengua.. Dibujos de D. A. Utrillo. Tomo I. Intrigas de las cortes europeas. La tripartita. Las luchas intestinas. La invasión. La defensa nacional. Puebla. Maximiliano, Emperador. La corte por dentro. La Nación armada: Escobedo, Díaz, Corona, Régules. Los triunviros de paso del Norte: Juárez, Lerdo, Iglesias. Querétaro. La Patria salvada.— México. Establecimiento Editorial de J. Ballescá y Ca., Sucesores. 572, San Felipe de Jesús, 572. 1903. *(A la v.:)* Imprenta y Litografía de Henrich y Ca., Barcelona, Calle de Córcega.

4 v. en 4⁰, T. I, de 754, (4) p. más 41 láminas; t. II, de 737, (5) p. más 44 láminas; t. III, de 578, (4) p. más 38 láminas; t. IV, de 713, (4) p. más 31 láminas.

4.—Las Mil y Una Semanas de El Universal Ilustrado. Los mejores cuentos de la literatura mundial. Tomo XIV. *La Novela de un Filibustero*. Por Victoriano Salado Alvarez. El Diamante Mazarín. (Nueva Aventura de Sherlock Holmes).

En 16⁰, de (2), 32 p.

SALAZAR, ABEL C.

Nació en Tenango del Valle (Méx.), el 18 de junio de 1878. Sus estudios preparatorios los hizo en el Instituto Científico y Literario de Toluca y los profesionales en la Escuela Nacio-

337

nal de Jurisprudencia. En 1907 recibió en Jalapa el título de abogado y desde luego comenzó a desempeñar diversos cargos públicos, entre otros los de secretario del Museo Nacional, juez 5º y 7º, de Instrucción, agente del Ministerio Público, defensor de oficio del Ramo Militar, abogado consultor del Gobierno del Distrito Federal y secretario de la Primera Presidencia de Debates. Además fuera de la Capital, los de procurador de Justicia en Tepic, agente del Ministerio Público en Toluca, y otros en distintos lugares de la República. Fué profesor de literatura en la Escuela Nacional Preparatoria y prestó su colaboración en varios órganos de la prensa nacional, principalmente literarios, como *El Mundo Ilustrado, Revista de Revistas* y *Revista Moderna.* Dió a luz diversas obras poéticas, literarias y jurídicas y fué laureado con la flor natural por una poesía que presentó en unos juegos florales verificados en la Capital. Falleció en México en diciembre de 1925.

BIBLIOGRAFÍA:

1.—*Almas.* Cuentos escritos por Abel C. Salazar.—México. Imprenta y Litografía de Carlos E. Unda. Callejón de la Igualdad 2010. 1909. En 4º, de 209 p. más el retrato del autor.

SALES CEPEDA, MANUEL

BIBLIOGRAFÍA:

1.—Manuel Sales Cepeda. *Cuento de Invier-*

no. (Choteo de inocentes.) Edición especial.—
Mérida. Yucatán. Imp. de "La Revista de Mérida," S. A. 1910.

En 8º, de 17 p. Subscrito en Mérida, el día
de inocentes de 1909.

SAN-GERMAN, ARNULFO

BIBLIOGRAFÍA:

1.—Arnulfo San Germán. *Hortensia*. Edición
de "El Ideal." Revista Literaria, dedicada al
Bello sexo y al pueblo.—1904. Imprenta "San-
Germán." Octava Calle. Avenida Independencia,
Número 50 Oaxaca.

En 8º, de (4), 167 p. Subscrita la dedicatoria
en Oaxaca, a 5 de abril de 1898.

SAN JUAN, MANUEL H.

Nació en la ciudad de Oaxaca el 24 de octubre de 1864. Hizo sus estudios en el Instituto
de la misma población, y desde muy joven se
dió a conocer como periodista de oposición, lo
que le obligó a cortar su carrera de abogado y
a pasar a radicarse a México por 1890. Allí fué
uno de los fundadores de *El Universal* de D.
Rafael Reyes Spíndola y colaborador de otros
muchos periódicos. A poco se dirigió a Chiapas
con el carácter de secretario de gobierno, diputado a la Legislatura local y director del perió-

dico oficial, habiendo regresado a la capital en 1903 a ocupar una curul en la Cámara de Diputados y un cargo en la Dirección General de Correos. Fué catedrático de la lengua castellana, lógica e historia respectivamente en las Escuelas de Comercio, Nacional Preparatoria y de Agricultura. Innumerables ocasiones ascendió a la tribuna, y escribió mucho, tanto en prosa como en verso. Fué miembro de la Sociedad Mexicana de Geografía y Estadística y de otras agrupaciones, y falleció repentinamente en San Angel Inn (D. F.), el 5 de agosto de 1917.

D. Luis González Obregón al analizar su novela *El Señor Gobernador,* dice: «Yo no llamaría novela a este libro porque es demasiado serio el asunto en su fondo, ni tampoco estudio social porque es demasiado ligero el molde en que se ha vaciado. En cambio, debe considerársele como documento interesantísimo para lo porvenir, como anticipo a la historia, como cuadro ameno de costumbres que da cabal idea de quienes gobernaban, allá en el siglo pasado, algunas entidades federativas, tipos caricaturescos, que también tuvieron sus pigmeos *augustanos,* sin ser locos ni artistas como Nerón, sino prosaicos como *Sancho,* el escudero del inmortal manchego, aunque careciendo de la cordura con que empuñó *Panza* las riendas de su ínsula. Desde que vino al mundo de las letras *El Señor Gobernador,* muchos a porfía han querido verse aquí aludidos, sin que tan perniciosa intención haya tenido el inocente autor, que como uno de tantos aficionados se lanzó, por necesidad o por gusto, a remotas tierras, provisto de su cámara y demás chismes y allí donde encontraba un alto personaje, un jurisconsulto, un estadista, un orador, un poeta, un camino, un edificio, un banquete, una estatua, una reunión o un baile, allí afocaba, preparaba convenientemente sus placas, para imprimir fotografías, que hoy exhibe al público, sin preocuparse de las fisonomías ni posturas de los retratados, que al verlos algunos muy bien pueden decir—con su pan se lo coman—*ese soy yo, aquel es mi compadre, aquí* está mi pueblo.....»

BIBLIOGRAFÍA:

1.—Narraciones Mexicanas. *El Señor Gobernador.* Breves apuntamientos sobre cosas nacionales del siglo pasado por Manuel H. San Juan. Con un prólogo de D. Luis González Obregón. *(Epígrafe).*—México. Imprenta y Encuadernación de M. Nava. Primera de la Pila Seca núm. 318. 1901.

En 8º, de (2), VIII, 158 p. Subscrita en México en junio de 1901.

SANCHEZ ARCE, ABRAHAM

BIBLIOGRAFÍA:

1.—Abraham Sánchez Arce, Editor. *¡Grito de Independencia!* Novela mexicana por Fuego.—México. Tip. 2ª del Salto del Agua e Igualdad 2010. 1904.

En 8º, de 124 p.

2.—Abraham Sánchez Arce, editor. *El Ladrón de la Casa de Cambio*. Novela mexicana por Fuego.—México. Tip. 2ª del Salto del Agua e Igualdad 2010. 1904.

En 8º, de 124 p.

3.—Abraham Sánchez Arce, Editor. *Misterios de un Consultorio*. Novela mexicana por Fuego. —México. Tip. 2ª del Salto del Agua e Igualdad 2010. 1904.

En 8º, de 124 p. con láminas.

4.—Biblioteca Popular. *Pasión de Tiple*. Por *Fuego*.—México. Tip. 2ª del Salto del Agua 9 e Igualdad 2010. 1904.

En 8º, de 258 p.

5.—*Peregrinación de Juárez*. Novela Histórica Mexicana, Original de Abraham Sánchez Arce (Fuego).— México. Tip. 2ª del Salto del Agua e Igualdad, 2010. 1904.

En 8º, de 124 p. con láminas.

6.—Episodios de la Guerra Fratricida. *El Ataque a Monterrey*. 23 y 24 de Octubre de 1913. Los Amores de un Teniente. Novela histórica por Fuego. Precio 10 cvs.—Biblioteca Popular Económica. Tel. Mex. 6897 negro. Ap. Postal, 828. 1ª Estanco de Hombres 18. Tip. El Paladín. México, D. F.

En 8º, de (2), 32 p.

SANCHEZ AZCONA, HECTOR

BIBLIOGRAFÍA:

1.—La Novela Semanal de El Universal Ilustrado. *Henriette*. Por Héctor Sánchez Azcona.

En 16º, de (2), 31 p. Subscrita en México, a 2 de marzo de 1923.

SANZ, J.

BIBLIOGRAFÍA:

1.—*Fierabas.* (J. Sanz.) *La Revolución en el Reino Animal.* Heroica Veracruz. 1915. *(Colofón:)* Este libro se imprimió en México, en los talleres de la "Imprenta Franco-Mexicana, S. A.," 1ª calle de la Academia núm. 10, en los meses de noviembre a diciembre del año 1918. En 8º, de 96 p. Con ilustraciones de F. Best.

SEGALE, ATENOGENES

Hijo de padre italiano y madre mexicana, nació en Zamora (Mich.), el 10 de diciembre de 1865. A los diez años de edad ingresó al Seminario de esa ciudad a cursar los estudios preparatorios, los cuales pasó a terminar al Seminario Conciliar de México, donde hizo también los teológicos. En 1892 recibió del Ilmo. Sr. Alarcón la ordenación sacerdotal y ya desde antes regenteaba en dicho plantel la cátedra de literatura. Posteriormente fué capellán del Colegio de las Vizcaínas y del Santuario de Nuestra Señora de los Remedios y cura de la Parroquia de San Cosme de la Capital. Después se radicó en Morelia (Mich.), con el carácter de profesor del Seminario, y falleció en Toluca (Méx.), el 16 de julio de 1903.

«En sus primeros años—decía en 1900 el Pbro. D. Jesús García Gutiérrez—escribió muchos dramas, poemas y versos líricos, que no han salido a luz, y de los cuales sé que conserva como recuerdo de sus primeros ensayos, un *Idilio*, imitación del de Núñez de Arce, de fácil versificación y de encantadora sencillez; y más tarde publicó en *La Voz de México* varias traducciones de clásicos latinos y griegos y también composiciones originales, firmadas con el pseudónimo de Elio Turno de Zamora. Llegaba entonces el P. Segale a los veinte años de edad, y por esa época escribió, a ruegos de varios condiscípulos la tragedia *Aureliano* y sucesivamente *El Príncipe de Viana* y *La Púrpura del Rey*, que se representaron en el Seminario Metropolitano y después en otras partes de la República, *Los Dióscuros, El Ultimo Bretón, Lucha de Tigres* y *El Oculista* (representado en 1895) inéditas estas cuatro últimas piezas. En 1892 publicó en las páginas de *El Tiempo* su primera novela *La Estatua de Psiquis* que hubo de suscitar violenta polémica. Un año después la *Biblioteca de El Apostolado de la Cruz* comenzaba con *Flor de Durazno, Recuerdos del Cairo,* segunda edición de *La Estatua de Psiquis* y *La Negrita. Flor de Durazno* fué traducida al francés por C. Bernard y publicada en París en la *Revue des Revues.* A fines de 1897 volvió a publicar en *El Tiempo* una serie de novelas cortas bajo el título *Del Campo Contrario,* que sirvió de fulminante en la

Colonia Española y poco sensata de México, cuyas iras llovieron sobre el autor en forma de invectivas que valían por hojas de laurel. A principios del año siguiente vió la luz pública su novela *Auras de Abril*, que mereció elogios hasta de los críticos enemigos. Ya habíanse impreso sus libros de versos: *Del fondo del alma, Miniaturas, Versos perdidos* y *Marinas*.» Posteriormente, en 1901, comenzó a publicar una recopilación de sus escritos bajo el título de *Obras completas*. Unicamente apareció el primer tomo, que contiene las poesías intituladas *Del fondo del alma, Versos perdidos, Miniaturas, Marinas* y *Preludios y paisajes*, al cual precede la introducción del Pbro. García Gutiérrez que hemos extractado.

BIBLIOGRAFÍA:

1.—Atenógenes Segale. *Auras de Abril*. (Novela.) Escrita en 1892.— México. Imprenta de "El Tiempo." Cerca de Sto. Domingo, 4. 1897.
En 8º, de 242 p.

2.—*Del Campo Contrario. Anécdotas de la Vida Mundana*, escritas para las colegialas de la Paz por Atenógenes Segale.— México. Edición privada del Autor. 1897.
En 8º, de 191 p.

Del Campo Contrario. Anécdotas de la vida mundana escritas para las colegialas de la Paz por Atenógenes Segale. (Segunda Edición).— México. José L. Vallejo S. en C. Moderna Librería Religiosa. San José el Real, 3. 1903.
En 16º, de 241 p.

SIERRA, DR. JUSTO

Nació en Taixcacaltuyú (Yuc.), el 24 de septiembre de 1814. Bajo los auspicios de una familia yucateca pasó a Mérida e ingresó al Seminario de San Ildefonso, habiendo llegado a ser uno de los alumnos más aprovechados. Abrazó la carrera del foro y se graduó de doctor en derecho en la Nacional y Pontificia Universidad del Estado. Era tal su afición a la lectura y tan grande el fruto que de ella sacaba, que fué, como lo dice uno de sus biógrafos, un prodigio de buen gusto y de erudición. Desempeñó entre otros cargos públicos el de diputado al Congreso General; fué presidente de la Academia de Ciencias y Literatura de Mérida, y miembro de las más acreditadas agrupaciones científicas y literarias. Como literato prestó servicios eminentes: fundó el *Museo Yucateco*, el *Registro Yucateco* y *El Fénix*, en cuyas columnas dió a conocer sus valiosos trabajos; publicó a su costa las obras del Padre Cogolludo, de Zavala y de Stephens, habiendo además traducido la última al castellano e ilustrado todas con atinadas notas y aclaraciones. Como jurisconsulto nos legó estudios tan importantes como el *Proyecto del Código Civil Mexicano*, que ha sido la base sobre la que se ha desarrollado la codificación civil de la República. Viajó por los Estados Unidos, según se dice, con el objeto de solicitar del gobierno norteamericano su apoyo para separar la península yucateca de la federación mexicana, cuya relación escribió y publicó en tres volúmenes. Después de una activa y laboriosa vida, falleció en Mérida el 15 de enero de 1861.

BIBLIOGRAFÍA:

1.—*La Hija del Judío*. Novela yucateca por El Sr. Dr. D. Justo Sierra.—Mérida. Imprenta del Comercio a cargo de J. G. Corrales. 1874.

En 4º, de 728 p. Prologada por el Pbro. Dr. D. Crescencio Carrillo y Ancona, después Obispo de Yucatán. La primera edición de esta obra apareció en 1848 en el folletín de *El Fénix*, periódico de Mérida, subscrita por José Turrisa, anagrama del nombre del autor.

Biblioteca de autores Mexicanos. 63. Obras del Dr. D. Justo Sierra. Tomo III. *La Hija del Judío*. (Novela.) I.—México. Imp. de V. Agüeros, Editor. Primera Calle de Mesones Nº 18. 1908.

2 v. en 8º, de X, 514 y 520 p.

Justo Sierra. *La Hija del Judío*. Tomo primero.—Talleres editoriales de la Compañía Periodística Nacional. México, 1917.

En 4º mayor, de 192 p.

2.—*Algunas Leyendas*. Por el Doctor D. Justo Sierra.— Mérida de Yucatán. Imprenta de "La Revista de Mérida." 1892.

En 8º, de (2), 102 p.

3.—Biblioteca de Autores Mexicanos. 54. Obras del Doctor D. Justo Sierra. Tomo I. "Un Año en el Hospital de S. Lázaro." (Novela.) I.—México. Tipografía de Victoriano Agüeros, Editor. Primera de Mesones núm. 18. 1905.

2 v. en 8º T. I, de (16), 442 p. más el retrato
del autor; t. II, de 276 p. Con una noticia biográfica del autor por D. Francisco Sosa.

SIERRA, JUSTO

Hijo del anterior, nació en la ciudad de Campeche el 26 de enero de 1848. Comenzó sus estudios en Mérida (Yuc.), y los terminó en México,
donde obtuvo en 1861 el título de abogado.
Entretanto, se había dado a conocer en los círculos literarios y en la prensa por sus inspiradas
poesías y brillantes artículos literarios, que más
tarde le acarrearon el prestigio que llegó a gozar
en la república de las letras. Colaboró en *El
Monitor Republicano*, *El Universal*, *El Federalista*, *El Artista*, *Revista Azul*, *Revista Moderna*
y en otras muchas publicaciones políticas y literarias. Desempeñó altos puestos públicos, como
diputado al Congreso de la Unión, magistrado
de la Suprema Corte de Justicia, subsecretario
de Instrucción Pública y secretario de Instrucción Pública y Bellas Artes. Al hacerse cargo de
este Ministerio en 1905 reformó sobre las bases
del positivismo, los planes de estudios y creó la
Universidad Nacional. En 1912 fué nombrado
ministro plenipotenciario de México en España,
y a raíz de su arribo a Madrid, falleció en esa
corte el 13 de septiembre de dicho año. Dió a luz
diversas obras de carácter histórico, literario y
jurídico, y por medio de sus escritos sus discursos y principalmente en las aulas, hizo activa

propaganda de sus ideas y formó una generación de intelectuales que ha proseguido la obra del maestro. Fué miembro de importantes agrupaciones científicas y literarias, tanto del país como del extranjero, y a su muerte era director de la Academia Mexicana Correspondiente de la Real Española.

BIBLIOGRAFÍA:

1.—Justo Sierra. *Confesiones de un Pianista.* Edición de "La República."— México. Tip. de "La República." 1882.
En 8º, de 126 p.
2.—*Cuentos Románticos* por Justo Sierra.— Librería de la Vda. de Ch. Bouret, París. 23, Rue Visconti, 23. México. 14, Cinco de Mayo, 14. 1896. *(A la v.:)* Braine-le-Comte (Bélgica). Imp. de la Vda. de Ch. Bouret.
En 8º, de 371 p. con el retrato del autor.

SIERRA, LUIS G. DE LA

BIBLIOGRAFÍA:

1.—*Carmen en Amparo de la Obrera.*—Lecturas morales por el Lic. Luis G. de la Sierra.— México. Ofic. Tip. de la Secretaría de Fomento. Calle de San Andrés núm. 15. (Avenida Oriente 51.) 1894.
En 4º, de XI, 115 p. Con una carta preliminar de D. Manuel Gutiérrez Nájera.

SILVA, AGAPITO

Nació en Chilchota (Mich.), el 20 de septiembre de 1850. Después de terminar sus estudios elementales pasó a Purépero al lado de un tío suyo, quien conocedor de sus dotes intelectuales y con el objeto de proporcionarle una educación más extensa, le envió a México, mas a los tres años tuvo que volver al lado de sus padres. Nuevamente regresó a la Capital, en donde se inscribió como alumno en el Seminario de San Camilo, pero debido a la escasez de recursos en que se hallaba, se vió obligado a cortar su carrera literaria y a dedicarse al comercio; no obstante, su aplicación, constancia y talento le ayudaron a adquirir por sí solo los conocimientos que le faltaban. Pronto se dió a conocer por sus composiciones poéticas y dramáticas, así como por sus escritos que dió a luz en la prensa, lo que le valió que diversas agrupaciones literarias le llamaran a su seno. Sirvió los cargos de regidor del Ayuntamiento de México, jefe de Hacienda en Sonora y diputado al Congreso de la Unión, cuya secretaría desempeñaba cuando le sobrecogió la muerte el 24 de diciembre de 1896.

BIBLIOGRAFÍA:

Agapito Silva. *Ernestina*. (Escenas del mundo real). Edición de "El Diario del Hogar."— México. 1882. Tipografía Literaria de F. Mata. San Andrés y Betlemitas núms. 8 y 9.

En 8º, de 255 p.

Agapito Silva. *Ernestina*. (Escenas del mundo real). Edición de "El Siglo XIX."—México. Imprenta de Ignacio Cumplido. Calle del Hospital Real núm. 3. 1885.

En 8º, de 308 p.

Agapito Silva. *Ernestina*. Escenas del mundo real.—México. Imp. y Litografía de Ireneo Paz. Callejón de Sta. Clara núm. 6. 1886.

En 8º de 296 p.

2.—*Clemencia*. Apuntes para una novela por Agapito Silva. Edición de "La Revista de México."— México. Imprenta, Litografía y Encuadernación de Ireneo Paz. Callejón de Santa Clara, núm. 6. 1891.

En 4º mayor, de 84 p. ilustrado.

SILVA Y ACEVES, MARIANO

Nació en La Piedad Cabadas (Mich.), el 26 de julio de 1887. Hizo sus estudios preparatorios en el Seminario Conciliar de Morelia con especial aprovechamiento, particularmente en los cursos de humanidades y filosofía. Pasó a terminarlos al Colegio de San Nicolás Hidalgo, plantel que dejó en 1907 para trasladarse a la Capital, donde hizo su carrera de abogado en la Escuela Nacional de Jurisprudencia y obtuvo el título respectivo en 1913. El mismo año fué nombrado catedrático de lengua y literatura latinas en la Escuela Nacional de Altos Estudios, y posteriormente de literatura castellana en la Nacional Preparatoria y de lengua nacional en la de

Ciencias Químicas. Ha desempeñado los cargos de secretario de la referida Escuela Preparatoria, jefe de sección de la Secretaría de Industria y Comercio, secretario de la Universidad Nacional, y actualmente el de bibliotecario del Museo Nacional. Aun era estudiante cuando fué recibido en el Ateneo de la Juventud, y allí dió a conocer sus conocimientos en la lengua de Virgilio por medio de diversas traducciones de autores clásicos. Desde entonces se halla dedicado por completo a la enseñanza, al desempeño de sus cargos y a las letras, habiendo prestado su colaboración en diversos periódicos y revistas.

BIBLIOGRAFÍA:

1.—Mariano Silva y Aceves. *Arquilla de Marfil.*—México. Librería de Porrúa Hermanos. 2ª del Reloj y 5ª de Donceles. 1916. *(A la v.:)* Tip. Cunill and Escobar, S. en C., México, D. F.

En 8º, de (4), 158 p.

2.—M. Silva y Aceves. *Cara de Virgen. (Epígrafe de Sedulius).*— Lectura Selecta. México. MCMXIX. *(A la v.:)* 1º de Diciembre de 1919. Tip. Murguía. Av. 16 de Septiembre, 54.

En 8º, de 85 p.

SODI, FEDERICO

BIBLIOGRAFÍA:

1.—Federico Sodi. *La Ciudad Tranquila.* (No-

vela).—México. Talleres Gráficos de la Nación.
1919.

En 8º, de 244 p.

2.—La Novela Semanal de "El Universal
Ilustrado." *Un Pobre Diablo*. Por Federico Sodi
En 16º, de (2), 31 p.

SOLIS, FIDEL

BIBLIOGRAFÍA:

1.—Fidel Solís. *La Creadora*. Novela.—Editada por la Tipografía "El Arte." Mesones 16.
Puebla.

En 8º, de 204 p. Subscrita en Puebla, en
enero de 1913.

SOLIS CAMARA, FERNANDO

Fué su cuna la ciudad de Mérida de Yucatán,
donde nació el 19 de enero de 1884. Hizo sus
estudios profesionales en la Capital, en la Escuela Nacional de Jurisprudencia, y después de
haber obtenido el título de abogado en 1904, se
dirigió a los Estados Unidos y, en The New
York Law School, perfeccionó sus conocimientos.
En dicha ciudad, donde permaneció algunos
años, redactó la *Revista Comercial Mexicana* y
fué presidente del Club Mexicano. Ha escrito
varias obras jurídicas, económicas y literarias y
colaborado con éxito en el periodismo nacional

y extranjero. Es miembro de la Academia Central Mexicana de Jurisprudencia y de la de Ciencias Políticas y Sociales de Filadelfia.

BIBLIOGRAFÍA:

1.—Fernando Solís Cámara. *Pentápolis*. Novela. Tomo I.—México. José Ballescá. 3ª de Regina Nº 88. 1921.

2 v. en 8º, de 652 p., correspondiendo 337 al tomo primero.

SOSA, FRANCISCO

Nació en Campeche, capital del Estado de su nombre, el 2 de abril de 1848. Hizo todos sus estudios en Mérida (Yuc.), mas no era la jurisprudencia, sino las letras, las que iban a llevar en pos de sí al adolescente, que ya en 1862 publicaba su primera composición poética en el periódico *La Esperanza*, y dos años más tarde aparecía su *Manual de biografía yucateca*. Desde aquel momento, puede decirse, se trazó el sendero que había de recorrer en su vida literaria, pues su obra biográfica supera a cuanto ha escrito cualquier otro mexicano. Basta enumerar sus obras *El Episcopado mexicano, Los Contemporáneos, Anuario biográfico nacional, Biografías de mexicanos distinguidos y Las estatuas de la Reforma*, para convencerse de lo que significa su labor. Mas su obra no se limitó a biografiar a sus compatriotas, sino que consagró su pluma al periodismo, la literatura, la crítica y la historia. Fué diputado al Congreso de la Unión y senador, y desempeñó entre otros cargos públicos el de director de la Biblioteca Nacional de 1909 a 1913. Las Reales Academias Española y de la Historia lo contaron entre el número de sus correspondientes, y el extinguido Liceo Hidalgo, la Sociedad Mexicana de Geografía y Estadística y otras agrupaciones, en el de sus miembros activos. Falleció en Coyoacán (D. F.), el 9 de febrero de 1925.

BIBLIOGRAFÍA:

1.—Francisco Sosa. *Magdalena*. Leyenda histórica. Publicada por primera vez en "El Domingo." — México. Imprenta de F. Díaz de León y S. White, Segunda de la Monterilla núm. 12. 1871.

En 4º, de 83 p.

2.—Edición del "Radical." *El Doctor Cupido*. Por Francisco Sosa.—México. Imprenta de Aguilar y Ortiz. Primera de Santo Domingo número 5. 1873.

En 4º, de 32 p.

3.—Edición del Radical. *Una Venganza*. Por Francisco Sosa.—México. Imprenta de Aguilar y Ortiz. 1ª de Santo Domingo núm. 5.

En 4º, de 31 p.

4.—*Doce Leyendas de Francisco Sosa. En el mar. Magdalena. Amor y venganza. El Doctor Cupido. La hoja seca. El privado. Un protector. Por una madrastra. Una venganza. El sueño de*

355

la magnetizada. Luisa. Rosalinda.—México. Imprenta y Litografía de Ireneo Paz. 1ª calle de San Francisco núm. 18. 1877.

En 4º, de 636 p.

SOSA Y AVILA, FRANCISCO

BIBLIOGRAFÍA:

1.—*Lupe.* Novela por un sinaloense.—Tip. de Retes y Díaz. Culiacán.

SOTA, JOSE SEVERINO DE LA

BIBLIOGRAFÍA:

1.—J. S. de la Sota. *El Grito de Dolores. Memorias de un Insurgente.*— Madrid. Imprenta y Estereotipía de El Liberal, calle de la Almudena, núm. 2. 1887.

En 8º, de 279 p. Subscritas en julio de 1887.

SOTOMAYOR, JOSE FRANCISCO

Nació en la hacienda de la Sauceda, inmediata a la ciudad de Zacatecas, el 10 de octubre de 1831. Hizo sus estudios en el Instituto de Ciencias de esa capital y en el Seminario Conciliar de Guadalajara. En 1852 tomó el hábito franciscano en el Colegio Apostólico *de Propaganda Fide* de Nuestra

Señora de Guadalupe de Zacatecas, mas lo exiguo de su salud le obligó al poco tiempo a dejar el claustro y a volver a Guadalajara a continuar su carrera eclesiástica. En 1854 recibió las órdenes sagradas de manos del Ilmo. Sr. Espinosa, Obispo de esa Diócesis, y desde luego se consagró al ejercicio de su ministerio en Mazapil (Zac.), parroquia que tuvo a su cargo casi diez años, de donde pasó a la de Catorce (S. L. P.), y al erigirse el Obispado de Zacatecas fué nombrado capellán de coro de la nueva Catedral y catedrático de teología moral en el Seminario. El tiempo que le dejaban libre sus labores sacerdotales lo dedicó al periodismo y a escribir las obras de carácter religioso, literario e histórico que produjo su pluma, entre las que se halla su *Historia del Apostólico Colegio de Nuestra Señora de Guadalupe de Zacatecas,* que es la más conocida, y que ha alcanzado dos ediciones. Después de una vida laboriosa y ejemplar, falleció en Zacatecas el 6 de abril de 1898.

BIBLIOGRAFÍA:

1.—*El Solitario del Teira.* Ensayo de una leyenda histórica, moral y patriótica. Editor, Mariano Ruiz de Esparza.— Zacatecas. Imprenta Económica de Mariano Ruiz de Esparza, Plaza Principal. 1873.

2.—*Las Ruinas del Monasterio.* Leyenda moral e histórica, por el Sr. Presbítero D. José

Francisco Sotomayor. Mariano Ruiz de Esparza,
Editor.—Zacatecas. Imp. Económica de Mariano
Ruiz de Esparza. 1874.

En 4º, de 474 p.

3.—*Las Tardes de la Pradera o el Nuevo
Amigo de las Familias.* Instrucciones e historias
morales por el Presbítero José Francisco Sotomayor.—Zacatecas. Imp. Económica de Mariano
Ruiz de Esparza. Plaza Principal núm. 27. 1876.

En 4º

4.—*Un Santuario en el Desierto.* Leyenda
original del Pbro. José Francisco Sotomayor.
Con licencia necesaria.—Zacatecas. Imp. Económica de T. Macías a cargo de O. Aguilar. N.
7. Merced Nueva N. 7. 1877.

En 4º

Un Santuario en el Desierto. Leyenda original del Pbro. José Francisco Sotomayor: *(Epígrafe.)* Con la licencia necesaria.—Zacatecas.
Imprenta de "La Rosa." 17, Calle de los Gallos,
17. 1890.

En 4º, de 237 p.

STRAVOS (seud.)

BIBLIOGRAFÍA:

1.—*A Vuela Pluma.* Ensayos literarios por
Stravos.—México. Antigua Imprenta de Eduardo
Murguía. Calle de Coliseo Viejo número 2. 1907.
En 8º, de 87 p.

SUSTAITA, ALBERTO

Nació en la ciudad de San Luis Potosí el 10 de mayo de 1863. Hizo sus estudios superiores en el Instituto Científico del Estado, de donde pasó a la Capital de la República para ingresar al Colegio Militar, plantel en el que cursó algunos años de ingeniería, al cabo de los cuales regresó a su ciudad natal por complacer a la autora de sus días, que se oponía a que continuara la carrera de las armas. Allí se dedicó al cultivo de las letras, al dibujo y a la música, y por 1890 dió a conocer sus primeras producciones literarias en las columnas de *El Estandarte*, importante diario católico. El siguiente año ingresó a la redacción de *El Correo de San Luis*, y más tarde a la de *El Contemporáneo*; después publicó *El Jején*, *La Noticia* y algún otro periódico. Escribió entre otros dramas, los intitulados *Victoria*, *Nita* y *El Padre Adrián*, en todos los cuales, no obstante sus defectos, se traslucen sus facultades para la literatura dramática. Sus artículos, que calzaba de ordinario con el seudónimo de "P. K. Dor," los reunió y dió a luz en tres volúmenes encabezados por los títulos de *Siete pecados, Mortales y veniales, y Morralla*. Su pluma produjo además diversas novelas, y falleció en la ciudad de su nacimiento, el 29 de julio de 1909.

«Atildado y festivo escritor—dice D. Rodolfo D. Ruiz—cultivó con donaire el drama, la novela y el cuento, legando a las letras potosinas el acervo de sus galanas producciones; porque "P.

K. Dor" era un ameno prosista que solía salpicar sus obras con las chispeantes tintas del humorismo y del ingenio. Tal si a ratos campeara en su parcela el espíritu irónico de don José María Eca de Queiroz. Mas a trueque de esto, también gustaba de imprimirles el truculento sello de su emotividad, a la manera de los agrios tonos de una agua fuerte, junto a los vívidos matices de un paisaje holandés. De cuyo contraste resultaba el conjunto jocoserio característico de sus obras. Las raras producciones suyas que a la mano habemos despiertan en nosotros insólitos recuerdos del malogrado escritor, que, como la mayoría de sus congéneres, fué de los desdeñados de la caprichosa Fortuna, si bien el dios Exito no le escatimó sus laureles. Arbusto púber en vías de sazón, prematura racha lo arrancó de cuajo, cuando apenas trasplantado a predio propio, aún era frágil rama, que, al doblarse sobre el tronco prócer, desgajó frondas y frutos que hoy ruedan como hojarasca por el lírico huerto provinciano. Nosotros guardamos en nuestro invernadero algunos redrojos de los que al azar recogimos, y entre ellos cuéntanse sus novelas "Mutilado," "El Crimen del Pullman," "Las Bolado," "El Doctor Zacarías" y "Peccata Minuta," colección de cuentos. Flamante folklorista, supo injertar en sus líricas ceibas vástagos de populares tiestos, entretejiéndolos con caprichosas lianas. Quien quiera amenizar el yermo de su hastío, no tiene sino hojear el volumen "Morralla," y encontrará una abigarrada miscelánea de cuentos, leyendas, chascarrillos, anécdotas, etc., en cuya urdidumbre revientan de vez en cuando gayas flores de gracejo e ironía.»

BIBLIOGRAFÍA:

1.—*Las Bolado.* Novela original de P. K. Dor. (Alberto Sustaita).—San Luis Potosí. Imprenta Popular, Calle del Rosario Letra E. 1906.

En 4º, de (4), 130 p.

2.—Alberto Sustaita. *El Crimen del Pullman.* Novela original de P. K. Dor.—San Luis Potosí. Tip. Escuela I. Militar, dirigida por Aurelio B. Cortés. 1907.

En 4º, de (4), 155 p.

3.—*Mortales y Veniales* de P. K. Dor. Alberto Sustaita.—San Luis Potosí. Tip. E. Industrial Militar dirigida por A. B. Cortés. 1907.

En 4º, de (8), 101 p. Con el retrato del autor.

4.—Alberto Sustaita. *Mutilado.* Novela de P. K. Dor.—San Luis Potosí. Tip. E. I. Militar, dirigida bor *(sic)* A. B. Cortés. 1909.

En 4º, de (4), 142 p.

5.—"*El Doctor Zacarías.*" Novela.

Ruiz. *Del lírico vergel potosino.*—S. L. P., p. 48.

6.—"*Peccata Minuta.*" Colección de cuentos. Ibid. *Op. cit.,* p. 48.

TABLADA, JOSE JUAN

Nació en México el 3 de abril de 1871. Sus primeras inclinaciones artísticas se manifestaron

361

preferentemente en la pintura, y a no haber concurrido circunstancias especiales para desviar su vocación, hubiera sido pintor. Como poeta se dió a conocer en la *Revista Azul* y posteriormente escribió en otros periódicos, tanto literarios como políticos. Ha viajado por los principales países del globo y está condecorado con la Orden del Tesoro Sagrado del Japón. Actualmente se halla radicado en los Estados Unidos.

Hablando de su labor literaria dice Don Genaro Estrada: «Poeta, crítico brillante, cronista, periodista incansable, autor de numerosas invectivas políticas que corren impresas en diarios y folletos, observador minucioso e inteligente de cosas del Japón, Tablada ha pisado en todos los terrenos de la literatura y palpado en todas las fases del arte escrito, con talento en donde se revela una poderosa e inconfundible agilidad mental. Artista lleno de inquieta curiosidad, ha recorrido el mundo, y desde el Japón escribió aquellas memorables crónicas que con el nombre de *En el País del Sol* e ilustradas por el propio autor, se publicaron en la *Revista Moderna,* y en Europa produjo las pintorescas *Impresiones de Viaje,* que a partir del 3 de diciembre de 1911 aparecieron en la *Revista de Revistas.* Hombre de actividad incansable, ha sido, a veces, comerciante y político a veces.»

BIBLIOGRAFÍA:

1.—*La Resurrección de los Idolos.* Novela americana inédita de José Juan Tablada.—Publicaciones Exclusivas de "El Universal Ilustrado." 1924.

12 ops. en 16º, de 295 p.

TEJA ZABRE, ALFONSO

Nació en San Luis de la Paz (Gto.), el 23 de diciembre de 1888. En sus primeros años fué llevado a Pachuca, (Hgo.), donde recibió la instrucción primaria, y en cuyo Instituto Científico y Literario hizo los estudios preparatorios. Pensionado por el Gobierno hidalguense pasó a la Capital a estudiar derecho en la Escuela Nacional de Jurisprudencia, y en 1909 recibió el título de abogado. Siendo aun estudiante prestó sus servicios en la Biblioteca del Museo Nacional, y más tarde desempeñó los cargos de secretario del propio establecimiento, agente del Ministerio Público, diputado al Congreso de la Unión, profesor de historia en el Colegio Militar y otros más. Consagrado a las letras desde su juventud, por medio de la lectura de las obras de Flaubert, Eca de Queiroz, Anatole France y otros que han sido sus autores predilectos, ha colaborado en varias publicaciones periódicas y dado a luz entre otras obras *Poemas y fantasías* (versos de juventud) y *Vida de Morelos*. Ha traducido al castellano *El Demonio del Mediodía* de Paul Bourget y *Poemas selectos* de Paul Verlaine. Además su poema intitulado *Los héroes anónimos*, fué premiado en 1910 en el concurso convocado por el Museo

Nacional en conmemoración del primer centenario de la proclamación de la Independencia.

BIBLIOGRAFÍA:

1.—Alfonso Teja Zabre. *Alas Abiertas*. Novela.— Concesionarios exclusivos para la venta: Andrés Botas e Hijo, Libreros Editores. 1ª Bolívar, 9. México, D. F. *(En el forro:)* Imprenta Nacional, S. A. Av. Uruguay, núm. 41. México, D. F.

En 4º, de 213 p.

2.—*La Esperanza* y *Hati-Ké*. Novela mexicana por Alfonso Teja Zabre.—Compañía Editora Latino-Americana. Gante, 3. México, D. F. *(A la v.:)* Imprenta Nacional, S. A. Av. Uruguay, 41. Méx., D. F.

En 4º, de XII, 139 p.

TELLEZ RENDON, MARIA NESTORA

Nació en San Juan del Río (Qro.), el 26 de febrero de 1828. Apenas contaba un año de edad cuando fué atacada de una enfermedad a consecuencia de la cual perdió la vista para el resto de sus días. Al llegar al uso de la razón, su padre se consagró a su educación intelectual y al cultivo de su memoria, que era excelente, y más tarde pudo adquirir conocimientos más amplios y aun rudimentos de latinidad y filosofía. Al morir el autor de sus días, que se hallaba en Zamora al frente de una escuela primaria, su viuda pasó a radicarse a Querétaro, en donde se dedicó a la enseñanza y tuvo a su cargo un colegio público. A la muerte de ésta, su hija que le servía de auxiliar, le substituyó asociada a una tía suya, en la dirección del plantel, al frente del cual estuvo algún tiempo, hasta que abrió un colegio particular que pronto adquirió gran crédito. En 1866 obtuvo el título de profesora, y en virtud de las circunstancias y el éxito de la recepción, le fué concedida, como premio, la cruz de la Orden Imperial de San Carlos. Después de haber pasado en la Capital sus últimos años, falleció en Acámbaro (Gto.), el 19 de diciembre de 1890.

La novela que dió a la estampa no la escribió con este fin, y su origen es el que sigue: «Hace mucho tiempo—dice la advertencia preliminar— que varias jóvenes acostumbraban divertirse refiriéndose, las unas a las otras, diversos cuentos. Con este nombre y en una de estas ocasiones, refirió la una de ellas la presente parábola sin más intención que la de divertirse y divertirlas. Vióse obligada a repetirla muchas veces aun en su mayor edad a diferentes personas, en diversas épocas y con largos intervalos de tiempo. Una de las personas que la oyeron la escribió toda entera, y esta es a quien se ha llamado colaboradora. Vieron algunas personas este manuscrito y tuvieron grande empeño en que se imprimiera, y estrecharon a quien la refirió la primera vez a consentir en ello y a revisar el dicho manuscrito, lo que hizo, quitando algunas cosas, añadiendo otras, corrigiendo algunas veces la redacción y dejándola íntegra en su mayor parte; todo con el objeto de que la parábola quedase tal cual se refirió la vez primera. El nombre, y sólo el nombre, se tomó de un precioso libro que anda impreso con el título de "Staurófila o el Camino real de la Cruz." Los demás nombres griegos fueron suministrados por personas competentes. Los versos fueron hechos por varias amigas de la autora y uno que otro por ella misma. De ninguna manera se ha pretendido dar en esta parábola doctrina espiritual; ya se dijo cuál fue la intención de quien la refirió. Varias personas respetables han creído que podía ser útil y por eso se ha consentido en su publicación. Por lo menos podrá servir para aquellas jóvenes devotas, que renunciando con razón a la lectura de novelas profanas, necesitan, no obstante, alguna inocente recreación.»

BIBLIOGRAFÍA:

1.—*Staurófila.* Cuento Alegórico. Parábola en que se simboliza los amores de Jesucristo con el alma devota.— Querétaro. Imp. de Luciano Frías y Soto. Flor-baja núm. 12. 1889.

En 4º, de (8), 199, (5), 181, (4), 138, VII, (4), 12, (4) p. Anónima.

Staurófila. Precioso cuento alegórico. Parábola en que simboliza los amores de Jesucristo con el alma devota. Escrita por la Srita. María Nestora Téllez Rendón. Tercera edición. Con aprobación de la autoridad eclesiástica.—México. Librería Católica del Sagrado Corazón de Jesús, de José I. Gloria. San José el Real núm. 21. 1903.

En 4º, de 155, 135, 106, 10 p.

Staurófila. Precioso cuento alegórico. Parábola en que se simboliza los amores de Jesu-
cristo con el alma devota. Escrita por la Señorita María Nestora Téllez Rendón. Quinta edición. Con aprobación de la autoridad eclesiástica.—México. Librería Católica de José I. Gloria. San José el Real, núm. 21. Librería de la
Propaganda Católica. Escalerillas, núm. 17. 1906.

En 8º, de 185, 160, 128, 13 p.

Staurófila. Precioso cuento alegórico. Parábola en que se simbolizan los amores de Jesu-
cristo con el alma devota. Escrita por la señorita
María Nestora Téllez Rendón. Sexta edición,
con aprobación de la Autoridad Eclesiástica.—
Librería de la Vda. de Ch. Bouret. París. 23,
Rue Visconti, 23. México. 45, Av. 5 de Mayo,
45. 1919. *(Al frente:)* Imprenta Francesa. Jardín
Carlos Pacheco, 1 y 3. Méx.

En 8º, de 182, 157, 126, 13 p.

Staurófila. Precioso cuento alegórico. Pará-
bola en que se simboliza los amores de Jesu-
cristo con el alma devota. Escrita por la señorita
María Nestora Téllez Rendón. Séptima edición.
Con aprobación de la Autoridad Eclesiástica.—
Librería de la Vda. de Ch. Bouret. París. 23,
Rue Visconti, 23. México. 45, Av. 5 de Mayo,
45. 1922. *(Al frente:)* Imprenta Politécnica. 1ª
Cuahutemoctzin, 33. México, D. F.

En 8º, de 182, 157, 126, 13 p.

TERCERO, JUAN LUIS

Nació en Morelia (Mich.), el 13 de octubre

de 1837 e hizo sus estudios en el Seminario de dicha ciudad, habiéndose recibido de abogado en México en 1864. Ejerció su profesión por algún tiempo en su ciudad natal y después en Puruándiro (Mich), en donde permaneció algunos años y fué catedrático de latinidad y filosofía en un colegio que existió en esa población. En 1878 trasladó su domicilio a Matamoros (Tam.), con el cargo de director del Colegio de San Juan, y posteriormente a Ciudad Victoria. Allí desempeñé los cargos de secretario del Gobernador del Estado, redactor del periódico oficial y ministro fiscal del Tribunal Superior de Justicia, y falleció el 19 de julio de 1905. Escribió mucho en diversas publicaciones periódicas, ya como redactor o como colaborador, y dió a la estampa varias obras de carácter religioso, filosófico y literario, siendo la más importante de sus producciones, por su originalidad, la intitulada, *Armonías de los dos mundos, el natural y el sobrenatural,* ensayo de una nueva demostración del catolicismo, acerca del cual dice un reputado crítico, que es "un monumento de erudición, paciencia y bella literatura, digna hija del autor de Nezahualpilli."

BIBLIOGRAFÍA:

1.—*Nezahualpilli o el Catolicismo en México.* Poema original escrito en XXIV libros. Por el Lic. Juan Luis Tercero.—México. 1875. Imprenta de J. R. Barbedillo y compañía. Escalerillas núm. 21.

En 8º, de VIII, 610, IV p.

TERUEL, JOSE G.

BIBLIOGRAFÍA:

1.—José G. Teruel. *Plumadas*. Artículos Literarios.—Jalapa-Enríquez. 1902.
En 8⁹, de (4), III, 116, III p.

TORO, CARLOS

Nació en Zacatecas el 9 de julio de 1875. Fué alumno del Instituto de Ciencias del Estado, después se dedicó al comercio y más tarde volvió a dicho plantel a estudiar derecho romano. Desde niño tuvo gran pasión por la lectura y notable facilidad para escribir. Sus primeras composiciones aparecieron en 1895 en *El Tribuno*, periódico estudiantil, y ese mismo año fundó *El Arte*, en cuyas columnas comenzó a publicar su novela *Fray Cándido*. Desempeñó diversos cargos en oficinas públicas y particulares, mas las persecusiones políticas le obligaron a emigrar a Monterrey.. Vuelto a Zacatecas, fué condenado a prisión por delitos de imprenta, y en 1898 fundó la *Revista Zacatecana* y dos años después *La Unión Zacatecana*. Fué secretario particular del Gobernador D. Genaro García, mas disgustado de su política, se trasladó a México, e ingresó a la redacción de *El Universal*. A partir de esta época es difícil seguirlo en sus peregrinaciones, porque su carácter libre e inquieto le obligaba a cambiar constantemente de residencia. Estuvo en Aguascalientes, Torreón y otras poblaciones, consagrado siempre al periodismo. En la Capital colaboró en *El Tiempo, El Imparcial, El País* y en otras publicaciones. Dejó inéditas varias obras de distinto carácter, entre ellas varias novelas y cuentos y falleció el 7 de agosto de 1914.

BIBLIOGRAFÍA:

1.—Carlos Toro. *Vencedores y Vencidos.* Novela contemporánea. (Obra póstuma)—"Biblos." México. MCMXVI.

En 8º, de 390 p. con el retrato del autor. Subscrita en Zacatecas, en mayo a julio de 1910.

TORRES, EMILIO

BIBLIOGRAFÍA:

1.—*La Siembra.* Por Emilio Torres.—México, D. F. Tipografía El Faro, 5ª Héroes 83. 1917.

En 8º, de VIII, 153 p. más 3 láminas. Subscrita en México, en marzo de 1917.

TORRES, GILBERTO

BIBLIOGRAFÍA:

1.—*Las Tragedias de la Carne.* (Novela mexicana.) Gilberto Torres.—México, D. F. Compañía Impresora Mexicana. 1918.

En 4º, de 175 p. Subscrita en diciembre de 1918.

2.—*La Nostalgia del Burdel.*

3.—Gilberto Torres. *¡Lujuria Bendita!* Novelas.—1919. Tip. Compañía Comercial y de Propaganda, S. A. 1ª Calle del 57 Nº 15. México.

En 8º, de 127 p. Subscrita en México, en diciembre de 1919.

TORRES BERDON, SALVADOR

BIBLIOGRAFÍA:

1.— *Carmen.* (Novela Regional Mexicana). Por Salvador Torres Berdón, Alumno de la Escuela Libre de Medicina, Jefe de las Conferencias de Educación Intelectual, Sub-director del Departamento de Psico-Pedagogía y Presidente de la Comisión de Prensa de la Sociedad de Paidología Experimental de México. Primera Edición.—México. A. Carranza e Hijos, Impresores. 1ª Calle de Cincuenta y Siete, número 15. 1913.

En 8º, de 144 p.

TORRES QUINTERO, GREGORIO

BIBLIOGRAFÍA:

1.—*Versos, Cuentos y Leyendas* de Gregorio Torres Quintero. Edición de "El Correo de Colima." Colima. Imprenta del Gobierno del Estado a cargo de F. Munguía Torres. 1893.

En 4º, de 192 p.

2.—*Leyendas Antiguas Mexicanas* por el Profesor Gregorio Torres Quintero de la Escuela Normal de México, miembro de la Sociedad Científica Antonio Alzate, de la Sociedad Literaria Liceo Altamirano y socio de la Alianza Científica Universal. Curso preparatorio de historia patria. Primera edición.—México. Herrero Hermanos Sucesores. Plaza de la Concepción, 7. 1914. *(A la v.:)* Imprenta de Manuel León Sánchez. Misericordia, 7. México, D. F.

En 8º, de (2), 160 p.

TOVAR, AGUSTIN DE J.

BIBLIOGRAFÍA:

1.—*Angustias*. Por Agustín de J. Tovar.— México. Tipografía de "El Tiempo." Cerca de Santo Domingo núm. 4. 1896.

En 8º, de 351 p.

TOVAR, PANTALEON

Vió la primera luz en la Capital de la República el 27 de julio de 1828, en donde hizo sus estudios, y a los catorce años de edad formó varias agrupaciones sociales y literarias. En 1847 tomó las armas contra los norteamericanos, y al ocupar los invasores la ciudad de México, se radicó en Toluca (Méx.), y allí se representó su primer drama. En 1861 fué electo diputado al Congreso General, y después volvió a empuñar las armas contra la Intervención francesa, mas al presenciar las derrotas de los republicanos, se trasladó a Nueva Orleans, de donde pasó a la Habana. Allí escribió sus obras intituladas *La Hora de Dios* y *Horas de ostracismo;* más tarde se dirigió a Nueva York, ciudad en la que se sostuvo traduciendo folletines de periódicos, y tan luego como las circunstancias se lo permitieron, volvió a la patria en 1867. Desde luego entró a formar parte de la redacción de *El Siglo XIX* y fué nombrado administrador de Rentas Municipales, cargo que sirvió hasta que algún tiempo después ocupó una curul en la Cámara de Diputados. Colaboró en *El Guardia Nacional, El Cabrión, El Constitucionalista, El Federalista* y en otros periódicos, en cuyas columnas dió a conocer su liberalismo exaltado. Fué miembro de algunas agrupaciones culturales y murió en México el 22 de agosto de 1876.

Hablando de su primera novela, dice D. Ignacio M. Altamirano: «Tovar concibió un plan vastísimo y lo modeló según la famosa novela de Sué *Los Misterios de París,* que entonces estaba en boga. Para desarrollarlo se consagró al estudio de las costumbres y aun del lenguaje especial del *argot* de nuestro populacho, que es tan abundante en locuciones extrañas y en palabras convencionales, como el *argot* parisiense y como el *caló* de los gitanos. Con todos estos datos, Tovar escribió su novela, que se leyó mucho; pero Tovar es inconstante y se fatiga pronto en sus tareas literarias. Además su alma parece devorada por un tedio incurable; ha sufrido mucho, y todas sus obras se resienten de una tristeza amarga que revela cierto desfallecimiento. La idea de su novela quedó trunca, y como él ha sido arrastrado también por el huracán de la política y parece haberse retirado de la arena literaria al terreno prosaico de los guarismos, difícilmente la llevará a cabo.»

BIBLIOGRAFÍA:

1.—*Ironías de la Vida,* novela de costumbres nacionales por el joven mexicano D. Pantaleón Tovar, autor del drama titulado La Catedral de México. Tomo I.—México. Imprenta de J. M. Lara, calle de la Palma núm. 4. 1851.

2 v. en 4º, de 392 p. cada uno.

2.—*La Hora de Dios.* Novela de costumbres mejicanas, Por Pantaleón Tovar. Habana. Villa y Hermano, Impresores, Manrique, 149. 1865.

En 4º, de 260 p. Subscrita en la Habana, a 24 de enero de 1865.

ULLOA, AMBROSIO

Es originario de Guadalajara, donde nació el 7 de diciembre de 1859. Hizo sus estudios preparatorios en el Liceo de Varones de dicha ciudad, y los profesionales en el Instituto de Ciencias del Estado, hasta obtener en 1880 los títulos de abogado e ingeniero. Ha desempeñado en distintas épocas, los cargos de procurador de justicia, diputado al Congreso de Jalisco y otros más. Como ingeniero ha ejecutado obras de importancia en su ciudad natal, entre las que se cuentan varias fincas y edificios públicos. En 1901 fundó la Escuela Libre de Ingenieros, que aun subsiste, y de la cual ha sido director y profesor de varias materias. Es miembro de la Sociedad de Ingenieros de Jalisco, y su pluma ha producido algunas obras y no pocos artículos periodísticos de carácter científico, político y literario, entre los que se cuentan los ensayos de novela que adelante catalogamos.

BIBLIOGRAFÍA:

1.—*Una Billetera*. (Del natural) Por V. Jura. —Guadalajara. Imp. de "La Libertad." González Ortega núm. 9. 1907.

En 16º, de 44 p. Precedida de una nota del editor D. Francisco L. Navarro.

2.—*Entre Dos Abismos*. (De mis experiencias psicológicas.) Por V. Jura.— Imprenta de "La Libertad." González Ortega núm. 9. Guadalajara. 1907.

En 16º, de 42 p. Forma parte del volumen anterior.

3.—*Una Auto-Novela Tapatía*. Por V. Jura. Imprenta de "La Libertad." Liceo 184. Guadalajara. 1908.

En 16º, de 206 p.

4.—*La Chismografía de esta tierra*. (De mis recuerdos.) Por V. Jura.—Imp. de "La Libertad." González Ortega núm. 9. Guadalajara. 1907.

En 16º, de 210 p. Con un preámbulo del editor D. Francisco L. Navarro.

UN MICHOACANO, (Seud.)

BIBLIOGRAFÍA:

1.—*El Bálsamo del Dolor*. Novela moral dedicada a los que sufren. Original de un michoacano. — México. Talleres Tipográficos de V. Agüeros. Primera de Mesones Número 18. 1904. En 8º, de 164 p.

URBINA, LUIS G.

Nació en la ciudad de México el 8 de febrero de 1868, e hizo sus estudios en la Escuela Nacional Preparatoria, plantel en el que más tarde enseñó literatura durante catorce años. Muy joven principió a frecuentar los círculos literarios y en ellos se dió a conocer como poeta. Sus primeras composiciones las dió a luz en los periódicos de la época, principalmente en *Revista Azul*, fundada y dirigida por Gutiérrez Nájera. Después figuró como cronista de *El Mundo Ilustrado* y editorialista de *El Imparcial*, y ha colaborado en las publicaciones más acreditadas del país y en no pocas del extranjero. Durante algunos años fué secretario particular del Ministro D. Justo Sierra, y en 1913 se le encomendó la dirección de la Biblioteca Nacional. En 1915 emigró a la Habana, de allí partió a España y recorrió la América del Sur, y tres años después volvió a Madrid con el carácter de segundo secretario de la Legación Mexicana. Con la colaboración de D. Pedro Henríquez Ureña y D. Nicolás Rangel, escribió la *Antología del Centenario*. Su pluma ha producido además varios volúmenes de versos. *La Vida Literqria de México*, y otras obras de carácter literario.

BIBLIOGRAFÍA:

1.—Luis G. Urbina. *Cuentos vividos y crónicas soñadas*. Creer-Crear.—México. Eusebio Gómez de la Puente, Editor. 2ª de Nuevo México, 32. 1915.
En 4º, de XI, 318, (2) p.

VALADEZ, M.

BIBLIOGRAFÍA:

1.—M. Valadez. *Los Trabajadores. Marina. La Conseja. Añoranzas. La Incógnita. El Armiño. Desagravio.*—Lib. "Cvltura." México, D. F. 1921. *(Colofón:)* Se terminó este libro en la Tip. "Cvltvra" el día 3 de diciembre de 1921. Avenida República Argentina núm. 5. Méx., D. F.
En 4º, de 155 p. Prologado por D. Marcelino Dávalos.

VALDESPINO Y DIAZ, IGNACIO

Nació en la villa de Chalchihuites, del Estado Zacatecas, el 30 de julio de 1861. Hizo sus estudios en el Seminario de Sombrerete, y en

1884 recibió las órdenes sacerdotales. Fué cura párroco de varias parroquias, entre ellas las de la Sierra Madre y de los Llanos, y en 1894 ingresó como prebendado al Cabildo de la Catedral de Durango, ascendió a canónigo en 1898 y a chantre posteriormente, habiendo desempeñado, además, importantes cargos eclesiásticos. En 1902 fué preconizado obispo de Sonora y el 9 de septiembre del propio año recibió la consagración episcopal en la Catedral de Durango. Después de haber regido esa Diócesis durante diez años fué trasladado a la de Aguascalientes, Iglesia que gobierna hasta la fecha.

BIBLIOGRAFÍA:

1.—Ignacio Valdespino y Díaz. *Lupe*. Novela *Mexicana*.—Editores Herrero Hermanos Sucesores. México. 1924.

En 4º, de 406 p. Terminada en San Ignacio, 8 kilómetros al N. O. de Aguascalientes, el 16 de septiembre de 1922.

VALENTI, RUBEN

BIBLIOGRAFÍA:

1.—Rubén Valenti. *Rojo y Negro*. Novelas cortas.— México. Tip. de Fidencio S. Soria. 3ª Medinas 74. 1913.

En 4º, de XIII, 125 p. Prologadas por el Lic. Nemesio García Naranjo.

VALLE, GUILLERMO DEL

Vió la primera luz en la Fábrica de Atemajac, inmediata a Guadalajara, el 28 de febrero de 1846. A la edad de once años ingresó al Seminario Conciliar de dicha ciudad, donde hizo sus estudios preparatorios, concluídos los cuales pasó al Instituto de Ciencias del Estado. En este plantel hizo algunos estudios de medicina y el curso completo de farmacia, hasta obtener el título de profesor en esta facultad. Después de haber ejercido su profesión durante algunos años trasladó su domicilio a Zacatecas, y allí permaneció casi todo el resto de su vida consagrado igualmente a sus labores profesionales. Aficionado desde su infancia a las bellas letras, dedicaba a su cultivo el tiempo que le dejaban libre sus atenciones, y como fruto de sus estudios dió a luz diversas composiciones poéticas, dramáticas y literarias, contándose entre éstas algunas novelas. Sus últimos días los pasó en Guadalajara, donde falleció por 1917.

BIBLIOGRAFÍA:

1.—*El Castillo de Lunel*. Novela Fantástica por Guillermo del Valle.—Zacatecas. Imprenta del Comercio a cargo de Ireneo Ruiz. Calle del Correo, número 1. 1881.

En 8º, de 64 p.

2.—*El Millón de Libras Esterlinas*. Novela original de Guillermo del Valle. Editor Lic. Miguel Román.—Zacatecas. Imprenta del Comercio, Calle del Correo núm. 17- 1884.

En 8º, de 111 p. más una lámina.

El Millón de Libras Esterlinas. Novela original De Guillermo del Valle. Segunda edición. De "El Eco Social."—Zacatecas. Imp. y Lit. de N. Espinosa. 1889.

En 16º, de 133 p.

El Millón de Libras Esterlinas. Novela original de Guillermo del Valle. Tercera edición.—Zacatecas. Tip. Enr. García, San Agustín, 21. 1907.

En 16º, de 139 p.

3.—*Los Imperiales.* Novela por Guillermo del Valle. Primera edición.— Zacatecas. 1887. Tip. del Hospicio de niños, en Guadalupe, Dirigida por Ireneo Ruiz.

En 8º, de 263 p.

4.—Novelas Breves de Guillermo del Valle. *"El Castillo de Lunel." "La Loca de Moscow." "Un Pueblo Feliz." "El Templo de San Francisco"* y *"La Cruz del Réprobo."* Editor Donaciano Hurtado. Primera edición de la colección. —Zacatecas. Imp. Literaria. Av. Juárez, 35. 1912.

En 16º, de VI, 82 p.

VALLE, RAMON

Nació en la ciudad de Guanajuato el 30 de junio de 1841 e hizo su carrera literaria en los seminarios de León (Gto), y Pátzcuaro (Mich.) al cuidado de los padres paulinos. Estudió jurisprudencia en el Colegio del Estado de su ciudad natal, y fué juez del registro civil. En la época de la Intervención francesa luchó por la República y obtuvo el grado de coronel, y en 1876 fué diputado al Congreso de Guanajuato y Secretario del Ayuntamiento de esa capital. Causas diversas le hicieron volver sobre sus pasos y continuar sus estudios de teología, hasta recibir las órdenes sagradas de manos del Ilmo. Sr. Sollano en León (Gto.). Desde luego fué nombrado promotor fiscal de la Curia Eclesiástica de ese Obispado, y más tarde, al pasar a radicarse a México, desempeñó el cargo de capellán de las Hijas del Calvario. Asistió en calidad de teólogo consultor al Concilio Provincial de Oaxaca, y como delegado al XI Congreso Internacional de Americanistas, reunido en la Capital, en 1895. Perteneció a diversas agrupaciones científicas y literarias y prestó su colaboración en algunos periódicos de la República. Falleció en México el 12 de febrero de 1901, dejando no pocos escritos de diverso carácter que produjo su atildada pluma.

BIBLIOGRAFÍA:

1.—Edición del "Monitor Republicano." *Virgen del Valle.*—México. Imp. de V. G. Torres a cargo de M. García. Calle de San Juan de Letrán número 3. 1875.

En 8º, de 102 p.

Virgen del Valle. Por Ramón Valle, Presbí-

tero. (Edición de "El Tiempo").—México. Imp.
de "El Tiempo," 1ª de Mesones, 20. 1887.

En 16º, de 191 p.

2.—*Amar odiando*. Cuento por Ramón Valle
(Escrito para El Tiempo).—México. Imp. de "El
Tiempo," 1ª de Mesones 20. 1887.

En 8º, de 162, (2), p.

3.—J. F. Parres y Compañía. Editores. *Cuentos Color de Historia* por D. Ramón Valle, Presbítero. Tomo I.— Barcelona. Consejo de Ciento,
301 y 303. México. Calle de Chiquis, número 11.
(A la v.:) Tipografía "La Academia," Ronda de
la Universidad, 6. Barcelona.

2. v. en 4º, de 915 y (4), 813 p. con láminas.

VALLE ARIZPE, ARTEMIO DE

Nació en Saltillo, capital del Estado de
Coahuila, el 25 de enero de 1888. Hizo sus primeros estudios en su Estado natal y los profesionales en la Escuela Nacional de Jurisprudencia de México. Apenas recibido de abogado
a la edad de veintiún años, fué elegido diputado
al Congreso de la Unión, y en enero de 1919
fué nombrado segundo Secretario de la Legación
de México en España. Con igual carácter pasó
poco tiempo después a Bélgica y los Países Bajos, de donde volvió el año inmediato a Madrid
para formar parte de la Comisión de investigaciones históricas y continuar desempeñando su
primitivo puesto. Ha recorrido casi toda Europa,
y en sus viajes ha ampliado sus conocimientos

y erudición. Desde muy joven hizo versos, después escribió en los periódicos, y actualmente se ha consagrado a la novela con bastante éxito, según lo demuestran los elogios que se le prodigaron a su primera producción. Es miembro correspondiente de la Real Academia Española.

BIBLIOGRAFÍA:

1.—*Ejemplo*. Lo escribió el Licenciado Don Artemio de Valle Arizpe, en la Mvy Noble, Mvy Leal y Mvy Siempre Fiel Capital de la Nveva Extremadura y Don Roberto Montenegro lo ornamentó. — Madrid. Año MCMXIX *(Colofón:)* El Licenciado Don Artemio de Valle Arizpe, a quien Dios perdone, acabó de escribir aquesta vera narración del valvatrueno Don Rodrigo de Aguirre, en la Muy Noble, Muy Insigne y Muy Siempre Fiel Capital de la Nueva Extremadura de las Provincias Internas de Oriente, andados III días del mes de Agosto, fecha en que celebra la Iglesia la festividad del glorioso San Esteban, primer mártir cristiano. Año de mil y CM y XVIII años, y se imprimió en la Villa y Corte de Madrid, en la Tipografía Artística, Cervantes, 28, en el mes de octubre del año del Señor de MCMXIX. Laus Deo.

En 8º, de 285 p. Precedido de censuras y pareceres en prosa y verso de D. Luis González Obregón, D. Luis G. Urbina, D. Eduardo Colín, D. Amado Nervo, Dr. Enrique González Martínez, D. Rafael López y D. Enrique Fernández Ledesma.

2.—*Vidas Milagrosas*. Las escribió Artemio de Valle Arizpe. — Madrid. MCMXXI. *(Colofón:)* Este libro acabó de imprimirse en la villa de Madrid en la Tipografía Artística, Cervantes, 28 a XXX días andados del mes de diciembre y año de MCMXX.

En 8º, de 261 p.

3.—Artemio de Valle Arizpe. *Doña Leonor de Cáceres y Acevedo y Cosas tenedes*... —Madrid MCMXXII. *(Colofón:)* Este libro acabó de imprimirse en la Villa de Madrid en la Tipografía Artística, Cervantes, 28 a XXX días andados del mes de julio y año de MCMXXII.

En 8º, de 245 p.

VALLE DE SANTIESTEBAN, J.

BIBLIOGRAFÍA:

1.—*Los Amantes de Udalla*. Novela histórica por J. Valle de Santiesteban. Primera Edición.— Salamanca. Imp. de la Penitenciaría. 1886.

En 8º, de (4), 230 p.

VALLES, RODOLFO

BIBLIOGRAFÍA:

1.—*Alberto o Historia de Dos Amantes*. Escrita por Rodolfo Valles.—México. Imprenta de Epifanio D. Orozco. 13. Escalerillas 13. 1888.

En 8º, de 149 p.

VARIOS AUTORES

BIBLIOGRAFÍA:

1.—*El Tribunal de la Compañía de Jesús*. Novela histórica, escrita por Jesús Alfaro y F. Manrique.—México. Imprenta Políglota de Luis Ramiro, Ponce de León y Compañía. Calle de Santa Clara, esquina al Callejón. 1874.
En 4º, de X, 311, (3), p. más una lámina.

2.—*Misterios del Corazón*. Novela escrita por Enriqueta y Ernestina Larráinzar.—México. Imprenta de Ignacio Cumplido, Calle de los Rebeldes núm. 2. 1881.
En 8º, de 288 p.

3.—*¡Sonrisas y Lágrimas!* Novela escrita por Enriqueta y Ernestina Larráinzar. Tomo I.—México. Imprenta de Ignacio Cumplido, Hospital Real número 3.
2 v. en 8º, de 256 y 344 p. Subscrita en Méxipor en diciembre de 1883.

4.—*20 Cuentos de Literatos Jaliscienses*. Edición de "El Heraldo."—Guadalajara. Imp. de José Cabrera. Carmen y Maestranza, F. 1895.
En 8º, de 324 p. Escritos por D. Manuel Alvarez del Castillo, Lic. José López Portillo y Rojas, Lic. Antonio Zaragoza, D. Manuel Puga y Acal, D. Rafael de Alva, Lic. Victoriano Salado Alvarez, D. Manuel M. González, Dr. Enrique González Martínez, Dr. Salvador Quevedo y Zubieta y D. Anacleto Castillón.

5.—*Cuentos sinaloenses*, por varios autores. —Culiacán, 1898.

6.—Edición de "El Nacional." *Cuentos Mexicanos.—México.* Tipografía de "El Nacional," Mariscala, 5. 1898.

En 8º, de 288, (2) p. Escritos por D. Ciro B. Ceballos, D. José Juan Tablada, D. Rubén M. Campos, D. Gregorio Aldasoro, Srita. Ana Ruiz, D. José Ferrel, D. Alberto Leduc, D. Rafael Delgado, D. Pedro Argüelles, D. J. B. M. G., D. Bernardo Couto Castillo y D. Manuel Larrañaga Portugal.

7.—Biblioteca de Autores Mexicanos. 33. *Novelas cortas de varios autores.* Tomo I. José Joaquín Pesado, Ignacio Rodríguez Galván, J. M. Lafragua, J. R. Pacheco, M. Navarro, etc.— México. Imp. de V. Agüeros, Editor. Cerca de Sto. Domingo Nº 4. 1901.

2 v. en 8º, de (4), II, 501 y (4), 551 p. El t. II contiene composiciones de D. Félix María Escalante, D. Ramón de la Sierra, D. M. Trejo, D. Eufemio Romero, D. Luciano Muñoz, D. Miguel Martel y otras anónimas.

8.—*Nox Mentis.* Esbozo de Novela escrito por los señores Carlos de Gante, Ignacio A. de la Peña (Ignotus), Ramón Frausto, Luis E. Jácome, Agustín Correa, Ricardo P. Torremocha, Manuel E. Villaseñor y Manuel M. Bermejo. (De la Sociedad Científico Literaria "Cuauhtémoc"). Esta novela fué escrita en 16 días, sin plan previo y obligada a dos días cada capítulo, que corresponde a un autor. Edición de "El Album de la Juventud."—México. Tip. Mellado y Pardo, Chavarría núm. 6. 1901.

En 8º, de 52 p.

386

9.—*Ita Andehui*. Leyenda mixteca por Manuel Martínez Gracida y Mariano López Ruiz. Editor: Julián S. Soto.—Oaxaca. Talleres Tipográficos de J. Soto. 1906.

En 8º, de 232 p.

10—Las Mil y Una Semanas de El Universal Ilustrado. Año I. 20 de Septiembre de 1923. Nº 11. Tres Cuentos Inéditos Mexicanos. *Cuento Romántico* (a la manera de 1850) por Julio Jiménez Rueda. *La Aprehensión* por Gonzalo Hernández Jáuregui. *Cuentos de Filmlandia. ¿Por qué?* por Carlos Noriega Hope.—Publicaciones Literarias de El Universal Ilustrado. México, D. F.

En 16º, de 24 p.

11.—*Cuentos Mejicanos*. By J. H. Cornyn, formerly professor in the National University of México.— Johnson Publishing Company. Richmond, Virginia. 1925.

En 8º, de 219 p. ilustrado. Recopilación de cuentos de los principales autores mexicanos.

VELA, ARQUELES

Nació en Tapachula, población del Estado de Chiapas, el 2 de diciembre de 1899. Allí mismo hizo sus estudios primarios, y después pasó a Guatemala, en cuyo Liceo Landa cursó algunos de los preparatorios. Permaneció en esa República algunos años, iniciándose en las letras y consagrado a distintas labores, hasta que regresó a México, en donde durante algunos meses prestó sus servicios en la Oficina Central de Correos. Actualmente desempeña el cargo de secretario de redacción de *El Universal Ilustrado*, en cuyas páginas colabora con el seudónimo de "Silvestre Paradox." Ha escrito un libro de versos, y es uno de los adeptos de la llamada escuela estridentista.

BIBLIOGRAFÍA:

1.— La Novela Semanal de "El Universal Ilustrado." *La Señorita Etcétera*. Por Arqueles Vela.

En 16º, de (2), 31 p. ilustrado. Subscrita en México en agosto de 1921.

VELEZ, ISMAEL

BIBLIOGRAFÍA:

1.—Ismael Vélez. *Pancho Pérez*. Novela de costumbres.—Celaya, Gto. 1910. Tipografía "Miranda."

En 8º, de (4), 134 p. más el retrato del autor. Subscrita en Celaya, en el otoño de 1910.

VERA, AGUSTIN

Es originario de Acámbaro, ciudad del Estado de Guanajuato, en donde nació el 22 de octubre de 1889, y debido a la profesión de telegrafista que desempeñaba el autor de sus días, pasó su infancia sucesivamente en México, Puebla y Aguascalientes. En esta población principió sus estudios elementales que terminó en San Luis Potosí. En 1904 ingresó al Instituto Científico y Literario de esa capital, en el que cursó las mate rias preparatorias y profesionales de jurisprudencia, hasta obtener en 1913 el título de abogado. Consagrado desde entonces al ejercicio de su profesión, no ha abandonado las letras, que comenzó a cultivar desde sus primeros años juveniles, igualmente que el periodismo, al que ha prestado no escasa atención. En 1911 presentó a la escena en el Teatro de la Paz de San Luis Potosí su primera composición dramática intitulada: *Triste ilusión*, y posteriormente *La vida rota*, y *Como en los cuentos*. Sus novelas cortas, que aun no ha coleccionado, las ha dado a conocer en diversas publicaciones periódicas, tanto de la Capital como del Estado en que radica.

BIBLIOGRAFÍA:

1.—Agustín Vera. *En la Profunda Sombra...* Novela.—Manuel Sancho. Editor. San Luis Potosí. Imprenta de la Escuela Industrial Militar "Benito Juárez."

En 8º, de 126 p. Subscrita en Pinar Viejo, en abril de 1916.

VERDUGO FALQUEZ, FRANCISCO

BIBLIOGRAFÍA:

1.—Francisco Verdugo Falquez. *De mi Archi-*

vo. (Cuentos y descripciones).—Mazatlán. Tipografía de Valadés y Cía. Sucs. 1902.

En 4º, de (4), XII, 145 p. Prologados por D. José Ferrel.

VIGIL Y ROBLES, GUILLERMO

Nació en Guadalajara el 20 de enero de 1867, de donde meses después fué traído a la Capital, con motivo de haber sido su padre, el eminente polígrafo D. José María Vigil, electo diputado al Congreso de la Unión. Una vez que hubo concluído la instrucción primaria, ingresó al Colegio Militar, plantel en el que hizo la carrera completa de artillero. Por insinuaciones de sus padres abandonó la milicia e ingresó a la Escuela Nacional de Jurisprudencia, hasta obtener en octubre de 1892 el título de abogado. Consagrado desde entonces al ejercicio de su profesión, ha desempeñado diversos cargos de carácter jurídico en varias oficinas públicas. Su afición a la literatura le llevó desde su juventud al periodismo, y ha colaborado como crítico de arte, editorialista y traductor, entre otras publicaciones, en *El Diario, La Prensa, El Correo Español, El Imparcial, El Día Español, El Demócrata* y *El Universal*, en cuyas columnas ha publicado varios cuentos, novelas cortas y artículos históricos y literarios, algunos de los cuales han sido reproducidos por la prensa extranjera.

BIBLIOGRAFÍA:

1.—*Cuentos*. Por Guillermo Vigil y Robles.

Del "Liceo Mexicano."—México. Tipografía de Alejandro Marcué. 10ª Avenida Oriente, 133. 1890.

En 8º, de 209 p. Con prólogo de D. Luis González Obregón.

VIGIL Y ROBLES, JOSE

Hermano del anterior, celebrado actor dramático, muerto en México en febrero de 1913.

BIBLIOGRAFÍA:

1.—*El Dinero*. Novela escrita por José Vigil y Robles. Primera parte, Edición de "La República."—México. Imprenta Polyglota. Calle de Santa Clara, esquina. 1884.

4 v. 8º, T. I, de 178 p.; t. II, de 152 p.; t. III, de 172 p. y t. IV, de 216 p.

VILLA GORDOA, JESUS

Nació en Guadalajara el 27 de noviembre de 1865. A la edad de doce años comenzó los estudios de humanidades y filosofía en el Seminario Conciliar de la propia ciudad, los cuales terminados, pasó a la Escuela de Medicina con el propósito de hacer a la vez las carreras de médico y farmacéutico, mas lo exiguo de su salud le impidió seguir sus propósitos y le obligó a concretarse a los estudios de farmacia, en cuya facultad obtuvo el título respectivo el 12 de abril de 1889. Desde entonces vive consagrado al ejercicio de su profesión y a sus aficiones literarias.

BIBLIOGRAFÍA:

1.—*María de la Asunción*. Leyenda histórica por Jesús Villa Gordoa.—Imp. y Enc. "La Nobleza." Alcalde A. Guadalajara. 1906.
En 8⁰, de (2), 41 p.

VILLA GORDOA, JOSE

Hermano del anterior. Nació en Guadalajara, donde hizo sus estudios hasta recibir el título de abogado. Redactó varios periódicos y falleció en su ciudad natal.

BIBLIOGRAFÍA:

1.—*Noches de Invierno*. Reflexiones sobre varios puntos morales y religiosos, por el Lic. José Villa Gordoa.—Guadalajara. Tip. de la Civilización. Santo Domingo, S. 1889.
En 8⁰, de 175 p.

VILLALOBOS REYES, J.

BIBLIOGRAFÍA:

1.—J. Villalobos Reyes. *"Entre Fifís."* Novela de costumbres mexicanas.—México. Tipografía de F. Graue. 1ª Revillagigedo núm. 8. 1917.
En 8⁰, de 136 p.

2.—J. Vilalobos Reyes. *Una Estrella*. (De la Oliver al Foro). Novela de costumbres mexicanas.—México. 1920.

En 8º, de 170 p. con el retrato del autor.

VILLAMOR Y ARMENDARIZ, MANUEL C.

Hablando de su novela, dice D. Santiago Burgos Brito: «*Agripina y su duente* es la única obra yucateca en que campean el estilo más alambicado y estrambótico que pueden imaginarse y un lenguaje cataglótico y ampuloso, que deja muy artás las lucubraciones tenebrosas de Lycofron, en Góngora de la corte de los Tolomeos, el lenguaje alambicado de Marcial, el eufuimo de John Lilly, el culteranismo de Góngora, las sutilezas del caballero Marini, la metafísica de Gracián y el espíritu de las Preciosas del Botel de Ramboaillet. Dedicada en términos muy cortesanos a la Emperatriz Carlota, por su autor Don Manuel Villamor y Armendáriz, es una típica muestra de esa literatura artificiosa y convencional, que no tiene más objeto que incensar a los poderosos, y carece por lo tanto de espontaneidad, de sentimiento, de pasión, de vida intensa, cualidades que de no existir en la obra artística, la conducen al más estruendoso de los fracasos.»

BIBLIOGRAFÍA:

1.—*Agripina y su Duente*, episodio histórico de la sublevación de los indios de Yucatán. Por

Manuel C. Villamor y Armendariz. Tomo I.—
Mérida. Impreso por Manuel Mimienza. 1865.

2 v. en 4º, de (12), 295 y 389 p. Dedicada
a la Emperatriz Carlota.

VILLANUEVA, AGUSTIN

BIBLIOGRAFÍA:

1.—*Un Millonario en Diez Años*. Por Agustín
Villanueva.—México. Imprenta de "El Tiempo."
de Victoriano Agüeros. Primera Calle de Mesones número 18. 1903.

En 8º, de 119, (2) p.

VILLANUEVA, MARIANO

BIBLIOGRAFÍA:

1.—*Memorias Fantásticas del Pájaro Verde*.
Ensayos para una novela por Mariano Villa-
nueva. Tomo I.— México. Imprenta del autor.
Calle de S. Felipe Neri N. 14. 1868.

2 v. en 4º, con el retrato del autor.

VILLANUEVA Y FRANCESCONI, MARIANO

BIBLIOGRAFÍA:

1.—1892-1893. *Verdades y Cuentos de Juan
Verdad*. Cosas que no sabe el pueblo y que
se le dan a conocer. Autor: Mariano Villanueva

y Francesconi.—México: Tip. Moderna de M. Zúñiga, 2ª del Factor 7. 1892.

En 8º, de 209 p.

VILLASEÑOR, J.

BIBLIOGRAFÍA:

1.—J. Villaseñor. *Marcelino*. Novela de costumbres.—J. Guerra, Editor. Imprenta "La Tampiqueña." Tampico.

En 8º, de 120 p.

VILLASEÑOR, ROBERTO

BIBLIOGRAFÍA:

1.—*El Separatismo en Yucatán*. Novela Histórico-Política por Roberto Villaseñor.—México. Andrés Botas, editor. 1ª Bolívar, 9. 1916.

En 4º, de 327, XCIII p.

VILLASEÑOR Y VILLASEÑOR, ALEJANDRO

Fué natural de la ciudad de México, donde nació el 15 de julio de 1864. Hizo sus estudios superiores en el Colegio de la Sociedad Católica y en la Escuela Nacional Preparatoria, y los profesionales en la escuela sostenida por dicha sociedad y en la Nacional de Jurisprudencia, habiendo obtenido el título de abogado en 1887.

Desde su juventud comenzó a dar a conocer sus escritos por medio de la prensa, y en 1885 fundó *La Tribuna*, periódico que tuvo que clausurar debido a las persecuciones de que fué víctima, y el año inmediato *La Lira*, de carácter literario. En 1889 ingresó a la redacción de *El Tiempo*, importante diario católico, en cuyas columnas dió a luz más de cuatro mil artículos sobre diversidad de materias. Escribió varias obras de carácter histórico, jurídico y literario, que le acarrearon merecidos triunfos. Fué miembro de la Sociedad Mexicana de Geografía y Estadística, del Colegio Nacional de Abogados y de otras agrupaciones científicas y literarias. Emprendió un viaje al viejo mundo, cuyas impresiones dió a luz en *El Tiempo Ilustrado*, y pocos años después falleció en su ciudad natal el 16 de septiembre de 1912.

BIBLIOGRAFÍA:

1.—Jesús T. Recio, Editor. *Memorias de un Estudiante*. Novela Histórica Mexicana por V.— Río Grande City, Texas. (EE. UU.) Imprenta de Jesús T. Recio, Calle Principal. 1893.

En 4º, de 358 p. Edición de folletín de *El Bien Público*. Novela histórica sobre el reconocimiento de la deuda inglesa.

Guillermo. Memorias de un Estudiante. (Novela mexicana) por Alejandro Villaseñor y Villaseñor.—México. Tipografía de "El Tiempo." Cerca de Santo Domingo núm. 4. 1897.

En 8º, de 597 p.

2.—*El Medio del Difunto*. Cuento por Alejandro Villaseñor y Villaseñor.— México. Imprenta de Victoriano Agüeros. 1ª de Mesones Nº 18. 1903.

En 16º, de 15 p.

3.—*La Cueva de Guadalupe*. Leyenda por Alejandro Villaseñor y Villaseñor.—México. Talleres Tipográficos de "El Tiempo." Primera de Mesones número 18. 1905.

En 16º, de (2), 16 p.

VILLENAVE, CARLOS GUSTAVO

BIBLIOGRAFÍA:

1.—*La Amiga de mi Mujer* y otras novelas por Carlos Gustavo Villenave.—Talleres Gráficos anexos a "El Heraldo de México," México, D. F. 1922.

En 8º, de 124 p.

ZAMUDIO, EVERARDO F. E.

BIBLIOGRAFÍA:

1.—Everardo F. E. Zamudio. *Muerto criminal*. Ensayo de novela. México. Andrés Botas e Hijo, Sucr. 1924. *(Al frente:)* Imprenta Politécnica. G. Botas. Cuauhtemotzín, 33.

En 4º, de 173 p.

ZAPATA, ROSAURA

BIBLIOGRAFÍA:

1.—*Cuentos y Conversaciones* por la Srita. Profesora Rosaura Zapata.— México. Talleres Linotipográficos de "El Hogar." 2ª Manrique, 13 A. 1920.

En 4º, de 74 p.

ZAPATA Y ZAVALA, CATALINA

Escritora yucateca de mediados del siglo próximo pasado, acerca de la cual dice D. Santiago Burgos Brito, al hablar de la literatura peninsular: «Comenzaremos por mencionar, aun cuando sólo fuese por su interés bibliográfico, dos novelitas de escaso valor artístico, *Delia y Elvira* y *Amor y celos*, que por los años de 1864 a 1868 publicó la señora Catalina Zavala, con el pseudónimo de Quintiliana. La primera, esbozo novelesco de cuarenta y cinco páginas, es un ensayo del más empalagoso romanticismo, con sus torpes intrigas, su locos amores y rematando con el sempiterno epílogo, en el que los personajes alcanzan la más completa felicidad. Esta buena señora, según reza el prólogo, escribió la obrita para obtener recursos "que aliviaran la triste situación de su familia," y creó la primera obra de autor yucateco, que para ser completamente romántica se desarrolla en Francia y que según confesión propia, fué producto de la lectura de algunas obras de la época. La segunda, publicada cuatro años despues, indica ya algún adelanto, tanto en la forma como en el fondo, y como la anterior, es una obra que no tiene el aroma del terruño, pues desarrolla sus escenas en un ambiente que tanto puede ser el caliginoso de los Montejos, como el gélido ambiente de las estepas siberianas.»

ZARATE, EDUARDO E.

Nació en Jalapa (Ver.) en 1853, donde hizo sus primeros estudios y publicó en 1867 un periódico intitulado *El Demócrata;* fué además catedrático de gramática en el Colegio de niñas y de lectura en la Escuela Artesanos. En 1868 pasó a Puebla y allí comenzó en el Colegio Carolino su carerra de abogado; tuvo a su cargo la redacción del periódico oficial y la oficialía mayor de la Legislatura y colaboró en *El Porvenir* y *La Voluntad del Pueblo*, publicaciones de la localidad. Más tarde se trasladó a la Capital a continuar sus estudios y una vez que obtuvo el título de abogado desempeñó entre otros cargos los de regidor del Ayuntamiento, diputado al Congreso de la Unión, secretario de las comisiones de diversas exposiciones internacionales, y representante del gobierno en las de París de 1889 y de Chicago de 1892. Escribió numerosos estudios y artículos de carácter político y literario, tanto en prosa como en verso,

que aparecieron en la prensa. Fué miembro de la
Sociedad Mexicana de Geografía y Estadística,
del Liceo Hidalgo y de otras corporaciones culturales y falleció en Tacuba (D. F.) el 19 de
octubre de 1913.

BIBLIOGRAFÍA:

1.— Eduardo E. Zárate. *Episodios Mexicanos.* 1862-1867. I. Jalapa.— Eusebio Sánchez,
Impresor. Calle del Aguila, 12. Apartado postal
511. México. 1894.
En 8º, de 123 p.

ZARATE Y RUIZ, FRANCISCO

BIBLIOGRAFÍA:

1.—*¡Suicida!* Ensayo escrito por Francisco
Zárate y Ruiz.—México. Imp. de J. F. Jens.
San José el Real, núm. 22. Calle Sur 3, números 41 y 43. 1893.
En 4º, de 23 p.
2.—Francisco Zárate Ruiz. *Cuentos Funam-
bulescos.*—Morelia. Talleres de la Escuela Industrial Militar "Porfirio Díaz." 1903.
En 4º, de 56 p.

ZARZAMENDI, M. M.

BIBLIOGRAFÍA:

1.—*Cuatro Leyendas por* M. M. Zarzamen-
di. Edición de "La República."—México. Imp.

Políglota. Esquina del Callejón y Calle de Santa Clara. 1883.

En 8º, de 172 p.

ZAYAS ENRIQUEZ, RAFAEL DE

BIBLIOGRAFÍA:

1.—R. de Zayas Enríquez. *Remordimiento*.
Memorias de Agustín S... Novela dedicada a
Santiago Sierra.—Veracruz. Tip. de R. de Za-
yas, Calle de Zaragoza, núm. 245. 1881.

En 8º, de 123 p.

2.—*Oceanida*. Novela original de R. de Zayas Enríquez, Miembro del Liceo Hidalgo y de
otras sociedades científicas y literarias. Propiedad del autor.—Veracruz. Tip. de R. de Zayas.
Zaragoza, 17. 1887.

En 4º, de 236 p.

3.—*El Teniente de los Gavilanes*. Novela
de carácter histórico escrita por Don Rafael de
Zayas Enríquez. Ilustrada con láminas y grabados, por sus hijos Rafael y Marius.— Nueva
York. D. Appleton y Compañía, Editores. 1902.

En 8º, de 341 p.

ZAYAS GUARNEROS, PABLO

Fué oriundo de la ciudad de Puebla, donde
nació el 2 de marzo de 1831. Después de haber
hecho sus estudios preparatorios y profesionales, recibió el título de abogado de los tribunales de la República. Desempeñó el cargo de
secretario particular del Presidente Comonfort,
y posteriormente los de secretario de la Cáma-

ra de Senadores, juez del Registro Civil y de Distrito del Estado de México. Sus aficiones literarias las cultivó con no escaso fruto, y escribió diversas obras de carácter jurídico, filosófico y literario, gran parte de las cuales dejó inéditas. Fué miembro de la Academia Mexicana de Legislación y Jurisprudencia Correspondiente de la Real de Madrid, y falleció en Toluca, donde hacía tiempo se hallaba radicado, el 25 de mayo de 1902.

BIBLIOGRAFÍA:

1.—Biblioteca de "El Heraldo." Pablo Zayas Guarneros. *La Invasión Americana en 1847. Aventuras del Capitán Raul Obregón.* Novela histórica. Primera parte.—México. Oficina Tipografía de "El Heraldo." Calle del Aguila núm. 12. 1898.

En 4º, El ejemplar que tuvimos a la vista sólo alcanza a la p. 92 de la primera parte.

2.—Pablo Zayas Guarneros. *Herencias de Bienes Robados. Cuestión de honra en la lucha por la vida.* Novela de costumbres. 1ª parte.— México. Tip. "La Española," Calle de las Escalerillas núm. 20. 1899.

2. v. en 4º, de 191 y 135 p. con láminas.

3.—Pablo Zayas Guarneros. *Escenas Populares. Cuadros vivos de la clase ínfima del pueblo mexicano.* Novela original de costumbres. —México, Imp., Litografía y Encuadernación de I. Paz. Segunda del Relox núm. 4. 1901.

3 v. en 4º, de XIII, 249, 279 y 304 p.

4.—Biblioteca Mexicana. *Amor Sublime.* Novela de costumbres mexicanas. Estudio filosófico sobre la nobleza del corazón y la del linaje por Pablo Zayas Guarneros.—México. Maucci Hermanos. 1ª del Relox, 1. 1899. *(A la v.:)* Imprenta de la Casa Editorial Maucci. Barcelona.

En 4º, de 409 p. con láminas.

Biblioteca Mexicana. *Amor Sublime.* Novela de costumbres mexicanas. Estudio filosófico sobre la nobleza del corazón y la del linaje por Pablo Zayas Guarneros. Segunda edición de 10,000 ejemplares autorizada y corregida por el autor.—Maucci Hermanos, primera del Relox, núm. 1. México. Maucci Hermanos e Hijos, calle de Rivadavia, 1435.

En 4º, de 306 p. con láminas.

Biblioteca Mexicana. *Amor Sublime.* Novela de costumbres mexicanas. Estudio filosófico sobre la nobleza del corazón y la del linaje por Pablo Zayas Guarneros. 3ª Edición de 10,000 ejemplares adornada de espléndidos fotograbados autorizada y corregida por el autor.—Casas Editoriales Maucci Hermanos. México. Primera del Relox. 1. Maucci Hermanos e Hijos. Buenos Aires. Calle de Rivadavia. 1435.

En 4º, de 306 p. con láminas.

ZENTELLA, ARCADIO

Fué orig...nario de Cunduacán, población del Estado de Tabasco, donde nació el 12 de enero de 1844. Hizo sus estudios preparatorios en el Seminario de San Ildefonso de Mérida, y desde su juventud se dedicó al periodismo, lo cual le acarreó no pocas persecuciones políticas. Más tarde, durante el gobierno de Lerdo de Tejada pasó a la Capital, y de allí se dirigió a Piedras Negras (Coah.), de cuya aduana tuvo el cargo de administrador. Años después regresó a su Estado natal, donde desempeñó los cargos de Director General de Instrucción pública y Jefe de Hacienda, y dió además, durante dieciocho años la cátedra de filosofía en el Instituto Juárez. Fué miembro del extinto Liceo Hidalgo y de otras agrupaciones literarias, y dió a luz diversos escritos de carácter filosófico, político y literario, en los cuales resaltan sus principios materialistas y ultra liberales. Falleció en México el 12 de julio de 1920.

BIBLIOGRAFÍA:

1.—Edición de "La Idea." *En esta Tierra.* (Esbozos a la brocha) por Z.—San Juan Bautista. Tipografía de F. Ghigliazza. 1885.

En 8º, de 234 p. Con un juicio crítico de D. Manuel Sánchez Mármol.

En esta Tierra. (Esbozos a la brocha) por Arcadio Zentella. Tercera edición. Perico.—Mérida, Yucatán, México. Imprenta del "Gobierno Constitucionalista." 1915.

En 4º, de 160 p. más 14 láminas. Subscrita en San Juan Bautista (Tab.), a 25 de enero de 1886 y precedida de dos cartas de D. Pedro Santacilia y D. Manuel Sánchez Mármol. En calidad de apéndice contiene un juicio de Sánchez Mármol y un artículo del autor intitulado *Los escapularios de la Virgen de Cunduacán.*

INDICE DE SEUDONIMOS

Ada Heridrea Real
Boltibaen de Luna
Delfino Ramírez
Djed Bórquez.
Duque Job, El.
Duralis Estars.
Facundo
Fierabas
Figarete.
Franco Leal.
Fuego.
Genaro E. Terrues.
Gumesindo Díaz de
   Juno.
Hugo Sol.
Jacobo Dalevuelta.
José.
José Turrisa.
Júbilo.
Lucio Magez Nigona.
María Enriqueta.

Martín Galas.

Micrós.
Napoleón Trebarra.
Natal del Pomar.
Onateyac.
P. K. Dor.

Adela Herrrera.
Manuel Balbotín.
Eutimio Roldán.
Juan de Dios Bojórquez.
Manuel Gutiérrez Nájera.
José M. Barrios de los Ríos.
José T. de Cuéllar.
J. Sanz
Bernabé Bravo.
Genaro García.
Abraham Sánchez Arce.
Ernesto E. Guerra.

Juan de Dios Domínguez.
Anastasio Manzanilla.
Fernando Ramírez de Aguilar.
Victoriano Agüeros.
Dr. Justo Sierra.
Guillermo Castillo.
Ignacio Gómez Luna.
María Enriqueta Camarillo de Pereyra.
Edmundo Fernández Mendoza.
Angel de Campo.
Pantaleón Barrera.
Pascual Almazán.
Cayetano Rodríguez Beltrán.
Alberto Sustaita.

INDICE DE TITULOS

411

419

421